Montessori Freinet, Steiner...

une école différente pour mon enfant ?

le guide des pédagogies et des établissements, de la maternelle au lycée

Pour Jonas, Noémie et Judith

Montessori Freinet, Steiner...

une école différente pour mon enfant ?

le guide des pédagogies et des établissements, de la maternelle au lycée

Marie-Laure Viaud

SOMMAIRE

INTRODUCTION GÉNÉRALE

Des écoles « nouvelles »... depuis près de cent cinquante ans

« L'enfant est un feu à allumer, pas un vase à remplir », estimait déjà Rabelais au XVIe siècle.

« Et sur les indications du diable, on créa l'école. L'enfant aime la nature : on le parqua dans des salles closes. L'enfant aime bouger : on l'obligea à se tenir immobile. Il aime manier des objets : on le mit en contact avec des idées [...]. Il voudrait raisonner : on le fit mémoriser. Il voudrait s'enthousiasmer : on inventa les punitions... », écrit Adolphe Ferrière au début du XXe siècle[1].

L'idée d'enseigner « autrement » date au moins de la Renaissance, mais c'est surtout à partir de la fin du XIXe siècle que des enseignants, des médecins, des psychologues et des philosophes explorent la possibilité d'un autre modèle d'école. **De nombreuses écoles voient le jour.** John Dewey crée en 1894 une école expérimentale où il propose aux enfants des activités concrètes (menuiserie, couture, cuisine, tissage) qui stimulent les apprentissages culturels. Il lance la formule *learning by doing*, « apprendre en faisant ». En 1880, Paul Robin prend la direction d'un orphelinat mixte. Avec ses élèves, âgés de 4 à 16 ans, il expérimente l'« enseignement intégral ». Tout est mis en œuvre pour développer l'expression : sculpture, dessin, danse, musique, chant, poésie, mais aussi langage gestuel, cris, théâtre... La vie au grand air a beaucoup d'importance, et les élèves fixent en assemblée les lois de leur organisation. En 1904, Sébastien Faure ouvre une école libertaire, La Ruche. En 1907, Maria Montessori ouvre La Maison des enfants à Rome, tandis que, la même année, Ovide Decroly fonde L'Hermitage à Bruxelles : ces deux médecins vont expérimenter auprès d'enfants « normaux » les méthodes qu'ils ont mises au point auprès de l'enfance inadaptée... **C'est l'Éducation nouvelle, qui tient son premier congrès international en 1921.**

Face aux difficultés d'apprendre, ces pédagogues remettent en question les façons d'enseigner et non les capacités des enfants. Ils expérimentent des pratiques fondées sur le travail à partir des intérêts et des questionnements

1. Cité dans : http://www.scienceshumaines.com

de l'élève, sur le plaisir d'apprendre, sur la pédagogie active (faire et non écouter), sur la pluridisciplinarité, le respect des rythmes de l'enfant, l'autoévaluation et la responsabilisation. Ils se considèrent comme des enseignants et des éducateurs : ils veulent enseigner des savoirs savants mais aussi des savoir-faire et des savoir-être, favoriser l'épanouissement de toutes les facettes de la personne, la créativité, les capacités d'expression, la confiance et l'estime de soi.

Des écoles différentes… très différentes les unes des autres

Dès cette époque, les innovateurs sont divisés par plusieurs lignes de clivage.

Leurs divergences sont d'abord d'ordre **pédagogique**. Par exemple, Ovide Decroly insiste sur le fait que l'enfant apprend globalement et met en œuvre une démarche d'apprentissage en trois temps (observation, analyse et expression) ; Maria Montessori considère que l'essentiel est de respecter les « périodes sensibles », sortes de fenêtres d'opportunité pendant lesquelles le cerveau est particulièrement réceptif à certains apprentissages, tandis que Célestin Freinet, lui, met en avant le rôle de la motivation…

Les pédagogues sont aussi divisés sur **le rôle de l'adulte** : certains, comme Neill, considèrent que les adultes doivent exercer le moins de contraintes possible sur les enfants, alors que, pour d'autres, leur rôle est de mettre en place un cadre indiquant certaines limites.

Enfin, leurs clivages sont **politiques**. Certains, comme Paul Robin, Sébastien Faure, Francisco Ferrer ou Célestin Freinet veulent créer des écoles nouvelles publiques et gratuites, destinées prioritairement aux enfants de milieux populaires, car ils lient leurs théories à une volonté de transformation sociale : pour eux, une éducation « différente » doit permettre de développer chez chaque enfant l'esprit critique, la coopération ou la capacité à mettre en œuvre ses projets. Il s'agit de « changer l'école pour changer la société[2] ». En revanche, d'autres ont conçu des écoles différentes, souvent privées et coûteuses, au service des classes sociales privilégiées. Ces clivages sont encore largement d'actualité.

---

2. Comme le proclame la devise des Cercles de recherche et d'actions pédagogiques (CRAP).

QU'EST-CE QUI DISTINGUE AUJOURD'HUI LES ÉCOLES DIFFÉRENTES ?

La première ligne de clivage est pédagogique.
En maternelle et à l'école élémentaire, les écoles se différencient essentiellement en fonction des pédagogues auxquels elles se réfèrent. Schématiquement, le principe de la pédagogie **Montessori** est de mettre à la disposition des enfants un matériel sophistiqué leur permettant de réaliser tel ou tel apprentissage à leur rythme. Le travail est essentiellement individuel, l'atmosphère est faite de calme et de concentration, et l'apprentissage de l'écriture, du calcul et d'une langue vivante occupe une place importante dès le jardin d'enfants. Quant à la pédagogie **Steiner**, elle est, au jardin d'enfants, fondée sur le jeu libre et créatif, les travaux manuels, les contes et les rondes, l'utilisation de jeux et de matériaux peu structurés de façon à développer l'imagination. L'ambiance est familiale, et les enfants ne réalisent aucun préapprentissage scolaire. En élémentaire, la pédagogie est moins active : c'est souvent l'enseignant qui apporte les connaissances. Les classes **Freinet**, elles, se basent sur le travail à partir des intérêts des enfants et sur la réalisation de projets qui permettent de fonder les apprentissages sur des situations « vraies » et, ainsi, de donner du sens aux savoirs. L'apprentissage de l'écriture et des mathématiques préscolaire se développe dans des situations de communication réelle : journal, correspondance...

Les collèges et lycées différents se distinguent davantage par les priorités qu'ils se donnent que par tel ou tel pédagogue de référence. Certains (les « écoles adaptées ») favorisent l'épanouissement de l'enfant tout en respectant les programmes et en préparant aux examens nationaux, mais ne cherchent pas à modifier fondamentalement la relation au savoir. D'autres (les « écoles intégrales ») ne veulent pas donner la priorité à des acquisitions de type scolaire, mais à des acquis à long terme : développement du plaisir d'apprendre, de l'esprit critique ou de la capacité à monter des projets.

Une deuxième ligne de partage concerne le rôle des adultes. Certains, dans les classes Montessori ou Steiner notamment, s'efforcent de mettre en place une discipline « bienveillante » soucieuse d'expliquer et de susciter l'adhésion plus que de sanctionner. Mais l'autorité émane toujours de l'adulte. C'est ce principe même qui est remis en cause par d'autres novateurs : dans les classes Freinet ou de Pédagogie institutionnelle, notamment, l'autorité n'émane pas de l'enseignant, mais du groupe classe qui prend les décisions par le biais d'un « conseil ».

Le dernier clivage est politique. Certaines écoles différentes reçoivent majoritairement des enfants des classes sociales favorisées, en raison de leur coût (dans le privé) ou parce que seuls les parents d'un petit monde d'interconnaissance ont accès aux connaissances leur permettant de choisir d'y scolariser leur enfant. C'est le cas, par exemple, de la majorité des écoles Montessori ou Steiner.

D'autres lient leurs théories à une volonté de transformation sociale et estiment qu'une « autre éducation » doit permettre l'émancipation des classes populaires. Elles choisissent donc délibérément de s'implanter dans l'enseignement public, et/ou dans des quartiers défavorisés, et recourent à des pratiques visant à acquérir l'esprit critique, la coopération ou la capacité à mettre en œuvre ses projets. C'est le cas de la plupart des classes Freinet ou de Pédagogie institutionnelle.

Des écoles peu nombreuses

Tout au long du XXe siècle, les écoles différentes restent peu nombreuses, et leur existence demeure précaire.

À la Libération, alors que la Seconde Guerre mondiale a induit une interrogation forte sur l'éducation et sur le type de citoyens qu'elle produit, le mouvement en faveur d'une éducation différente est vigoureux, avec l'ouverture d'écoles différentes comme La Source, Decroly, l'École du père Castor et la Nouvelle École de Boulogne, et surtout des Classes nouvelles. Mais, dès 1950-1952, le gouvernement met fin à la plupart de ces expériences sans les avoir évaluées.

Dans les années 1960, la prolongation de la scolarité jusqu'à 16 ans et la création du collège conduisent à la scolarisation d'un nombre bien plus important d'adolescents : certains considèrent que, pour s'adapter à ce nouveau public, une pédagogie nouvelle doit être mise en place. Après 1968, dans un climat de critique virulente de l'école traditionnelle, le contexte est encore plus favorable. De 1966 (ouverture du collège expérimental public de Marly-le-Roi) à 1978, un nombre très important de collèges et de lycées expérimentaux ouvrent en France. Écoles « parallèles » ou « autogérées » en marge du système, écoles privées « différentes », collèges expérimentaux de l'Éducation nationale : les expériences sont aussi nombreuses que diverses. Mais, après 1978, le mouvement s'essouffle fortement.

En mai 1981, la victoire de la gauche lui donne une nouvelle dynamique. Le ministre de l'Éducation Alain Savary permet l'ouverture de cinq lycées « alternatifs » dans l'Éducation nationale, dont quatre existent toujours. Mais, **après 1984**, la plupart des écoles différentes ferment dans un contexte marqué par le libéralisme, la peur de l'avenir et la faiblesse de la demande sociale pour une éducation alternative.

Le **milieu des années 1990** est marqué par un renouveau de la demande pour ce type d'écoles, notamment en raison de l'augmentation du nombre d'élèves en souffrance dans le système scolaire – celui-ci s'étant massifié sans modifier sa pédagogie. Des petites structures alternatives pour élèves « décrocheurs » voient le jour : L'Auto-Ecole en septembre 1992, le Lycée du temps choisi en 1995, la Ville pour Ecole en 1997.

En 1996, après la « flambée de violence » qui secoue de nombreux établissements scolaires de banlieue au début de l'année, des enseignants constituent des équipes et proposent plusieurs dizaines de projets d'établissements différents dans toute la France. Des textes, appels et manifestes sont initiés, comme le *Manifeste pour une école créatrice d'humanité*[3] qui demande « la transformation rapide d'un nombre significatif d'établissements publics ordinaires de taille modeste en établissements pionniers» et qui recueille des milliers de signatures. Les novateurs se regroupent dans plusieurs associations créées pour l'occasion comme REVEIL, *Rénover l'Ecole en Valorisant et en Encourageant les Initiatives Locales*, dont l'objectif est de soutenir les initiatives et de les mettre en réseau (1999), ou la Fédération *Ensemble Changeons l'école* (2001). **A la rentrée 2000**, Jack Lang, nouveau ministre de l'éducation, affirme qu'il veut favoriser l'innovation. Il permet l'ouverture de quatre collèges expérimentaux à Brest, dans le Cantal et au Mans (rentrée 2001) et à Bordeaux (rentrée 2002). Mais ils ne bénéficient pas du statut d'établissement (EPLE) et leur existence est précaire. Le **collège expérimental de Brest** est fermé brutalement par l'inspecteur

3. Extrait du Manifeste de M.-D PIERRELEE.
Texte intégral : http://www.changeonslecole.org/fondasite/manif_mdp.htm

d'académie, le 28 juin 2006, juste à la veille des grandes vacances, sans aucune concertation avec l'équipe ou les parents. **Le collège expérimental du Cantal** se bat plusieurs années durant au tribunal administratif pour obtenir le statut d'établissement, et doit fermer à son tour en 2009. Ces deux établissements avaient pourtant expérimenté des dispositifs pédagogiques particulièrement originaux, favorisant la réussite de leurs élèves, appréciés des élèves et des parents, qui auraient pu constituer des pistes intéressantes pour la réforme du collège.

En septembre 2007, Gabriel Cohn-Bendit, fondateur du lycée expérimental de Saint-Nazaire, lance, avec l'accord de Xavier Darcos, alors ministre de l'éducation, un appel à la création de nouveaux collèges expérimentaux. Il s'agit de constituer des équipes pédagogiques innovantes volontaires pour enseigner autrement dans des collèges en difficulté. Près de 300 enseignants se portent volontaires et travaillent à la constitution d'équipes, notamment par le biais d'un forum ouvert par le Café Pédagogique. L'éducation nationale annonce l'ouverture de 6 collèges, puis seulement de deux, et finit par ramener à 6 ou 7 le nombre de postes enseignants de chaque structure . « L'administration n'a pas réuni les conditions nécessaires" déplore Gabriel Coh Bendit.

Si l'ouverture d'établissements expérimentaux reste rare et difficile, en revanche, ces dernières années ont vu l'émergence de plusieurs structures "originales" destinées aux "décrocheurs", ces élèves de plus en plus nombreux à quitter le système éducatif avant la fin de la scolarité obligatoire. La réussite des expériences menées par le CLEPT, le Micro lycée de Sénart et le Lycée intégral, créés en 2000, a conduit à l'ouverture récente de trois nouveaux micro-lycées (à Vitry Sur Seine en 2008, à la Courneuve en 2009, à Menton en 2010), et du "Lycée de la nouvelle chance" ouvert en 2012 à Cergy, qui fonctionne sur les mêmes bases.

Autre nouveauté : l'article 34 de la loi d'orientation pour l'avenir de l'école (loi Fillon du 23 avril 2005) prévoit pour tous les établissements la possibilité de conduire des expérimentations, au nom de l'autonomie pédagogique. Cela a permis à de nombreux établissements scolaires « standards » de l'Education nationale d'expérimenter des pratiques innovantes. Il ne s'agit pas de la création d'« écoles différentes » puisque, dans la quasi-totalité des cas, l'ensemble de l'établissement n'est pas concerné et que ces expérimentations restent généralement d'ampleur limitée : ici, on met en place un accompagnement individualisé pour les élèves en difficulté ; là, on imagine une semaine de bilan et d'orientation en milieu d'année ; ailleurs, en les élèves de seconde bénéficient de trois heures hebdomadaires consacrées à la réalisation de projets pluridisciplinaires... Mais peu à peu se développe l'idée que des solutions nouvelles peuvent être imaginées par les acteurs de terrain.

Pourquoi y a-t-il si peu d'écoles différentes ?

On peut considérer que les écoles différentes, privées et publiques, scolarisent environ vingt mille élèves, sans compter l'enseignement professionnel et les classes Freinet isolées dans des établissements classiques. **La majorité d'entre elles reçoivent un nombre de demandes d'inscription bien supérieur au nombre de places offertes :** par exemple, l'école Decroly reçoit chaque année de cent à cent cinquante demandes pour vingt-cinq places. Comment expliquer que ces écoles soient si peu nombreuses[4] ?

En premier lieu, et en dépit des avancées récentes (article 34 de la loi Fillon), **l'atmosphère est très régressive**. L'école est aujourd'hui en situation de crise. Pour beaucoup d'acteurs de l'école, cette situation est insécurisante. Elle leur fait perdre leurs repères : ils réagissent en se raccrochant à leurs routines et habitudes et en cherchant la sécurité dans le passé. Les appels réactionnaires à « l'école de Jules Ferry », les discours conservateurs et les diatribes contre le « pédagogisme » ont le succès que l'on connaît. Dans ce contexte, l'institution prétend soutenir les écoles différentes, mais dans les faits, de nombreuses équipes se voient imposer des conditions de travail pénibles, tant sur le plan matériel (locaux inadaptés, présence de nombreux élèves en difficulté pour un taux d'encadrement standard, budget et matériel insuffisants) que psychologique (statut précaire, absence de suivi et d'évaluation). Elles sont fréquemment aux prises avec des tracasseries administratives incessantes et des tentatives de « normalisation » de leurs différences et de leur statut « particulier » : remise en cause de l'existence d'une équipe d'enseignants volontaires ou de l'absence de hiérarchie, demandes de mise aux normes... Simultanément,

4. Je résume ici des propos que j'ai développés dans Hugon M.-A., Viaud M.-L., « L'éducation nouvelle et l'enseignement secondaire français : de rencontres improbables en rendez-vous manqués », p. 114-124, *Informations sociales*, n° 116, mai 2004.

ces écoles sont soumises à une injonction de réussite rapide : *« A celui qui ne fait que reproduire les pratiques traditionnelles, on ne demande rien. Il peut avoir 10 % de réussite sans encourir le moindre reproche. En revanche, à l'innovateur on ne pardonnera pas la moindre marge d'échec ou d'incertitude. Un innovateur doit réussir à 100 %... ou bien, c'est que son innovation est mauvaise ! »*, affirme P. Meirieu[5].

Deuxièmement, la mobilisation des citoyens en faveur de ce type d'école n'a jamais été suffisamment importante pour contraindre l'Éducation nationale à ouvrir davantage d'établissements de ce type dans l'enseignement public. Les **parents** sont plus souvent demandeurs de réussite aux examens que d'épanouissement ; ils mobilisent leurs ressources pour soutenir l'effort scolaire de leurs enfants, cherchent la « bonne école » ou la « bonne classe » – celle où l'on fera allemand première langue, option théâtre. Ce type de comportements n'incite pas à des engagements collectifs ni à la recherche d'une amélioration générale de l'école. Le faible intérêt des **enseignants** pour les pédagogies nouvelles tient notamment au fait que ces pédagogies sont rarement présentées dans les Instituts de formation des maîtres (IUFM). **Les mouvements qui pourraient relayer de tels projets**, comme les Verts ou Attac, s'intéressent davantage aux problèmes éducatifs sous l'angle de la dénonciation de la « marchandisation » de l'école. Ils ne constituent donc pas des relais auprès des milieux populaires. Quant aux **décideurs** et aux politiques, ils ont souvent été de bons élèves dans le passé et ont du mal à remettre en cause un système qui leur a permis de réussir...

Troisièmement, les écoles différentes sont mal connues et leur représentation dans l'imaginaire collectif est ambiguë. La moindre émission de télévision, le moindre article dans une revue grand public déploie le mythe : « Il existe, quelque part, très loin, un endroit (une école) extraordinaire... », une école où les adolescents seraient heureux de se rendre chaque matin, où ils se passionneraient pour les apprentissages, où ils pratiqueraient des activités sportives et artistiques épanouissantes, et ce par la magie de quelques éducateurs géniaux... Mais, dans le même temps, ces écoles suscitent un certain effroi : elles sont associées aux

5. P. Meirieu, « Innovation et lutte contre l'exclusion », *Cahiers pédagogiques*, n° 386, septembre 2000 (article consultable sur le site Internet www.cahiers-pedagogiques.com).

écoles parallèles des années 1970, au laisser-faire, au laisser-aller ; on imagine que l'on n'y apprend pas grand-chose ou qu'elles sont destinées uniquement à des enfants « spéciaux ». On leur adresse des jeunes en très grande difficulté avec lesquels on attend qu'elles réussissent là où tout le monde a échoué, qu'elles fassent des miracles. La représentation de ces écoles se tisse donc entre l'émerveillement, l'effroi et les pratiques miraculeuses... loin du travail scientifique et des discours rationnels qui montrent pourtant le bien-fondé de ces méthodes[6].

La question est aussi politique. D'une part, les pédagogies nouvelles favorisent, bien plus que le système standard, l'esprit critique, la capacité à s'exprimer, à monter des projets, à prendre des responsabilités collectives. En un mot, elles forment des citoyens capables d'une contestation active de la société. D'autre part, si de tels établissements fonctionnaient correctement (avec des élèves et des moyens ordinaires et en nombre suffisant, afin que leurs résultats ne soient pas attribuables aux conditions de l'expérience), cela signifierait que la réponse aux difficultés actuelles de l'école est d'ordre pédagogique, et non d'ordre quantitatif, et que c'est donc la structure du système éducatif qu'il faut transformer. Ces deux explications contribuent sans doute à expliquer le faible développement des écoles différentes. Près de cent cinquante ans après son développement, le mouvement de l'école « nouvelle » dérange toujours...

LA FESPI

Depuis quelques années, une dizaine d'écoles différentes, essentiellement secondaires, se sont groupées pour défendre, développer et promouvoir les établissements scolaires publics innovants. Elles ont créé la Fédération des établissements scolaires publics innovants (FESPI). Informations : http://www.fespi.fr

6. Cf. chap.6

CHAPITRE 1

Les écoles maternelles

Il existe cent vingt-quatre maternelles Montessori, vingt-quatre jardins d'enfants Steiner, six maternelles École nouvelle et des centaines de classes Freinet, Pédagogie institutionnelle ou plurielles[7]. C'est en maternelle que l'on trouve le plus grand nombre d'écoles différentes.

Les parents, qui hésitent parfois à scolariser leur enfant dans une école traditionnelle en primaire, quand « ça devient sérieux », sont beaucoup plus ouverts à l'éducation nouvelle pour leurs jeunes enfants... et ce d'autant plus que beaucoup d'entre eux choisissent une telle école pour d'autres raisons : accueil des enfants dès l'âge de 2 ans, petits effectifs, suivi plus individualisé, apprentissage de l'anglais, possibilité d'une fréquentation à mi-temps...

Les maternelles différentes ont deux points communs : l'importance des activités

7. Pour des raisons pratiques, les classes à pédagogie « institutionnelle » et « plurielle » sont traitées dans le chapitre consacré aux écoles élementaires.

libres – que ce soit à l'école Decroly, dans les jardins d'enfants Montessori, Steiner ou dans les classes Freinet, les enfants y consacrent souvent au moins deux heures par jour – et le mélange des âges – toutes les classes groupent des enfants de 3 à 6 ans, au moins pendant une partie de la journée. Pour le reste, leurs pratiques sont très contrastées : quelle ressemblance entre le jardin d'enfants Steiner dépourvu de tout jeu structuré, où les enfants s'adonnent au jeu libre avec des pommes de pin et des poupées de laine, dans un désordre joyeux et bruyant, sans entendre parler d'apprentissages préscolaires avant l'âge de 7 ans… et la classe maternelle Montessori avec son matériel sophistiqué, son atmosphère de travail et de concentration, la possibilité de s'initier à l'écriture, au calcul et à l'anglais dès l'âge de 4 ans ?

	Classes	Organisation du temps scolaire	Organisation de la classe, matériel utilisé	Expression artistique
Montessori	Classes d'âges mélangés.	Travail individuel pendant la grande majorité de la journée.	Matériel Montessori très élaboré, décomposant les apprentissages, manipulable en autonomie, autocorrectif.	Peinture et feutres à la disposition des enfants. Un atelier d'arts plastiques/semaine.
Steiner	Classes d'âges mélangés.	Jeux libres collectifs et regroupements pour des rondes et des contes. Pas ou peu d'activités individuelles.	Jouets peu structurés, en matériaux naturels : pommes de pin, poupées de laine, morceaux de bois...	Importance des travaux manuels, réalisés avec des matériaux naturels : laine, cire à modeler, dessins au crayons de cire, aquarelle. Beaucoup de jeux libres pour développer l'imagination.
Freinet	Classes d'âges mélangés.	Alternance de temps de travail individuels et collectifs. Importance des projets collectifs.	Organisation en ateliers (où l'enfant se rend librement) proposant des activités très variées, et un matériel très riche.	Importance de l'expression libre et de la créativité. Matériel riche à la disposition des enfants. Apprentissage de nombreuses techniques.

Autres particularités, ambiance	Préapprentissage du français et des mathématiques	Sorties	Effectifs	Coût
Ambiance calme, classe très ordonnée, concentration des enfants sur leur travail.	Importance des préapprentissages scolaires. Possibilité pour les enfants d'apprendre à lire, écrire, compter et parler anglais dès 4 ans.	Peu de sorties.	Faibles (20 à 30 par classe avec deux éducatrices). Dans certaines écoles, accueil des 0-3 ans.	Écoles privées hors contrat. Coût élevé.
Ambiance familiale, souvent joyeuse et désordonnée. La même enseignante suit un groupe d'enfants pendant quatre ans. Importance de l'imitation et des fêtes des saisons.	Refus de tout préapprentissage scolaire avant 7 ans : aucune incitation à apprendre à lire ou à écrire. Pas ou peu de livres dans certaines classes.	Très peu de sorties.	Moyens–élevés (environ 20 par classe, pas d'atsem) Dans certaines écoles, accueil dès 2 ans dans des classes spécifiques.	Écoles privées hors contrat (sauf l'école de Chatou). Coût élevé.
« Classe-atelier ». Travail à partir des intérêts des enfants et sur des situations vraies et non scolaires, pour donner du sens aux savoirs.	Apprentissage préscolaire de l'écriture et des mathématiques dans des situations de communication réelle : journal, correspondance... Les albums et les livres ont une place importante.	Beaucoup de sorties et d'ouvertures sur l'extérieur.	Élevés (25 à 30 par classe).	Écoles publiques gratuites.

1. Les jardins d'enfants Montessori

LA PREMIÈRE MAISON DES ENFANTS

Maria Montessori, qui devient en 1896 la première femme médecin d'Italie, travaille d'abord avec des enfants handicapés mentaux. Elle crée pour eux une école spéciale et élabore des méthodes d'enseignement qui leur permettent de réaliser des progrès considérables.

En 1906, elle est chargée de fonder une école destinée aux enfants de 2 à 5 ans d'un quartier très populaire de Rome. Elle leur propose un matériel analogue à celui qu'elle a mis au point pour les enfants déficients et constate qu'ils y accordent un grand intérêt : « L'enfant normal était attiré par un objet, fixait sur lui toute son attention et se mettait à travailler, à travailler sans répit*, avec une concentration étonnante. »
Le hasard lui fait ensuite comprendre que les enfants sont capables de choisir eux-mêmes le matériel qui les intéresse : « La maîtresse arriva un jour en retard à l'école ; elle avait oublié, la veille, de fermer à clef l'armoire, qu'elle trouva ouverte par les enfants. [...] Quelques-uns d'entre eux prenaient des objets et les emportaient. [...] Je crus comprendre que les enfants connaissaient assez bien les objets pour pouvoir les choisir tout seuls. Ainsi firent-ils**. » Elle constate aussi que, lorsque les enfants sont concentrés sur l'utilisation du matériel, ils sont très calmes : « Chacun d'entre eux travaillait, tranquille, pris par sa propre occupation***. » L'exercice traditionnel de l'autorité n'est donc plus nécessaire, conclut-elle... Ainsi, les observations qu'elle réalise à la Maison des enfants lui permettent de mettre peu à peu sa méthode au point.

* Montessori Maria, *L'Enfant*, éd. Gonthier, 1936, p. 93.
** *Ibid.*, p. 100.
*** *Ibid.*, p. 109.

La pédagogie Montessori se fonde sur deux grands principes. Premièrement, l'enfant passe par des **périodes sensibles** au cours desquelles son cerveau est particulièrement réceptif à certains apprentissages : il peut alors apprendre très rapidement. Une fois la période sensible passée, l'apprentissage sera plus difficile. Deuxièmement, chaque enfant **progresse à son propre rythme** : l'un dira son premier mot à 10 mois, l'autre à 18 mois ; l'un s'intéressera à l'apprentissage des lettres à 4 ans, l'autre à 6.

Le principe d'une classe Montessori est donc de proposer aux enfants un environnement leur permettant de réaliser tel ou tel apprentissage au « bon moment », lorsqu'ils le souhaitent. **Pour cela, toutes les classes Montessori groupent des enfants d'âges différents** (3-6 ans pour la maternelle), les enfants n'ayant pas forcément envie d'apprendre la même chose au même âge, et **mettent à leur disposition un matériel spécifique** qui leur permet de s'exercer individuellement à l'acquisition de telle ou telle compétence.

Le matériel Montessori

Les murs d'une classe maternelle Montessori sont couverts de petites étagères basses sur lesquelles sont disposés de petits plateaux contenant un matériel spécifique – le matériel Montessori – qui se retrouve, à l'identique, dans les centaines de classes Montessori existant de par le monde.

La première caractéristique de ce matériel est qu'il permet à l'enfant d'apprendre en manipulant. Pour Montessori, les apprentissages doivent être concrets, passer par le geste, le toucher, ce qui permet une meilleure compréhension des concepts, ainsi qu'une meilleure mémorisation.

« Dans une classe Montessori, une unité ou une fraction n'est pas un simple numéro sur un papier ; c'est quelque chose qu'un enfant peut tenir dans sa main. Un verbe n'est pas seulement un mot sur un papier, c'est quelque chose qu'il peut exécuter. De la même façon, il peut verser de l'eau autour d'une île ou former un carré avec cinq colonnes de cinq perles chacune. Les matériels qui rendent ces concepts concrets serviront de points de référence dans sa mémoire durant de nombreuses années, pour clarifier les termes abstraits lorsqu'il les rencontrera de nouveau dans des situations futures d'apprentissage[8]. »

Ce matériel est également conçu de façon à décomposer les tâches et à ne présenter qu'une difficulté à la fois. Ainsi, les cylindres de tailles croissantes à ranger du plus petit au plus grand sont de la même couleur pour que l'enfant se concentre sur leur taille. S'il s'agit, au contraire, de s'exercer à classer des couleurs, les morceaux ont tous la même taille et la même forme. Il n'y a généralement qu'une seule façon d'agencer les différents éléments : si l'enfant a fait une erreur, il s'en aperçoit. Cela lui permet d'être autonome dans ses apprentissages. Le travail de l'enseignant peut alors changer : il n'est plus là pour « enseigner ». Son rôle est de créer un environnement propice aux apprentissages et d'accompagner l'enfant.

Enfin, le matériel doit être beau et agréable à regarder : il est le plus souvent en bois et de fabrication soignée.

Ce matériel se divise en plusieurs catégories : le matériel de vie pratique, le matériel sensoriel, et le matériel d'apprentissage de la lecture et des mathématiques.

Le matériel de vie pratique permet à l'enfant d'apprendre certains gestes grâce auxquels il deviendra plus autonome. En effet, pour Maria Montessori, l'un des désirs les plus forts de l'enfant est de savoir « faire seul ». Par exemple, de petits plateaux comportent les outils nécessaires pour s'exercer à cirer des chaussures, à nettoyer des assiettes ou à verser de l'eau dans un récipient grâce à de petits lavabos placés à hauteur des enfants. Une planche comportant deux pans de veste fixés de chaque côté permet de s'entraîner à boutonner. Pour développer sa motricité fine indispensable à l'apprentissage de l'écriture, l'enfant est invité à transvaser des graines d'un bol à un autre à l'aide d'une pince à épiler ou à s'entraîner à ouvrir des petits cadenas avec la clef appropriée.

Le matériel sensoriel est conçu pour développer les cinq sens. Par exemple, l'enfant doit classer du plus petit au plus grand des cylindres de bois de tailles croissantes, ou trier du plus clair au plus foncé des

---

8. Lefebvre Murielle et Alain, *La pédagogie illustrée*, AMJS, 2010.

plaquettes de bois peintes de différentes nuances de jaune ou de vert. Le matériel olfactif est composé de deux ensembles de petits pots : l'un sent la cannelle, l'autre la menthe, un troisième le café, un quatrième le clou de girofle... L'exercice consiste à reconstituer les paires. Les enfants s'exercent aussi à trier de petits flacons contenant des liquides aux différentes saveurs (sucré, salé, amer...) ou des clochettes produisant des sons différents.

Le matériel d'apprentissage de la lecture, de l'écriture, des mathématiques et de la culture occupe une place importante. Maria Montessori raconte que, lorsqu'elle a ouvert la Maison des enfants, elle ne songeait pas à leur apprendre à lire et à écrire, mais, devant l'insistance des mères, elle décida de leur enseigner l'alphabet en leur faisant suivre du bout des doigts des lettres en carton et en papier émeri. Cette occupation passionna les enfants et, pendant près de six mois, ils tracèrent des lettres avec frénésie – l'écriture les intéressant avant la lecture. Les éducateurs Montessori sont donc convaincus que « l'enfant de 3, 4 ou 5 ans possède une fascination unique pour les mots, à la fois écrits et parlés. Cette fascination le rend souvent capable de commencer à lire et à écrire avant l'âge auquel on le lui enseigne traditionnellement[9] ». Chaque enfant y vient à son rythme : certains lisent à 4 ans, d'autre à 5 et d'autres encore à 6 ans.

L'enfant prend d'abord connaissance de l'alphabet en suivant du bout des doigts des lettres découpées dans du papier de verre fin et collées sur des plaquettes de bois. Le fait de les toucher lui permet de mieux les mémoriser et d'apprendre le mouvement qui lui permettra de les écrire. Il reproduit ensuite le dessin de chaque lettre en la traçant avec le doigt dans un petit bac de sable. Dans le même temps, l'éducatrice lui enseigne le son produit par cette lettre (par exemple, le « mmm » du M, le « gg » du G ou le « err » du R). En revanche, l'enfant n'apprend pas le nom de chaque lettre, car cela pourrait entraîner des confusions : un enfant qui lit le nom des lettres lira « emmaemmaënne » et non « maman »...

Lorsque l'enfant connaît le son produit par chaque lettre, l'éducatrice lui propose **des lettres en bois et des images représentant des mots** de trois lettres (*bac, pic, sac*), qu'il doit essayer de composer. La difficulté augmente graduellement, passant de mots de trois lettres à des mots

9. *Ibid.*

de quatre lettres (comme *bloc*). L'enfant continue cet exercice pendant une assez longue période. Peu à peu, il réalise qu'il peut revenir à la liste et prononcer les mots qu'il a construits : il commence à comprendre ce qu'est la lecture. Il va alors utiliser un autre matériel, composé d'objets et de cartes portant le nom de ces objets. Pour placer la bonne carte sous chaque objet, il doit lire son nom.

L'apprentissage des mathématiques se fait également par le biais de la manipulation. Un premier exercice consiste à placer sous chaque chiffre le nombre de jetons correspondants. L'enfant utilise ensuite des barres de perles colorées. Une perle rouge représente le 1, une barre de deux perles vertes représente le 2, une barre de trois perles roses représente le 3, et ainsi de suite. En plaçant côte à côte deux barres, par exemple la barre de cinq perles bleues et la barre de deux perles vertes, il est possible de s'initier aux additions en comptant le nombre total de perles (5 + 2 = 7). Dix barres de dix perles groupées entre elles forment un carré pour représenter une centaine, et une pile de dix carrés de centaines forment un cube et représentent un millier.

Seuls quelques outils ont été présentés ici : il en existe des centaines.

L'organisation type d'une classe Montessori

La plus grande partie de la journée, soit généralement au moins deux heures le matin et deux heures l'après-midi, est consacrée au travail individuel libre. Les enfants se déplacent librement dans la classe, choisissent leur matériel et s'installent à une table ou par terre sur un petit tapis. Ils peuvent aussi, s'ils le souhaitent, ne rien faire, rêver ou observer les autres. **Les éducatrices[10] aident les enfants qui en ont besoin**. L'enfant ne peut se servir que du matériel qui lui a été présenté. Lorsqu'elles estiment que l'un d'entre eux est prêt pour utiliser tel matériel, elles lui montrent comment s'en servir. Cette présentation se fait en silence afin que l'enfant se concentre sur les gestes effectués et puisse les imiter.

En plus du matériel spécifique, les enfants ont généralement à leur disposition une petite bibliothèque contenant des albums, du papier

10. Il s'agit de femmes dans leur très grande majorité.

et des feutres, un ou deux chevalets et des pots de peinture. Certaines classes possèdent des **animaux** (lapins, hamsters...) dont les enfants peuvent observer le développement. À l'école Montessori Kids, les enfants peuvent se servir de fichiers de graphisme semblables à ceux qui sont utilisés dans les maternelles traditionnelles, à la différence qu'ici l'enfant est libre de choisir sa fiche. Dans certaines écoles, les enfants ont des **jeux** à leur disposition. Par exemple, à l'école Plaisir d'enfance, on trouve un coin-maison ; au Centre de rencontres enfantines Montessori, un espace poupées-dînette, des puzzles, de grands tapis de jeux pour les constructions, les trains et les voitures. **Dans d'autres maternelles, comme Montessori Kids, les jeux de ce type ne sont pas proposés, car Maria Montessori dit avoir constaté leur inutilité** à la Maison des enfants : « Bien qu'il y eût à l'école des jouets vraiment splendides mis à leur disposition, les enfants ne s'en servaient jamais. Cela me surprit tellement que je voulus intervenir et me servir des jouets avec eux, leur apprenant à employer la petite vaisselle, allumant le feu dans la petite cuisine de poupée, y plaçant une belle poupée. Les enfants s'y intéressaient un instant, et puis s'éloignaient et n'en faisaient jamais l'objet de leur choix spontané. Je compris alors que le jeu était quelque chose d'inférieur dans la vie de l'enfant et qu'il n'y recourait que faute de mieux[11]. »

Chaque enfant travaille seul une activité différente. Les activités Montessori incitent peu les enfants à échanger entre eux ou à coopérer : « Paradoxalement, l'enfant se socialise à travers le travail individuel. Ce n'est que plus tard (après 6 ans en général), quand l'enfant a perfectionné ses mouvements, son langage, affiné ses sens par le biais de ses activités, qu'il s'est structuré et construit, parce que sa personnalité est en place, qu'il peut se tourner vers les autres pour des activités plus collectives[12] », estiment les éducatrices.

Le travail individuel occupe la plus grande partie de la journée. **Un temps collectif, d'au moins quinze à trente minutes, est prévu chaque jour :** les enfants se regroupent pour chanter des chansons, des comptines ou écouter la lecture d'une histoire. **Toutes les écoles proposent aussi des ateliers hebdomadaires** (généralement musique, arts plastiques, expression corporelle et anglais) d'une durée variant de quinze minutes à une heure en fonction

11. Montessori Maria, *L'Enfant, op. cit.*, p. 101.
12. Missant Béatrice, *Des ateliers Montessori à l'école. Une expérience en maternelle*, ESF, 2001, p. 74.

des écoles et de l'âge. Enfin, **les repas sont pris avec les éducatrices**. Dans les écoles où il n'existe pas de cantine, les enfants apportent un pique-nique froid. Beaucoup de petites écoles urbaines ne disposent pas de cour ou de jardin : les récréations se déroulent dans le square le plus proche.

L'ambiance d'une classe Montessori

Maria Montessori insiste sur le fait que les enfants ont besoin de vivre dans un cadre ordonné. Cela les rassure, favorise leur concentration, leur permet de construire des repères et donc d'être plus autonomes, affirme-t-elle. **Les classes Montessori sont donc toujours très bien rangées.** L'enfant ne peut sortir qu'un seul matériel à la fois et doit le remettre soigneusement à sa place lorsqu'il a fini de l'utiliser. Un petit balai, une pelle, une éponge et une bassine sont à sa disposition afin de pouvoir nettoyer si nécessaire. **La classe est meublée de matériaux agréables au toucher,** le bois et le tissu étant largement dominants, et le plastique très rare. La décoration est soignée, il y a souvent des plantes.

Les éducatrices s'efforcent de s'adresser aux enfants avec beaucoup de respect et de calme. Ainsi, lorsqu'une enseignante constate le « vol » du petit cadeau du calendrier de l'avent, elle n'est pas moralisatrice, évite soigneusement de dire que c'est mal ou qu'un enfant a volé. Elle parle d'« erreur », sans dramatiser. Lorsqu'elle travaille avec un enfant, elle ne lui dit jamais qu'il s'est trompé, mais essaie de faire en sorte qu'il s'en rende compte tout seul.

Une grande importance est accordée à la façon de se tenir : les enfants doivent acquérir une attitude scolaire faite de calme, de concentration et de discipline du comportement. En arrivant, chacun doit ranger son manteau bien droit sur un cintre, puis placer le cintre sur un portemanteau. Pour le regroupement, les enfants sont invités à s'installer en tailleur (et non à genoux ou accroupis) exactement sur le bord d'un cercle tracé au sol. En classe, il faut chuchoter et se déplacer sans courir. Si un enfant s'installe par terre, il doit utiliser un petit tapis rectangulaire, puis, lorsqu'il a terminé, le secouer, le rouler et le remettre dans le meuble destiné à cet usage. Ces apprentissages sont formalisés, explicités, et font l'objet d'exercices au même titre que les autres apprentissages scolaires : pour Montessori, il y a une période sensible pour les bonnes manières où l'enfant, si on lui en donne la possibilité, sera ravi de s'exercer à chuchoter, à ouvrir et à fermer une porte avec délicatesse, à déplacer sa chaise sans bruit.

LE DÉCALOGUE DE L'ÉDUCATEUR SELON MARIA MONTESSORI*

1. Ne touchez jamais l'enfant sauf s'il vous y invite (d'une manière ou d'une autre).
2. Ne dites jamais de mal d'un enfant devant lui ou en son absence.
3. Concentrez votre effort à renforcer et à aider le développement de ce qui est positif en l'enfant.
4. Mettez toute votre énergie dans la préparation du milieu, prenez-en soin régulièrement d'une façon méticuleuse.
Aidez l'enfant à établir de bonnes relations avec le milieu.
Montrez-lui l'endroit où le matériel se range et indiquez-lui comment il doit s'en servir.
5. Soyez toujours prêt(e) à répondre à l'appel de l'enfant qui a besoin de vous, écoutez et répondez toujours à l'enfant qui a recours à vous.
6. Respectez l'enfant qui fait une erreur et qui peut, sur le moment, se corriger de lui-même, mais arrêtez fermement et immédiatement tout mauvais usage du matériel et toute action qui met en danger l'enfant, son développement, ou les autres enfants.
7. Respectez l'enfant qui se repose ou observe les autres travailler, ou réfléchit à ce qu'il a fait ou fera.
Ne l'appelez pas et ne le contraignez pas à une autre forme d'activité.
8. Aidez ceux qui cherchent une activité et n'en trouvent pas.
9. Présentez inlassablement des activités à l'enfant qui les a refusées auparavant ; aidez-le sans cesse à acquérir ce qu'il n'a pas encore et à surmonter ses imperfections, faites tout ceci en animant le milieu avec soin ; en ayant volontairement une attitude réservée, en usant de mots aimables ; et en étant une présence aimante. Faites que votre présence et votre disponibilité soient ressenties par l'enfant qui cherche et demeurent cachées à celui qui a déjà trouvé.
10. Traitez toujours l'enfant avec la plus grande politesse et offrez-lui le meilleur de ce dont vous disposez.

* http://www.montessori-france.asso.fr

Une journée dans une école maternelle Montessori

La classe comprend vingt-huit enfants de 3 à 6 ans et deux éducatrices.

De 8 h 30 à 9 h 15, les enfants arrivent au fur et à mesure. Leurs parents les quittent rapidement, sur le pas de la porte. Pour les enseignants, il est important qu'ils n'entrent pas dans l'école, qui est le domaine des enfants. Deux petits de 3 ans pleurent au moment du départ de leur mère.

Les enfants se déshabillent seuls et mettent leurs chaussons. Cela prend assez longtemps aux plus jeunes. Samuel (à peine 3 ans) tâtonne un certain temps. À plusieurs reprises, il a posé son manteau à plat sur une table, glissé le cintre à l'intérieur et essayé de soulever le tout, mais il a manifestement du mal à comprendre comment articuler les deux. L'enseignante lui explique comment procéder, mais en évitant de l'aider : ici, le déshabillage est déjà un moment éducatif. La plupart des enfants, surtout les plus jeunes, restent longtemps dans l'entrée et discutent : « Tu as vu, j'ai de nouvelles chaussures », « Moi aussi »... On sent qu'ils sont contents de rester dans le mouvement, d'observer les arrivées.

Une longue plage horaire, de 9 h 15 à 11 heures, est consacrée au travail individualisé. Chaque enfant travaillant à son rythme, il n'y a pas de récréation.

Dès leur arrivée, plusieurs enfants prennent du matériel et s'installent. Lucie coupe une pomme. Manon dessine avec des feutres. Deux garçons font des puzzles en bois. Jérémie transvase des noisettes avec une pince à glaçons (exercice de motricité fine). Mathis s'exerce avec les boîtes à sons : il les secoue, écoute les sons produits et essaie de les classer par paires. Tom et Lucas feuillettent les livres de la bibliothèque. Lucie essaie de construire une tour avec dix cubes roses de tailles croissantes. **Il est frappant d'observer certains enfants entrer dans la classe, choisir un plateau, s'installer à une table et se concentrer** pendant quinze ou vingt minutes, sans faire de bruit, puis aller ranger soigneusement le matériel et choisir une autre activité, sans aucune intervention des adultes.

Les enseignantes s'approchent des enfants qui ont choisi un matériel d'apprentissage des chiffres ou des lettres et les **incitent à l'utiliser**

« correctement ». Ainsi Céline rejoint les deux petites filles qui jouent avec le matériel de géométrie :
– Est-ce que vous savez où est le cube ? Et le cylindre ?
Elles les désignent.
– Fanny, tu peux aller poser le cône sur une table ?
Marine va s'installer près des deux enfants qui jouent avec les animaux de la ferme :
– Peux-tu me montrer un animal qui commence par le son « ch » ? Oui, le cheval, très bien. Et par le son « c » ?
Les enfants acceptent volontiers, manifestement contents d'interagir avec l'adulte. Pourtant, lorsque Marine s'approche de Lou, un petit garçon qui a entamé de construire une tour avec les bâtonnets de bois du matériel de mathématiques, et lui propose de les compter, il reste silencieux et fait la moue. Apparemment, il n'ose pas dire qu'il préférerait continuer sa construction, mais cela est visible.

Bien que les activités Montessori soient supposées être individuelles, beaucoup d'enfants se groupent par deux ou trois. L'un prend un plateau, un autre s'assoit à côté, observe, essaie de participer ou choisit une activité similaire si elle est disponible. Par exemple, deux petits jouent ensemble avec une ferme composée d'animaux en bois, deux grands garçons manipulent ensemble un matériel de mathématiques, trois fillettes tracent des chiffres sur des petits tableaux blancs. **Plusieurs d'entre eux détournent le matériel de son usage initial.** Ainsi, Madeleine (3 ans et demi) a pris une boîte de blocs de bois et se raconte à elle-même, à voix basse, une histoire où le bloc bleu « papa » et le bloc rouge « maman » doivent retourner dans « leur boîte-maison ». Alice et Jennifer construisent un village avec les cubes, les cônes et les cylindres du matériel de géométrie. Trois enfants, installés dans l'entrée, jouent à la marchande avec des morceaux de puzzle en mousse. Deux autres balaient la classe avec des petits balais à leur taille, puis transforment leur activité : « On est la police », annoncent-ils en brandissant leurs « armes ».

À 9 h 45, l'intervenante en anglais rassemble les huit petits. Assis en cercle par terre, ils répètent en chœur : « *blue* », « *yellow* », « *green* » lorsqu'elle leur montre des carrés de couleur, puis chantent une chanson en anglais reprenant ces termes. Elle sort ensuite un livre, et les enfants s'approchent pour regarder les images. En une minute, cela dégénère : tous jouent à se bousculer.

– Ça ne va pas, reculez, retournez vous asseoir !

Les enfants ne bougent pas.

– Tant pis, dit-elle. Vous n'avez pas l'air prêts à travailler. Nous allons devoir arrêter l'activité. Vous allez faire un autre travail.

Pas de réaction.

– Bye, bye, ajoute-t-elle en fermant le livre.

Les enfants se lèvent et partent, l'activité est terminée. Dans une classe Montessori, les enfants qui ne souhaitent pas travailler n'y sont pas contraints. C'est ensuite au tour des six plus âgés.

11 heures : c'est le temps du regroupement. Le lundi matin, chaque enfant peut parler de son week-end ou présenter un objet qu'il a apporté. Les autres jours, ils apprennent des chansons, des comptines, écoutent une histoire. En fonction de leur attention, le regroupement varie de dix à vingt-cinq minutes. Ce jour-là, il dure environ un quart d'heure. Les enfants lisent la date, puis l'institutrice leur explique qu'un calendrier de l'Avent a été installé et ce dont il s'agit, puis annonce qu'elle va tirer au sort l'un d'eux pour aller ouvrir la première case et retirer le petit cadeau. Marion est désignée. Elle ne trouve rien : la case est vide.

– Je l'avais pourtant remplie ce matin, déplore l'enseignante. Ça veut dire que quelqu'un a été prendre la petite décoration de Noël qui s'y trouvait. Peut-être un enfant qui ne savait pas que c'était pour décorer la classe et qui l'a mise dans sa poche. On ne va pas pouvoir faire le calendrier de l'Avent. C'est dommage. On ne pourra le faire que si le petit cadeau revient dans le calendrier, ou si l'enfant qui le trouve dans sa poche vient me voir.

L'incident dure peu de temps. Les enfants chantent ensuite quatre chansons ou comptines accompagnées de jeux de mains.

Vers 11 h 45, les enfants déjeunent dans leur classe. Au menu : carottes râpées, « cordon bleu » et frites, petit fromage frais et compote de pommes. Le repas dure longtemps (environ quarante-cinq minutes) et se déroule dans une atmosphère très calme. Chaque éducatrice aide un groupe de sept enfants tout en partageant leur déjeuner. À la fin du repas, les enfants débarrassent leur assiette. Il est 12 h 30. Pour les moins de 4 ans, c'est la fin de la journée. En effet, il n'est pas possible de faire la sieste dans l'école, la classe des 3-6 ans étant constituée d'une seule grande pièce, et la directrice estime qu'à cet âge une demi-journée en collectivité est largement suffisante.

De 12 h 30 à 14 heures, les 4-6 ans se rendent au square situé en face de l'école pour une longue récréation. Le square est équipé d'une structure d'escalade avec toboggan, d'un bac à sable et de jeux de bascule sur ressort. En revanche, l'école n'apporte ni ballons, ni vélos, ni seaux ou pelles pour le sable, ni aucun autre matériel. Les institutrices considèrent que cela permet de favoriser les jeux libres chez les enfants. Pour la même raison, elles ne proposent aucune activité (jeu collectif, ronde, etc.) et n'interviennent pas dans les jeux des enfants.

De 14 à 16 heures, les enfants retournent en classe pour un nouveau temps de travail individualisé. Seuls les 4-6 ans étant présents, les éducatrices sont plus disponibles pour leur présenter individuellement un matériel plus complexe en mathématiques et en langage.

Certaines journées sont ponctuées par des ateliers : arts plastiques le lundi, anglais le mardi, musique le jeudi... Des sorties dans le quartier sont parfois organisées : visite à un boulanger pour observer la fabrication du pain, pique-nique au jardin des Plantes à la fin de l'année. De façon ponctuelle, quelques élèves de 5-6 ans participent aux activités de la classe des 6-9 ans.

ET POUR LES TOUT-PETITS ?

Quelques jardins d'enfants Montessori accueillent les bébés. L'âge à partir duquel ils sont acceptés varie selon les structures : parfois dès 3 mois, plus souvent dès 12 ou 18 mois. Dans certaines écoles, ils peuvent être reçus soit à temps complet, soit uniquement quelques demi-journées par semaine.

Les principes sont les mêmes que pour les enfants plus âgés : favoriser l'autonomie, créer un environnement stimulant, respecter l'enfant et ses besoins.
Ainsi, les adultes s'efforcent de ne pas faire à la place des enfants ce que ceux-ci sont capables de faire seuls. Les lits à barreaux sont généralement remplacés par des matelas posés au sol, ce qui permet aux enfants d'aller se reposer quand ils en ressentent le besoin, sans l'aide des adultes.

Lors des repas, l'éducatrice porte la cuillère près du visage des bébés qui ne mangent pas encore seuls, sans l'« enfourner », leur permettant ainsi de décider librement d'approcher ou non leur bouche de la cuillère. Les enfants se servent eux-mêmes dès qu'ils en sont capables. Dès qu'ils savent marcher, les adultes évitent de les porter : ainsi, plutôt que de prendre un enfant dans ses bras pour l'amener sur la table à langer ou dans le jardin, on lui proposera d'essayer de s'y rendre lui-même.

Une grande attention est portée au respect de l'enfant. Les éducateurs considèrent que celui-ci, même s'il ne parle pas encore, comprend ce qui est dit. Par conséquent, écrit par exemple l'équipe de Plaisir d'enfant, l'éducatrice « ne lui colle pas d'étiquette, ne parle pas de lui ou de sa famille à d'autres personnes en sa présence sans le faire participer, elle ne se moque pas de lui ». Lors du change, « les enfants ne sont jamais manipulés comme des objets, ils sont informés avec beaucoup de respect et de douceur de ce que les adultes font lorsqu'ils touchent leur corps, cela contribue à la prise de conscience progressive de soi-même. Dès qu'il en a la possibilité, l'enfant participe à ses soins. Il est encouragé progressivement à prendre lui-même soin de sa personne en participant activement à son change, et en apprenant à se laver les mains ou le visage, à se coiffer, ou encore à s'habiller et à se déshabiller seul. [...] L'enfant doit se prendre en charge et décider lui-même, comme pour ce qui concerne l'alimentation et le sommeil*. »

Comme dans les classes maternelles, le travail des éducateurs consiste d'abord à préparer un environnement qui puisse être exploré librement et permette à l'enfant de prendre confiance en lui. Des structures à escalader favorisent les apprentissages moteurs. Ainsi, à Plaisir d'enfance, « lorsque les enfants commencent à ramper, ils trouvent à leur disposition des tapis de différentes tailles et hauteurs pour grimper dessus, un tunnel court, un tapis à vagues. Plus tard, ils peuvent aussi se mettre debout grâce à des barres en bois fixées au mur. Les plus grands profitent de la structure de motricité pour grimper ou gravir des marches** ».Les enfants ne sont pas ou peu installés dans des transats, mais plutôt sur des tapis qui permettent une liberté de mouvement plus importante.

Les adultes veillent à ne pas proposer des activités, des jeux, mais de les laisser à la disposition des enfants qui s'en saisiront eux-mêmes en fonction de leurs besoins. À partir d'un certain âge (environ 18 mois), ils ont à leur disposition, sur des étagères basses, différents matériels de manipulation permettant de transvaser, de classer, d'empiler, d'emboîter, de trier...

EN IMAGES, C'EST MIEUX !

Pour se rendre compte de l'ambiance d'une telle crèche, on peut visionner un petit film américain sur Internet :
à l'adresse http://cremontessori.free.fr, cliquer sur « en savoir plus sur la pédagogie Montessori » puis sur « recueil de vidéos » et choisir le film « Infant Toddler Montessori ».

Discussion

Les jardins d'enfants Montessori présentent de nombreux avantages. Les enfants apprennent à devenir très autonomes, à « travailler » seuls et à s'organiser. Ils travaillent à leur rythme en réalisant telle ou telle acquisition au moment où ils y sont prêts et font de **nombreux apprentissages préscolaires**. Les enseignants s'adressent à eux avec beaucoup de respect, les enseignantes insistent sur le respect des règles de vie ; les enfants passent leurs journées dans **une ambiance calme et reposante**.

Quasi toutes les écoles proposent un apprentissage précoce d'une langue étrangère, généralement l'anglais, en partant du principe que l'enfant peut l'assimiler avec beaucoup plus de facilité à cet âge. Les parents étrangers installés en France sont très nombreux à inscrire leurs enfants dans les écoles Montessori parce que ce type de pédagogie est beaucoup plus répandu dans leurs pays d'origine, notamment aux États-Unis. Ces classes accueillent donc de nombreux enfants parlant une langue étrangère, ce qui crée une ambiance stimulante pour l'acquisition des langues. Elles sont généralement encadrées par deux éducatrices dont l'une de langue anglaise, ce qui permet à beaucoup d'écoles de se dire bilingues.

Mais les écoles Montessori suscitent aussi des critiques. Certains considèrent, comme Freinet (cf. p. 104), que les activités proposées ne couvrent que certains besoins des enfants ; d'autres lui reprochent d'être trop centrées sur les préapprentissages scolaires. « Lors de ma visite dans une classe, le matériel mis à la disposition des enfants m'a paru assez terne (pas de couleurs vives, beaucoup de bois naturel) et limité au niveau des activités proposées. On fait beaucoup de petits exercices de motricité fine, comme emboîter des formes, attraper des lentilles avec une pince à épiler, et puis tous les exercices de maths et de français. Ne faire que ce genre de choses pendant trois ans, bof... Et j'étais gênée par ce souci, sans cesse, de ne pas intervenir, de les laisser libres, faire tout seuls. Le résultat, c'est que, dans la classe où je suis allée, les productions artistiques des enfants étaient très pauvres : ils dessinaient des Pokémons au feutre... Cette absence de stimulation et de proposition, c'est sûrement intéressant quelques heures par jour – mais chaque jour, presque toute la journée, cela me semble appauvrissant », explique une mère. « J'ai mis Emma dans une classe Montessori, mais ça ne s'est pas bien passé du tout. C'était beaucoup trop intellectuel pour elle. Ils faisaient énormément de travail autour de l'apprentissage des mathématiques et de la lecture. Ils passaient leurs journées assis à une chaise, ou assis par terre sur des petits tapis, mais sans jouer, ils devaient marcher tout doucement, chuchoter. Pour ma fille, qui aime surtout chanter, danser, dessiner, ça n'allait pas du tout ! » dit une autre.

Par ailleurs, **les écoles Montessori accordent beaucoup d'importance au fait d'apprendre aux enfants, dès le plus jeune âge, à être ordonnés. Françoise Dolto pointe les risques d'un apprentissage trop précoce dans ce domaine :** « Si on a décidé d'inculquer l'ordre à un enfant avant 4 ans [...], cela risque de le rendre maniaque, [...] c'est-à-dire obsessionnel : [...] il a comme besoin que tout soit à sa place ; c'est comme si son corps était dérangé ; il se sent mal à l'aise dans sa peau dès que les choses ne sont pas rangées. Et ça, c'est un signe obsessionnel. Un enfant est, au contraire, bien dans sa peau avec tous ses jouets, livres, vêtements en désordre autour de lui. À condition, bien sûr, que le père ou la mère ne [...] le grondent pas sans cesse à ce propos, qu'ils n'aient pas la manie de l'ordre et ne veuillent pas la lui imposer. Ce qui crée un dommage, parce que les gens maniaques, intolérants aux surprises et aux mouvements de la vie, sont tout à fait mal à l'aise dans les relations sociales – qui dérangent toujours[13]. »

Enfin, il est relativement fréquent que les écoles embauchent, faute de personnel et un peu au dernier moment, des personnes qui ne possèdent pas de formation Montessori et/ou pas d'expérience de l'enseignement. L'affirmation selon laquelle « Tous nos enseignants sont formés à la pédagogie Montessori » ne signifie rien : il s'agit parfois d'une formation de trois jours assurée par le directeur de l'école pendant les vacances.

POURQUOI DANS LE PRIVÉ HORS CONTRAT ? POURQUOI PAS DANS LE PUBLIC ?

Pourquoi les écoles Montessori sont-elles, dans leur quasi-totalité, hors contrat ? Le premier problème est celui du personnel. Une école sous contrat doit embaucher des enseignants diplômés de l'Éducation nationale (soit bac + 4 ou 5). Par ailleurs, la formation d'un éducateur Montessori, nécessaire pour exercer dans une école de ce nom, dure deux ans. Par conséquent, les enseignants ayant cette double qualification sont peu nombreux. La difficulté tient aussi aux particularités de cette pédagogie : « Il n'est pas possible à ce jour d'obtenir un contrat en ayant la garantie de conserver notre spécificité pédagogique », explique l'équipe de Plaisir d'enfance*.
C'est aussi pour ces raisons que la pédagogie Montessori n'est pas plus répandue dans l'enseignement public. De plus, le matériel Montessori, fabriqué en bois et vendu à peu d'exemplaires, est extrêmement coûteux (à titre d'exemples : 4 blocs de cylindres à emboîter : 99 euros ; 1 boîte de solides géométriques : 45 euros ; 1 boîte de tablettes en couleur : 20 euros**)... et il faut, pour équiper une classe, au moins une centaine d'activités. Les enseignants de l'Éducation nationale ne disposent pas d'un budget suffisant.
À noter : seules deux écoles Montessori labellisées AMF sont sous contrat : l'école maternelle Jeanne-d'Arc à Roubaix et l'école Montessori de Rennes.

* Présentation de l'école Plaisir d'enfance par elle-même, in Auffrand Roger, *op. cit.*
** Prix relevés sur : http ://www.montessori-express.de

13. Dolto Françoise, *Lorsque l'enfant paraît*, Paris, Le Seuil, coll. « Points », t. II, 1978, p. 39.

DOCUMENTATION

On peut avoir une idée concrète de ce qu'est le matériel Montessori sur les sites www.oppa-montessori.net, http://montessori74.free.fr, ou www.lecoledelavie-montessori.com

- Lefebvre Murielle et Alain, *Comprendre la méthode Montessori.* Ouvrage consultable gratuitement sur Internet : http://www.montessorienfrance.com
- Montessori Maria, *L'Enfant, op. cit.* Lecture facile et agréable.
- À propos des écoles maternelles dans des classes « ordinaires » : Missant Béatrice, *Des ateliers Montessori à l'école. Une expérience en maternelle*, ESF, 2001.

INFORMATIONS PRATIQUES

- Coût de la scolarité : environ 250 à 300 euros par mois en province et 600 euros à Paris.
- Une partie des écoles Montessori sont affiliées à l'Association Montessori de France (AMF) : http://www.montessori-france.asso.fr
- Beaucoup d'autres affirment pratiquer la pédagogie Montessori mais ne sont répertoriées nulle part. Il est d'autant plus difficile de les lister que toutes ne mettent pas *effectivement* en œuvre cette pédagogie, (même si c'est le cas de la grande majorité), et que les écoles Montessori sont en plein essor. Le recensement le plus complet semble être celui du site : www.lecoledelavie-montessori.com.

Mais rien ne vaut une enquête de terrain, et l'échange avec d'autres parents !

EN IMAGES, C'EST MIEUX !

De nombreuses vidéos sont consultables sur le site de l'école Terre Enfantine :
http://www.terre-enfantine.com
un reportage sur l'école Jeanne-d'Arc de Roubaix : http://www.oumzaza.fr/lecole-jeanne-darc-de-roubaix/

2. Les jardins d'enfants Steiner

Lorsque l'on pénètre dans un jardin d'enfants Steiner, ce qui frappe d'abord, c'est le cadre. Une école Steiner ne doit pas comporter d'angles droits : les murs sont arrondis, les courbes dominent, de multiples petits recoins permettent de créer un coin-regroupement plus calme, un vestiaire... Qu'il s'agisse du parquet ou des meubles, le bois brut domine souvent, donnant aux salles de classe un petit côté chalet à la montagne.

Un jardin d'enfants Steiner est également conçu pour suggérer une ambiance familiale. Chaque classe comporte un coin-cuisine équipé (cuisinière, réfrigérateur...). Les repas sont pris sur place : les enfants recouvrent les tables de nappes de tissu, mettent le couvert, mangent avec leur « jardinière », qui fait ensuite la vaisselle dans la classe. Elle prépare également les goûters, souvent avec l'aide des enfants – la farine, le sucre et les moules à gâteau attendent sur les étagères. Les enfants jardinent et cuisinent aussi les produits de leurs récoltes. Pour la sieste, dans les écoles de Chatou et de Verrières, chaque enfant dispose de son petit lit en bois et de sa couette personnelle.

Un jardin d'enfants Steiner typique groupe des enfants d'âges mélangés. Pour les adeptes de Steiner, les enfants se développent par cycles de sept ans. Le premier cycle de la scolarité va donc jusqu'à l'âge de 7 ans, le deuxième de 7 à 14 ans, etc. Les enfants restent donc au jardin d'enfants de 3 à 7 ans, sous la responsabilité de la même jardinière, qui s'en occupe seule (il n'y a pas d'agent territorial spécialisé des écoles maternelles – Atsem). Certains jardins d'enfants accueillent des petits de 2 ans, généralement groupés dans une classe à part. Les **effectifs** peuvent être faibles dans certaines écoles – le cas d'une classe d'une dizaine d'enfants m'a été rapporté – mais, en général, ils avoisinent plutôt la vingtaine.

RUDOLF STEINER

Rudolf Steiner est un philosophe autrichien qui a fondé, en 1912, un mouvement de renouveau spirituel et une théorie de la connaissance baptisés « anthroposophie ». En 1919, le climat révolutionnaire qui règne en Allemagne lui permet de créer une école pour y appliquer ses théories. Elle est destinée aux deux cent cinquante-six enfants du personnel de la fabrique de cigarettes Waldorf-Astoria – d'où le nom de Waldorf donné aujourd'hui à ces écoles. Les écoles de ce type se multiplieront : il en existe un millier aujourd'hui, réparties dans le monde entier – dont une vingtaine en France.

L'anthroposophie* n'est pas une religion, mais un « chemin de connaissance ». Pour les anthroposophes, il existe un monde « suprasensible », dont l'homme est issu et avec lequel il reste en constante interpénétration sans en avoir conscience. Ce monde suprasensible est normalement invisible par nos sens et nos pensées, mais l'homme est capable, grâce à certains exercices comme la méditation, de pénétrer ce monde. C'est le but de l'anthroposophie.

Les enseignants Waldorf considèrent que la personnalité d'un élève tient au fait que nous nous réincarnons : « Le moi, c'est-à-dire l'individualité d'une personne, provient des mondes suprasensibles. Il est porteur de certaines dispositions. [...] Certains aspects de la personnalité proviennent d'une existence terrestre antérieure » ; « À cette occasion, il arrive qu'un professeur se sente plus jeune que ses élèves**. » **L'enseignant doit donc respecter l'individualité, l'originalité de chaque élève.** Le but de l'éducation est de permettre à chaque élève d'être lui-même, de « donner la pleine mesure de son originalité » : il ne s'agit pas de former l'individualité des élèves, mais au contraire de la servir. Le livre de référence présentant la pédagogie Waldorf s'intitule d'ailleurs *Éduquer vers la liberté*. Pour cela, le programme de réforme de l'éducation proposé par Steiner vise à **développer les capacités de l'enfant**, sur le plan spirituel comme sur le plan scolaire.

* Ce paragraphe s'appuie sur les informations tirées de : Carlgren Frans, *Éduquer vers la liberté*, éd. Les Trois Arches, 1992, p. 110-112.
** *Ibid*., p. 110-111.

Les grands principes

Si les écoles Montessori se fondent sur le travail autonome avec un matériel spécifique, les écoles Steiner, elles, se fondent sur le jeu libre et créatif.

La journée est conçue pour alterner les temps de jeux et les regroupements. Le déroulement des journées diffère selon les écoles et les jardinières, mais certains principes restent toujours les mêmes.

Chaque jour, au moins deux heures sont consacrées aux jeux libres. Les jouets proposés sont constitués de matériaux naturels, de façon à stimuler le sens du toucher, et presque toujours réalisés à la main par les parents ou les enseignants : poupées de tissu et de laine, maison et animaux de la ferme en bois et en tissu, cheval à bascule en bois, dînette en métal... Les classes comportent un coin-maison de poupées et un coin-cuisine. Les enfants ont aussi à leur disposition **une quantité importante de matériaux bruts :** des carrés de tissu (coton, soie...) permettant de se déguiser ou de construire des cabanes, de grandes corbeilles en osier remplies de coquillages, de morceaux de bois, de pommes de pin... **Les jeux sont très peu structurés, pour permettre à l'imagination de se déployer.** On ne trouve aucun jouet issu du commerce, de couleur vive ou en plastique : pas de puzzles, de Lego ou de Clipo, pas de baigneur en plastique...

Les activités manuelles et artistiques ont une place importante. Elles se pratiquent en utilisant **des matériaux naturels** : le dessin se fait uniquement avec des crayons de cire, le modelage avec de la cire, la peinture avec de l'aquarelle fabriquée avec des pigments naturels. Les enfants travaillent aussi la laine et réalisent des bougies en cire. En revanche, il n'est pas question d'utiliser de la pâte à modeler ou des feutres.

Le reste du temps est consacré à des chants, à des jeux chantés, à des rondes et des contes. Les enseignantes racontent des histoires, mais ne les lisent pas, car les albums comportent des illustrations : or proposer aux enfants une « image » de l'histoire, c'est entraver leur imagination, estiment-elles. Au contraire, le récit seul permet à chaque enfant de se représenter l'histoire dans sa tête : pour l'un, le petit garçon du conte sera menu et blond, pour un autre, il sera fort et brun...

Les enfants s'initient également à **l'eurythmie**, une forme de danse artistique « dans laquelle la musique et les paroles sont exprimées par les mouvements spécifiques du corps qui correspondent à des notes ou à des sons particuliers[14] ». Pour les pédagogues Steiner, l'eurythmie favorise

14. http://www.steiner-waldorf.org

l'acquisition de la latéralisation, de l'aisance de la maîtrise du mouvement et prépare le corps à recevoir les mouvements du monde spirituel.

La vie de la classe est rythmée par les fêtes des saisons : la Saint-Michel (29 septembre), Noël, Pâques et la Saint-Jean (24 juin). La décoration de la classe, les travaux manuels, les chansons, les histoires racontées par l'enseignante s'inspirent de la saison ou de la fête à venir. « Nous accordons beaucoup d'importance aux fêtes et aux cérémonies : elles servent à relier l'humanité aux rythmes de la nature et du cosmos. Les fêtes trouvent leurs origines dans les anciennes cultures, même si elles ont évolué avec le temps. Marquer par des célébrations festives les ambiances des différentes saisons de l'année enrichit la vie de l'âme. La célébration est un art. Il y a de la joie dans l'attente, la préparation, la célébration en elle-même et dans le souvenir qu'on en garde », expliquent les enseignants[15].

Les parents sont reçus individuellement plusieurs fois par an. Il y a également, chaque trimestre, une réunion entre la jardinière et l'ensemble des parents. De plus, les parents sont souvent sollicités pour s'investir dans le fonctionnement de l'école : participation aux conseils d'administration (les écoles Steiner sont gérées par des conseils d'administration composés d'enseignants et de parents), à des ateliers hebdomadaires de fabrication d'objets vendus lors des kermesses (confitures, mobiles, poupées en laine...), à des chantiers (ainsi, tous les lits du jardin d'enfants de Chatou ont été réalisés par un père d'élève) et à de nombreuses fêtes.

La place des apprentissages préscolaires

Dans les écoles Steiner hors contrat (c'est-à-dire la très grande majorité), **il n'y a pas de contenu scolaire. Les enfants ne réalisent aucune activité de préparation à la lecture, à l'écriture ou aux mathématiques,** alors que, dans les écoles maternelles classiques, elles occupent une très grande place, surtout en grande section. Les enfants apprennent uniquement à écrire leur prénom sur leurs dessins et comptent les assiettes pour mettre le couvert. En effet, pour les éducateurs Steiner, il est préférable que l'enfant de moins de 7 ans[16] développe prioritairement d'autres capacités, et en

15. http://www.steiner-waldorf.org
16. Pour entrer en première classe (équivalent du CP) dans une école Steiner, l'élève doit avoir 6 ans révolus à la rentrée scolaire, alors que, dans l'Éducation nationale, il doit avoir 6 ans révolus au 1er janvier de l'année scolaire.

particulier sa créativité. Ils estiment qu'un apprentissage tardif ne pose jamais problème, car le « retard » sera rapidement rattrapé si l'enfant est suffisamment prêt. En revanche, des apprentissages trop précoces peuvent provoquer des sentiments d'anxiété et d'infériorité qui compromettront la suite des apprentissages. De plus, à 7 ans, « de nouvelles formes psychiques se manifestent chez l'enfant » : « Apprendre à lire avant cet âge a pour conséquence, selon Rudolf Steiner, un affaiblissement physique parce que ces activités utilisent des forces intérieures dont le développement organique a encore besoin[17]. »

Dans le jardin d'enfants où je me rends, il n'y a pas de livres à la disposition des enfants, à l'exception d'un seul ouvrage, lié à la saison, qui est ouvert sur une belle image et exposé sur une étagère : il s'agit davantage d'un décor. « On est dans un monde d'images. Mais lorsqu'on reçoit une image, que ce soit par la télévision ou dans un livre, on est passif. La majorité des enfants de l'école ont déjà beaucoup d'images chez eux : ils ont la télé, et ils ont en général énormément de livres à la maison. À l'école, on essaie de leur offrir autre chose que ce qu'ils ont à la maison. Ici, je préfère favoriser des jeux qui développent l'imaginaire, pour qu'ils inventent leurs propres images », explique l'enseignante. La classe possède une petite dizaine de livres, mais ils restent généralement dans une armoire fermée : « Les enfants peuvent me les réclamer, mais ils ne le font pas. »

Pourtant, pendant mon observation, Camille, 6 ans, vient me voir. Elle m'interroge sur mon « gros ventre » (je suis enceinte lors de la visite).
– Comment est-ce que le bébé va pouvoir sortir ? demande-t-elle.
J'essaie de le lui expliquer.
– Chez moi, dit-elle, j'ai un livre sur la naissance des bébés, je l'ai lu.
– Tu sais lire ? !
– Oui. J'ai appris toute seule, en regardant les autres écrire leur nom. Mais je ne le dis pas, c'est un secret.

Une journée à l'école de Verrières (hors contrat)

Le jardin d'enfants ouvre ses portes à 8 h 40. Pendant quinze à vingt minutes, les enfants arrivent de façon échelonnée, l'enseignante prend le temps de discuter avec les parents.

17. Carlgren Frans, *Éduquer vers la liberté*, éd. Les Trois Arches, 1992, p. 116.

À 9 heures, la journée commence par un temps de regroupement, qui se déroule dans un coin de la classe où des chaises ont été disposées en arc de cercle. Une petite table, couverte d'une nappe, accueille un décor changeant selon les saisons. Chacun se dit bonjour. L'enseignante allume une bougie et prononce quelques phrases – on parle parfois de « prière » – évoquant les forces de la nature (le cycle des saisons, le lever du soleil...). Elle présente ensuite le déroulement de la journée (« Aujourd'hui, nous avons une invitée dans la classe »...), et les enfants peuvent raconter des événements. Le temps de regroupement se finit par un chant et par une ronde.

Vers 9 h 10, ils s'installent pour une activité d'une durée de vingt à trente minutes : dessin le lundi, eurythmie le mardi, modelage le mercredi... Le vendredi, aucune activité spécifique n'est prévue : cela peut être l'occasion de faire de la pâtisserie, une longue promenade dans la forêt proche de l'école (avec un parent accompagnateur) ou de fêter un anniversaire. Ainsi, ce mercredi, la jardinière propose de réaliser des petits décors de Noël en collant des rondelles de cire sur des cercles de papier-calque destinées à être accrochées contre une fenêtre. Chaque enfant reçoit un cercle de papier, l'enseignante m'en donne également un et en garde un pour elle. Elle réalise l'activité en même temps qu'eux car pour les éducateurs Steiner, **l'enfant de moins de 7 ans apprend essentiellement par l'imitation.**

De 9 h 30 à 10 h 30, les enfants ont une heure de jeux libres. Ce jour-là, ils investissent les différents coins en décidant qu'il s'agissait de maisons habitées par plusieurs familles de trois ou quatre enfants. Trois d'entre eux font les chats, se déplacent à quatre pattes en miaulant et réclament des croquettes. Les enfants courent à travers la salle de classe en criant et en riant très fort. Certains font des glissades. Beaucoup de jouets se retrouvent au milieu de la pièce. **L'atmosphère, bruyante, joyeuse et désordonnée, n'a rien à voir avec celle d'une classe Montessori.** La jardinière n'intervient pas dans leurs jeux. Elle profite parfois de ce moment pour réparer quelque chose ou cuisiner une compote ou un crumble avec l'aide des enfants qui le souhaitent. La voir ainsi s'affairer dans sa cuisine renforce l'aspect familial de la classe.

À 10 h 30, les enfants s'assoient pour un petit goûter, quartiers de fruits ou préparation maison – ici, on mange bio. Avant de commencer à manger, le silence se fait un instant et l'enseignante récite une phrase évoquant la nature, sorte de remerciement pour ce repas. C'est ensuite le moment de ranger la classe et, pour quelques enfants volontaires, de mettre la table pour le déjeuner.

À 11 heures, une nouvelle ronde, toujours très joyeuse, entraîne les enfants à travers la salle de classe et se termine au coin-regroupement. Tous s'assoient. C'est le moment où, trois fois par semaine, l'enseignante leur raconte une histoire. Le conte sera répété à trois reprises dans la semaine, afin de permettre aux enfants de bien le mémoriser. Nous sommes une dizaine de jours avant Noël : l'histoire évoque la Nativité, les enfants chantent ensuite un chant de Noël, puis l'un d'entre eux ouvre une case du calendrier de l'Avent et un autre accroche au mur une étoile dorée. Les autres jours, l'enseignante propose des jeux musicaux ou sensoriels.

En fin de matinée, les enfants chaussent des bottes qui appartiennent à l'école et sortent. À l'école de Verrières, qui dispose d'un vaste espace, chaque classe possède un grand jardin qui lui est propre, avec un grand bac à sable, une cabane et des balançoires. À nouveau, c'est un temps de jeux libres, dans lequel l'enseignante n'intervient pas. Les enfants n'utilisent pas de jeux. La classe en possède (balles, cerceaux, trottinettes, cordes à sauter, pelles et seaux), mais ne les propose pas aux enfants ; ils sont à leur disposition s'ils les demandent. Un coin du jardin sert de potager. Au printemps, ils cultivent des légumes qu'ils dégustent ensuite pour le repas. Ils font également des confitures. En revanche, la classe sort peu, à l'exception des promenades en forêt et d'un grand pique-nique annuel.

À midi, le repas est servi. Tout le monde se lave les mains. La jardinière déjeune avec les enfants. Au menu (qui ne comporte pas de viande tous les jours) : carottes râpées, gratin de blettes et banane. Je partage leur repas, qui se déroule dans une atmosphère calme et agréable. Les enfants discutent beaucoup, entre eux et avec l'enseignante : « Mes cousines viennent pour Noël », « Un spot, c'est quoi ? ». Ma grossesse suscite de nombreuses questions : « C'est un garçon ou une fille ? » « Tu vas l'appeler comment ? » « Ma maman, elle s'appelle Anne, c'est beau. Ton bébé, tu pourrais l'appeler Anne ? » À la fin du repas, les enfants débarrassent. Par beau temps, il leur arrive de sortir les tables pour déjeuner dehors.

La journée est déjà presque finie. **La sieste occupe une grande partie de l'après-midi.** Tous les enfants dorment, y compris les plus âgés, qui ont 6 ou 7 ans. À partir de 14 h 30, ils se lèvent progressivement et jouent dehors jusqu'à 15 h 30, heure de la fin de la classe.

Dans un jardin d'enfants sous contrat, une organisation sensiblement différente

À l'école Perceval de Chatou, sous contrat, le jardin d'enfants présente une organisation sensiblement différente. Les enfants appartiennent à un jardin d'enfants d'âges mélangés dans lequel ils passent le début de la matinée : de 8 h 30 à 9 h 30, ils ont une heure de jeux libres, puis un temps de regroupement et un goûter. Ils sortent ensuite pour la récréation du matin. Ici aussi, le cadre est très agréable : ils disposent d'une très vaste cour-jardin, avec des espaces en gazon, des fleurs, un grand bac à sable et une structure d'escalade en bois avec un toboggan. Après ce temps de pause, **les enfants se répartissent dans des groupes d'âges pour le reste de la journée,** pour des activités différentes chaque jour : peinture, fabrication du pain... À partir de la moyenne section, ils participent à des ateliers comprenant des activités de graphisme et de prémathématiques. **Les activités proposées sont variées et riches**. En visitant les classes, on constate qu'il n'y a pas uniquement des jouets en matériaux naturels et faits main, mais aussi des jouets en bois du commerce (puzzles, jeux d'encastrement...) et de nombreux livres. Après le déjeuner, les petites sections font la sieste. Comme à Chatou, ils bénéficient d'un vrai dortoir, où chacun possède son lit en bois couvert de sa propre couette. Les moyennes sections ont uniquement un temps de repos, et les plus âgés ne se reposent pas. Les enfants restent moins longtemps à la maternelle : **ils intègrent le CP (appelé ici première classe) à l'âge de 6 ans.** Certains enfants, s'ils le souhaitent, peuvent rester jusqu'à 7 ans, mais c'est très rare.

Selon l'institutrice que j'ai rencontrée, l'école Perceval est la seule en France à proposer ce type de fonctionnement mis en place en raison du passage sous contrat, qui oblige les enfants à faire certaines acquisitions à certains âges, et en raison des souhaits des parents. En particulier, certains disaient que leurs enfants de 4 ou 5 ans s'ennuyaient et souhaitaient qu'une gamme plus large d'activités leur soit proposée.

Des écoles qui ont leurs partisans et leurs détracteurs

En 1999, un rapport de la Mission interministérielle de lutte contre les sectes (Mils) a classé l'anthroposophie parmi les mouvements sectaires. À la suite de cela, des inspecteurs de l'Éducation nationale ont visité quatorze établissements et rédigé un rapport très critique (cf. article page suivante). Les écoles Steiner ont porté plainte contre le député Jacques Guyard, auteur du rapport, qui a d'abord été condamné pour ses propos diffamatoires. En appel, la cour a confirmé le caractère diffamatoire de ses propos, mais l'a relaxé en raison de sa bonne foi. En juillet 2001, Jack Lang, ministre de l'Éducation, écrit au président de la fédération Steiner : « Les différentes écoles privées relevant de votre fédération ont fait l'objet de contrôles approfondis de mes services. Même si elles se révèlent variables d'une école à l'autre, des évolutions positives ont été constatées. [...] Les contrôles [...] n'ont pas révélé de pratiques à caractère sectaire. »

Il est donc clair que les écoles Steiner ne sont pas des sectes, et l'anthroposophie n'y fait l'objet d'aucun enseignement. En revanche, les enseignants ont une formation à l'anthroposophie et **la pédagogie est fondée sur cette doctrine.** Par exemple, l'organisation de la scolarité en cycles de sept ans est fondée sur l'arrivée successive de trois « corps » : le corps physique, qui s'incarne à la naissance, suivi du « corps éthérique » à la chute des dents, vers 7 ans, et du « corps astral » à la puberté, vers 14 ans ; on n'enseigne que par le jeu et par l'imitation aux moins de 7 ans parce que « l'âme n'a pas encore intégré le corps ».

En raison de leur fonctionnement très particulier, les écoles Steiner ont leurs partisans et leurs détracteurs.

Certains parents apprécient les jardins d'enfants Waldorf pour la grande importance accordée au jeu libre, le respect du rythme des enfants, la place des travaux manuels et artistiques, l'ambiance joyeuse (rondes, chants), le jardinage, la cuisine, le caractère familial, le fait qu'il y ait peu d'apprentissages préscolaires.

D'autres n'envisageraient absolument pas d'y inscrire leur enfant. L'anthroposophie et l'importance donnée au spirituel les gênent beaucoup.

Pour eux, rien ne justifie le découpage des classes en cycles de sept ans ou le fait d'utiliser uniquement des matériaux naturels pour le jeu et les activités manuelles : « La réincarnation, l'âme, je n'y crois absolument pas, et je n'aimerais pas du tout mettre mon enfant dans une école basée là-dessus », affirme une mère. Ils considèrent aussi que le jeu libre sans intervention de l'enseignante et sans beaucoup de jouets élaborés, les contes et les rondes ne suffisent pas à couvrir l'appétit de savoir et de découvrir d'un enfant de 5 ou 6 ans.

LES ÉCOLES STEINER VICTIMES DE SECTARISME

Article paru dans *Libération*, édition du 11 septembre 2000, par Ondine Millot

Une « bavure », un « excès de zèle ». Les mots reviennent dans les discours de parents d'élèves, d'anciens élèves, mais aussi de l'Association française de défense des familles et des individus contre les sectes (ADFI). En incluant les écoles Steiner dans le rapport Les Sectes et l'argent de juin 1999, les parlementaires seraient « allés trop loin ». « Dans ce rapport, il y a des erreurs, explique Jeanine Tavernier, présidente de l'ADFI. Les écoles Steiner forment des enfants ouverts sur tout : les langues étrangères, la musique, les voyages. C'est le contraire d'une secte. »

Le problème, c'est que la bavure des chasseurs de sectes a eu pour conséquence l'inspection simultanée, le 14 décembre 1999, de quatorze écoles Steiner. Resté longtemps confidentiel, le rapport d'inspection a filtré cet été dans la presse, qui a dénoncé les dangers d'une pédagogie « mystique ».

Le Centre contre les manipulations mentales (CCMM) ne se cache pas d'avoir encouragé cette campagne. « Ces écoles, c'est un mode de vie parallèle, avec refus des vaccinations, pratiques ésotériques, volonté de former un " homme nouveau ", assure Hayat El Mountacir, chercheuse au CCMM. Pour appuyer ses propos, elle choisit quelques passages « gratinés » du rapport. Les inspecteurs relèvent l'absence d'esprit critique des élèves, « transformés en exécutants gentils mais béats ». Les cours d'eurythmie leur paraissent étranges : « On peut se demander si l'on ne cherche pas à gommer la personnalité des individus à travers l'uniformité du geste et du vêtement », note un inspecteur. Enfin, faits incontestables, certaines consignes de sécurité ne sont pas respectées, et plusieurs enfants n'ont pas été vaccinés.

À la Fédération des écoles Steiner, le président, Jacques Dallé, s'insurge : « Le 14 décembre 1999, les inspecteurs ne sont restés qu'un quart d'heure dans les classes. Ils n'ont pas cherché à comprendre notre pédagogie. » Face à ces protestations, Daniel Groscolas, responsable de la cellule pour la prévention du phénomène sectaire au ministère de l'Éducation nationale, s'emploie à calmer le jeu : « Les écoles Steiner n'enseignent pas l'anthroposophie à leurs élèves. » Le seul « danger », d'après Daniel Groscolas, relève de la « sous-qualification de certains enseignants ». Bien qu'il existe un Centre de formation à la pédagogie Steiner à Chatou (Yvelines), les écoles hors contrat ne réclament aucun diplôme particulier. Certaines personnes, recrutées sur entretien, commencent ainsi directement à enseigner sous le parrainage d'un professeur confirmé. L'ennui, c'est que, dans les six mille conférences et quarante ouvrages de Steiner, les nombreux appels à l'« éveil des âmes » ou à la « régénération de l'esprit par la matière » peuvent facilement attirer tous les allumés de la terre. « On voit parfois arriver des personnes dérangées, admet Jacques Dallé, mais elles ne restent jamais longtemps chez nous. »

DOCUMENTATION

Pour : Carlgren Frans, *Éduquer vers la liberté*. Les écoles Steiner-Waldorf, *op. cit.* Cet ouvrage présente de façon claire et détaillée le fonctionnement des écoles Steiner.
Contre : On trouvera à la page http://prevensectes.com de nombreux liens vers des articles critiques vis-à-vis du fonctionnement des écoles Steiner.

3. Les classes maternelles Freinet

La pédagogie Freinet a été initiée et développée avec des enfants d'âge primaire. Elle est pourtant beaucoup mise en œuvre aujourd'hui dans des classes maternelles, sur les mêmes principes que dans les classes primaires :
- le travail à partir des intérêts des enfants, en menant des projets qui permettent de fonder les apprentissages sur des situations « vraies » et, ainsi, de donner du sens aux savoirs ;
- l'importance des activités artistiques et d'expression libre (expression orale au « Quoi de neuf ? » et dans les temps de présentation, ateliers d'expression artistique, textes dictés à l'enseignante...) ;
- la « vie » qui entre dans la classe (par le « Quoi de neuf ? », les sorties...) ;
- la pratique de la démocratie à l'école.

Les techniques sont également les mêmes que dans une classe primaire Freinet : « Quoi de neuf ? », travail en ateliers, journal, correspondance, textes libres, livre de vie, fichiers pour le travail autonome, créations mathématiques...

C'est à partir de valeurs partagées communes telles que la coopération, l'expression libre, la communication, le tâtonnement expérimental, que les enseignants se retrouvent. Ils déclinent ensuite leurs pratiques selon leur contexte de travail et selon les enfants qui constituent l'essence même de la classe, de l'école.

Des projets montés par les enfants, qui permettent de fonder les apprentissages sur des situations « vraies » et de donner du sens aux savoirs

Des projets collectifs sont mis en œuvre et permettent des apprentissages multiples. Il peut s'agir, par exemple, de monter une exposition, un spectacle, d'écrire un petit livre illustré... Certes, c'est une pratique courante dans les maternelles standards. Mais, **dans les classes Freinet, les projets sont plus nombreux, l'initiative vient davantage des enfants, la réalisation du projet s'appuie plus sur leur expression libre et singulière, et le projet est souvent l'occasion d'ouvertures multiples sur l'extérieur :** sorties, invitations d'intervenants dans la classe... Ainsi, dans la classe PS-MS-GS de Katina[18], les enfants réalisent des jeux d'expression corporelle sur un mur, avec un drap, devant un projecteur de lumière. Ils décident alors de produire un spectacle d'ombres chinoises. À partir d'un album, ils créent des dialogues sur des thèmes forts pour eux (« L'orage, c'est comme... », « Ce qui me fait peur ») et s'exercent à les dire avec intonation devant un micro. Ils fabriquent des marionnettes en papier pour créer les ombres chinoises et apprennent à les manipuler. Avec des instruments de musique, ils imaginent des créations sonores sur le thème du vent, de la pluie, des volets qui claquent. Parallèlement, ils prennent connaissance de tableaux sur le jour et la nuit (Magritte), de vitraux, de lectures sur le thème du Déluge.

La correspondance (qui est souvent collective en maternelle) **et le journal scolaire** (avec, en maternelle, beaucoup de dessins et peu de texte) sont aussi des grands classiques des techniques Freinet.

Les temps de travail individuel : variété, liberté et autonomie

Une partie de la journée est toujours consacrée à un moment de travail individuel. Pendant ce temps, les enfants se répartissent librement dans des ateliers de leur choix organisés de façon à leur permettre de se servir et de ranger seuls : libéré, l'enseignant peut se consacrer à d'autres tâches, comme la « dictée à l'adulte » (voir plus bas).

Les activités proposées sont très variées – beaucoup plus variées que dans les classes Steiner ou Montessori. Ainsi, « dans la classe de Claire, on trouve le coin des artistes (une panière de récupération avec cartons, ficelle, colle...), un coin-écoute (un magnétophone avec une boîte de cassettes et

18. Iereliadis Katina, « Spectacle d'ombres », *Créations*, n° 107, mai-juin 2003, p. 4-8.

des casques), un coin-théâtre de pâte à modeler, une panière de papier blanc pour dessiner, des puzzles, des jeux de construction, des ardoises où l'on peut écrire ce que l'on souhaite, des classeurs de graphisme, des jeux mathématiques et un atelier de musique (les deux enfants préposés prennent la caisse d'instruments et vont dans le bureau de la directrice qui jouxte la classe)[19] ». Ailleurs, il y aura des activités découpages et collages, des jeux de société, des jeux d'eau, un atelier de transvasement (semoule, riz), des coins-jeux (cuisine, poupée, garage), des marionnettes, une bibliothèque... Dans certaines écoles, le décloisonnement entre deux classes permet d'offrir davantage de choix aux enfants pour leurs activités libres.

Si les ateliers existent dans toutes les écoles maternelles standards, en revanche, la variété, **la liberté de choix des enfants et leur autonomie singularisent les classes Freinet.**

Des classes qui donnent une grande place à l'expression libre et créative

Ces classes se distinguent également par l'importance des **activités créatives et d'expression libre.** Dans une classe Steiner, les enfants disposent de papier blanc, de crayons de cire, d'aquarelle, de laine et de cire à modeler. Dans une classe Montessori, ils ont généralement à leur disposition du papier blanc, des feutres, de la peinture et parfois de la pâte à modeler, les autres techniques n'étant employées que lorsque l'intervenante d'arts plastiques est présente, soit une heure par semaine. En revanche, **dans une classe Freinet, les matériaux et les techniques proposés sont bien plus riches.**

Ainsi, dans la classe d'Annie, qui n'est pas exceptionnelle, les enfants peuvent utiliser à **l'atelier peinture** où ils se rendent en autonomie : « Pour dessiner : feutres, craies grasses, crayons noirs, crayons de couleur, encre de Chine, drawing-gum, encres de couleur [...]. Par périodes, j'ajoute crayons blancs ou noirs très gras, fusains, feutres POSCA, encres d'écolier. Et papiers ordinaires, papiers glacés, rugueux, calques, stencils, carbones, etc.[20] ».

19. Bulletin du secteur maternelle de l'ICEM (Institut coopératif de l'école moderne), n° 27, année scolaire 2004-2005, p. 3.
20. « J'ai deux, trois ou quatre ans et je vais à l'école », ICEM, éd. *Pratiques et recherches*, n° 14-15, p. 30.

Dans la classe de Cathy, ils peuvent choisir **l'atelier inventions** où ils trouvent du matériel de récupération (cartons, bouteilles en plastique, bouchons, tubes en carton, coquillages, escargots, tissus, assiettes en papier, pots et boîtes vides...), des outils (colle, marteau et clous, Scotch, peinture...) et des étagères pour le rangement de leurs constructions. Les élèves écrivent également des textes libres et peuvent, dans certaines classes, pratiquer l'expression libre en musique : dans une salle attenante, ils disposent d'instruments de musique et d'un magnétophone pour enregistrer leurs productions. Certes, le matériel ne fait pas tout, mais, lorsque les élèves savent s'en servir, le fait de disposer de techniques variées favorise la production de réalisations riches et de qualité.

Les enfants réalisent des **créations libres** : il n'est pas question, ici, de donner des consignes conduisant à des productions stéréotypées. **Un « temps de présentation » permet à chaque enfant de présenter aux autres les projets qu'il a réalisés :** un dessin, un bricolage, une construction en Lego, un poème... Souvent, **cela va donner à d'autres l'idée ou l'envie de travailler dans telle ou telle direction.** On parle, en pédagogie Freinet, d'élément déclencheur. Par exemple, raconte Annie, « Quentin, un enfant de grande section, dessine librement une grosse tête sur une feuille de grand format. Il me dit : " C'est moi. " Elle a un beau succès lors de sa présentation à la classe. Sans même que j'aie besoin de le suggérer, l'idée est immédiatement reprise l'après-midi à l'atelier craies grasses et à l'atelier peinture ». De nombreux enfants font alors leur autoportrait : « Il y en a tant qu'on décide le soir même d'en faire une expo dans la salle d'accueil. » Peu après, Marilou déchire sa peinture en quatre pour en faire un puzzle, puis recolle les morceaux de biais. D'autres enfants s'emparent de l'idée : « C'est le départ d'un atelier puzzle-grosses têtes autour de Marilou[21]. » La visite d'une exposition de peinture, la rencontre avec un artiste, un travail envoyé par les correspondants, une reproduction apportée par un élève au « Quoi de neuf ? »... peuvent également ouvrir des pistes et relancer l'intérêt.

21. Bard Annie, « Les grosses têtes », *Créations*, n° 105, janvier-février 2003, p. 18-19.

L'apprentissage de la lecture, de l'écriture et des mathématiques à partir de situations réelles

Dans une classe Freinet, **l'entrée dans la lecture, l'écriture et les mathématiques se fait à partir de situations réelles, et non artificielles, qui permettent de leur donner du sens.**

L'apprentissage de la lecture et de l'écriture est fondé sur la méthode naturelle de lecture[22]. Comme Maria Montessori, Freinet a constaté que ce qui intéresse d'abord l'enfant, c'est d'écrire. **Dans une classe Freinet, on apprend donc à écrire avant d'apprendre à lire.** Comment cela est-il possible[23] ?

Les premiers écrits se font, dès la petite section, par des « dictées de textes » à l'adulte. Chaque jour, pendant que les enfants travaillent en autonomie (temps d'accueil du matin ou temps d'ateliers, par exemple), l'enseignant prend un moment pour écrire les textes libres que lui dictent deux ou trois élèves volontaires. L'enfant recopie ensuite son texte dans son cahier de vie, l'illustre, puis le « lit » (l'enseignant le lui lit à voix basse phrase après phrase et l'enfant répète) à la classe pendant le temps de présentation. Chaque enfant peut dicter une vingtaine de textes par an.

La classe produit également des textes collectifs. Souvent, après l'entretien du matin, les élèves votent pour choisir l'événement qui les a le plus marqués et dictent un texte collectif à l'enseignant. Dans d'autres écoles, c'est lorsque plusieurs élèves ont lu leurs textes personnels que la classe vote pour choisir l'un d'eux. Le texte élu est imprimé par les enfants à l'imprimerie Lego (on imprime une page de texte, puis on la photocopie) ou tapé à l'ordinateur (l'enfant dispose d'un modèle en majuscules, comme le clavier, et recopie). Il est ensuite diffusé dans le journal de la classe, collé dans les cahiers de vie et/ou envoyé aux correspondants.

---

22. Il ne s'agit ni de la méthode globale ni de la méthode syllabique : les premiers mots sont connus de l'enfant de manière globale, mais il les décompose ensuite de façon analytique.
23. Les paragraphes qui suivent s'appuient notamment sur les textes de : Ouzoulias André, « La lecture et son apprentissage », *Le Nouvel Éducateur*, n° 114, décembre 1999, p. 18-21 ; Thorel Danielle, *Méthode naturelle de lecture-écriture au cycle 2*.

Chaque enfant se constitue ainsi un capital de petits textes qui ont pour lui une valeur affective forte, qu'il a entendus et manipulés de très nombreuses fois (et ce d'autant plus qu'il est fréquent que les enseignants proposent de petits jeux sur ces textes, afin de favoriser leur assimilation). Il est capable de les réciter par cœur en suivant les mots du doigt.

En se référant à ce réservoir de mots connus, **l'enfant peut commencer à écrire seul.** Par exemple, s'il veut écrire « Lundi, j'ai mangé des fraises », il copie « lundi » sur le tableau-calendrier, et « des fraises » dans un texte libre écrit trois semaines plus tôt. Cela donne une phrase à trou, « lundi -------- des fraises », qu'il montre à l'enseignant pour qu'il la complète. Le fichier *Photimot*, qui est à sa disposition dans la classe, lui permet aussi de trouver le nom d'un objet usuel ou d'un animal à partir de sa photo et d'être ainsi plus autonome dans ses premières tentatives d'écriture.

En copiant les mots qu'il connaît, l'élève est conduit à remarquer certaines analogies. Par exemple, l'enfant qui copie « dimanche » peut remarquer que la séquence « man » est semblable à celle de « maman » qu'il sait écrire de mémoire. Peu à peu, il remarque des analogies de plus en plus nombreuses : ***mer***, ***mer****ci*, ***mer****credi* ; *cant****ine***, *far****ine***, *sab****ine***... « Ce qui commence là avec le " c'est comme " est fondamental, explique A. Ouzoulias. L'enfant entre ainsi dans un processus de compréhension progressive du système orthographique. » L'enseignant encourage les enfants à observer et à signaler tous les mots qui se ressemblent et systématise ces remarques par des affichages (liste de tous les mots en « man », en « pa »...). Cela leur permet d'écrire de nouveaux mots.

L'initiation à la lecture se fait également par émission d'hypothèses et de vérifications, dans des situations de « lecture vraie » : l'enfant veut lire une lettre, une recette de cuisine pour faire un gâteau ou la règle d'un jeu de société[24]. Prenons l'exemple d'une classe qui vient de recevoir un fax de ses correspondants (les classes maternelles communiquent beaucoup par le biais des fax, qui permettent d'écrire à la main et de dessiner, et dont l'envoi est instantané). L'enseignant ne dévoile pas son contenu, mais copie le texte au tableau. Les enfants reconnaissent quelques mots connus et essaient de deviner les autres. Par exemple, un enfant remarque que le premier mot commence comme « bonbon » : hypothèse : c'est peut-être « bonjour » ?

24. Les classes disposent de fichiers (édités par le mouvement Freinet) de recettes de cuisine et de jeux conçus pour les apprentis lecteurs.

Les différentes étapes d'une recherche mathématique, grande section, école maternelle d'Airbelle (62).

Les mathématiques sont également enseignées à partir du concret, du vécu des élèves, et par le « tâtonnement expérimental » : les enfants cherchent différentes solutions (travail individuel), puis les comparent (temps collectif). Par exemple, dans la classe de Maryvonne (GS-CP)[25],

25. Pierron Maryvonne, « Recherche collective en maths », *Le Nouvel Éducateur*, n° 117, mars 2000, p. 8-9.

les élèves sont allés visiter les marais, accompagnés d'une maman pour quatre enfants. Revenus dans la classe, tous dessinent pour représenter la situation. Les dessins se ressemblent. L'enseignante les affiche au tableau et, devant cette grande frise, les enfants s'amusent à lire :
– 1, 2, 3, 4, une maman, 1, 2, 3, 4, une maman, 1, 2, 3, 4, une maman...
– Ça fait une musique, dit Julie.
– Oui, ça fait un rythme. Tapons dans nos mains : tap tap tap tap, un silence, tap tap tap tap, un silence, tap tap tap tap, un silence, tap tap...

Les enfants essaient alors, individuellement, de dessiner le rythme (cf. doc. page ci-contre). Toutes les trouvailles sont affichées. Dans les jours qui suivent, les enfants travaillent sur des polycopiés réalisés par l'enseignante et qui reprennent ces éléments.

QUELLE EST L'EFFICACITÉ DE LA MÉTHODE NATURELLE DE LECTURE (MNLE) ?

Pour répondre à cette question, André Ouzoulias* a d'abord fait passer des tests similaires, en octobre et en mars, à des enfants de CP apprenant à lire avec la MNLE (population expérimentale : 97 enfants) et à des enfants apprenant avec la méthode phonique (population témoin : 80 enfants). Premier constat : quelle que soit la méthode, les enfants acquièrent les mêmes connaissances au même rythme.

Il a ensuite mesuré leurs performances en orthographe à l'entrée en CE2, en faisant passer la même dictée préparée à 52 élèves scolarisés en CP-CE2 dans des classes utilisant la MNLE et à 77 élèves ayant suivi un enseignement phonique.

Résultats : on observe alors « un avantage net et significatif des élèves de la population expérimentale », dû au fait qu'ils mémorisent plus rapidement l'orthographe correcte des mots.

* André Ouzoulias, « La lecture et son apprentissage », *Le Nouvel Éducateur*, n° 114, décembre 1999, p. 18-21.

La « réunion de coopérative » et l'évaluation : responsabiliser et favoriser l'autonomie

Comme dans les classes primaires Freinet, les enfants se réunissent chaque semaine pour une **réunion de coopérative** pendant laquelle ils peuvent faire des propositions de projets ou d'activités, parler des problèmes, discuter des conflits et décider des règles de vie collective. Dans les quelques écoles entièrement Freinet, comme à l'école d'Aizenay, les enfants délégués des différentes classes peuvent aussi réfléchir sur l'organisation de la vie de l'école tout entière. Ainsi, lors d'un « conseil de cour », ils ont défini les règles de vie à y adopter.

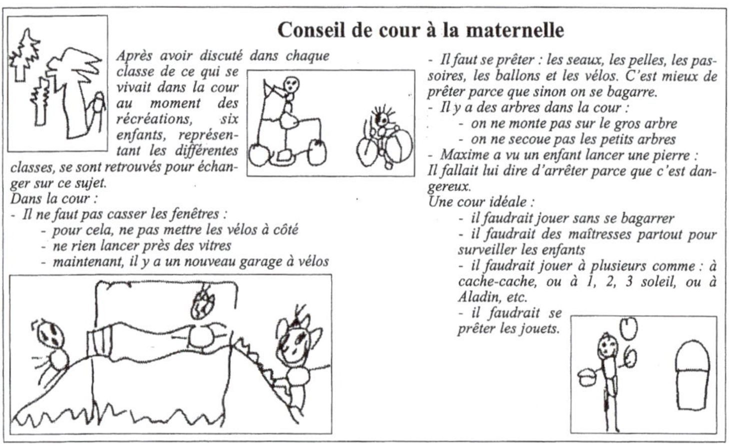

Conseil de cour à la maternelle

Après avoir discuté dans chaque classe de ce qui se vivait dans la cour au moment des récréations, six enfants, représentant les différentes classes, se sont retrouvés pour échanger sur ce sujet.

Dans la cour :

- Il ne faut pas casser les fenêtres :
- *pour cela, ne pas mettre les vélos à côté*
- *ne rien lancer près des vitres*
- *maintenant, il y a un nouveau garage à vélos*

- Il faut se prêter : les seaux, les pelles, les passoires, les ballons et les vélos. C'est mieux de prêter parce que sinon on se bagarre.

- Il y a des arbres dans la cour :
- *on ne monte pas sur le gros arbre*
- *on ne secoue pas les petits arbres*

- Maxime a vu un enfant lancer une pierre : Il fallait lui dire d'arrêter parce que c'est dangereux.

Une cour idéale :
- *il faudrait jouer sans se bagarrer*
- *il faudrait des maîtresses partout pour surveiller les enfants*
- *il faudrait jouer à plusieurs comme : à cache-cache, ou à 1, 2, 3 soleil, ou à Aladin, etc.*
- *il faudrait se prêter les jouets.*

Conseil de cour, école maternelle Freinet d'Aizenay (85).

L'évaluation se fait par **validation d'acquis**. Les enfants possèdent un livret de compétences listant un certain nombre d'activités ou de réalisations possibles (par exemple, une petite reproduction de tous les puzzles de la classe, des modelages en pâte à modeler, etc.) et valident avec un rond vert celles qu'ils ont réussies : puzzles, constructions, fiches de graphisme, lire certains mots, compter jusqu'à…, s'habiller seul… Cela les incite à progresser et à varier leurs activités.

Autonomie, socialisation		
Je prends la parole au conseil	Je vais être gardien de l'heure au « quoi de neuf ? »	Je vais présider le « quoi de neuf ? »

☺ 😐 ☹	☺ 😐 ☹	☺ 😐 ☹
Je participe à la vie collective :		
Je vote pour une décision, élire un texte	Je fais des propositions au conseil	Je fais un métier régulièrement
	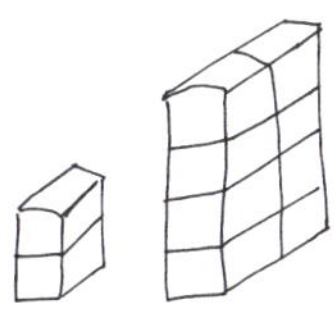	
☺ 😐 ☹	☺ 😐 ☹	☺ 😐 ☹
Je deviens autonome parce que je sais :		
Aller aux toilettes tout seul	M'essuyer les fesses tout seul et tirer la chasse	Enfiler mes chaussures
	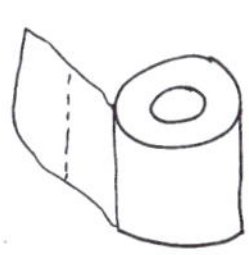	
☺ 😐 ☹	☺ 😐 ☹	☺ 😐 ☹

Une fiche bilan/évaluation à remplir par l'enfant, dans une classe de moyens/grands.

<table>
<tr><th></th><th>Lundi</th><th>Mardi</th></tr>
<tr><td>8 h 20 - 8 h 40</td><td colspan="2">Accueil : toutes les activités sont possibles</td></tr>
<tr><td>8 h 40 - 8 h 50</td><td rowspan="2">Appel, calendrier,
« Quoi de neuf ? »</td><td>Appel, calendrier,
mini « Quoi de neuf ? »</td></tr>
<tr><td>8 h 50 - 9 h</td><td rowspan="2">Travail individualisé
+ atelier cuisine</td></tr>
<tr><td>9 h – 9 h 30</td><td>Travail individualisé</td></tr>
<tr><td>9 h 30 - 9 h 40</td><td colspan="2">Goûter</td></tr>
<tr><td>9 h 40 - 10 h 10</td><td colspan="2">Lecture-écriture, graphisme</td></tr>
<tr><td>10 h 10 - 10 h 40</td><td colspan="2">Récréation</td></tr>
<tr><td>10 h 40 - 11 h</td><td colspan="2">Regroupement : comptines, poésie, lecture…</td></tr>
<tr><td>11 h - 11 h 30</td><td colspan="2">Créations mathématiques ou recherches mathématiques</td></tr>
<tr><td>11 h 30 - 13 h 30</td><td colspan="2">Déjeuner</td></tr>
<tr><td>13 h 30 - 14 h</td><td colspan="2">Salle de jeux</td></tr>
<tr><td>14 h - 14 h 45</td><td>Activités d'expression artistique : peinture, modelage, collage, graphisme décoratif.
Journal : fonds, décoration</td><td>Activités d'expression artistique : peinture, modelage, collage, graphisme décoratif.
Journal : fonds, décoration
+ agrafage du journal
(tous les 15 jours)</td></tr>
<tr><td>14 h 45 - 15 h 15</td><td colspan="2">Récréation</td></tr>
<tr><td>15 h 15 - 15 h 45</td><td>Regroupement :
lecture d'histoires
et de contes</td><td>Conseil</td></tr>
<tr><td>15 h 45 - 16 h 10</td><td>Textes libres, graphisme,
correspondance, jeux de société</td><td></td></tr>
<tr><td>16 h 10 - 16 h 30</td><td colspan="2">Bilan de la journée : on écrit le cahier de vie</td></tr>
</table>

L'emploi du temps d'une classe dans une école maternelle Freinet.

<table>
<tr><th>Mercredi</th><th>Jeudi</th><th>Vendredi</th></tr>
<tr><td rowspan="15"></td><td colspan="2">Accueil : toutes les activités sont possibles</td></tr>
<tr><td>Appel, calendrier,
« Quoi de neuf ? »</td><td>Appel, calendrier,
mini « Quoi de neuf ? »</td></tr>
<tr><td>Travail individualisé</td><td>Travail individualisé</td></tr>
<tr><td colspan="2">Goûter</td></tr>
<tr><td colspan="2">Salle de jeux</td></tr>
<tr><td colspan="2">Récréation</td></tr>
<tr><td colspan="2">Regroupement : comptines, poésie, lecture…</td></tr>
<tr><td colspan="2">Créations mathématiques ou recherches mathématiques</td></tr>
<tr><td colspan="2">Déjeuner</td></tr>
<tr><td colspan="2">Relaxation, musique</td></tr>
<tr><td>Activités d’expression artistique : peinture, modelage, collage, graphisme décoratif.
Journal : fonds, décoration
+ bricolage</td><td>Activités d’expression artistique : peinture, modelage, collage, graphisme décoratif.
Journal : fonds, décoration</td></tr>
<tr><td colspan="2">Récréation</td></tr>
<tr><td colspan="2">Regroupement : lecture d’histoires et de contes</td></tr>
<tr><td colspan="2">Textes libres, graphisme, correspondance, jeux de société</td></tr>
<tr><td colspan="2">Bilan de la journée : on écrit le cahier de vie</td></tr>
</table>

Une journée dans une classe maternelle Freinet

Même s'il n'existe pas de journée ou de classe type, on retrouve dans chaque maternelle Freinet un certain nombre de constantes.

Les enfants arrivent généralement de façon échelonnée. Les parents qui le peuvent restent un moment dans la classe. Ils aident l'enfant à accrocher ses vêtements et à mettre ses chaussons, lui lisent une histoire, dessinent ou jouent avec lui.

Après le départ des derniers parents, vers 8 h 45 ou 9 heures, la journée commence par **l'entretien du matin** (aussi appelé causette ou Quoi de neuf ?). Les enfants s'assoient en cercle dans un coin de la classe. L'élève responsable de l'appel compte les présents ; le responsable du calendrier prend l'étiquette correspondant au jour et la pose sur le tableau aimanté ; celui qui est chargé de la météo relève la température extérieure sur le thermomètre, la reporte et place un pictogramme indiquant le temps qu'il fait. Ensuite, **les enfants qui le souhaitent prennent la parole :** « Moi, j'ai fait du cheval, on a mis la selle et on a mis un casque », « J'ai fait un cauchemar, je suis allée dans le lit de ma maman. » Ils peuvent aussi présenter un dessin, un objet, une construction. L'entretien est un temps d'accueil, de transition, un sas de décompression entre la maison et l'école. Il permet d'apprendre à s'exprimer devant les autres. Il peut aussi être le déclencheur d'une activité, d'un projet collectif : ainsi, après qu'Hugo a parlé de l'éruption de l'Etna, trois garçons décideront de construire une maquette de volcan pendant le temps de projet personnel.

La journée est ensuite occupée par une alternance de temps individuels et collectifs.

Les temps d'atelier permettent aux enfants de se répartir librement pour mener des projets individuels ou collectifs où l'expression créative occupe une grande place.

Dans les classes de moyenne ou de grande section, un temps est consacré chaque jour ou chaque semaine à deux activités : lecture-écriture-graphisme et recherches mathématiques. Certains jours, on y pratique des activités collectives : lecture ou écriture d'une lettre aux correspondants, recherche mathématique collective. D'autres jours, les enfants travaillent individuellement ou en petits groupes. À titre d'exemple, ce jeudi, les enfants qui ont dicté des textes libres dans la matinée les recopient dans leur cahier de vie et les illustrent : Simon et Vincent tapent à l'ordinateur le texte qui a été choisi par la classe pour paraître dans le journal ; un petit groupe travaille à partir du fichier *Photimot* ; avec les autres, l'enseignante propose un jeu autour de la dernière lettre envoyée par les correspondants : elle cache certains mots, qu'ils doivent retrouver.

Les temps de regroupement sont assez semblables à ceux d'une maternelle classique, Montessori ou Steiner : l'enseignant(e) lit une histoire, les enfants chantent, apprennent des comptines, et ainsi de suite. Seule spécificité des classes Freinet : un temps de présentation est toujours prévu pour que chacun puisse montrer aux autres ses réalisations et qu'une discussion soit possible.

La classe se rend régulièrement, comme dans les maternelles standards, en salle de motricité, en salle de jeux ou dans des installations sportives.

Les enfants de petite section font **la sieste**, mais les enseignants évitent de la présenter comme une obligation : « Les enfants savent que, s'ils n'ont pas sommeil, ils peuvent [...] pratiquer des activités calmes et individualisées dans la classe pendant que les autres dorment », explique Sylvie[26]. Ils peuvent se réveiller progressivement et sont alors accueillis pour des activités calmes. Certains enseignants ont également institué des **goûters coopératifs**. Pour éviter à un enfant de consommer toujours le même biscuit sec insipide, tandis que son voisin aura des goûters appétissants et variés, ils proposent aux parents de s'organiser pour apporter, chacun à tour de rôle, un goûter pour toute la classe.

La fin de la journée ou de la semaine est souvent consacrée au cahier de vie. Il s'agit d'un cahier personnel à chaque enfant, qu'il remplit pour garder une trace de ce qu'il a vécu. On y colle des photos des moments importants de la vie de classe comme les sorties ou les anniversaires, des traces des entretiens (textes, dessins...), les textes de comptines ou des chansons apprises. Chaque enfant y écrit ses textes libres, les illustre, et peut aussi y coller des trouvailles (tickets de bus, timbres-poste, étiquettes de yaourt...). Le cahier de vie est un lien entre la famille et l'école : tous

26. « J'ai deux, trois ou quatre ans et je vais à l'école », *op. cit.*, p. 14.

les soirs, ou tous les vendredis soir, l'enfant l'emporte à la maison, et les familles peuvent également y écrire. C'est aussi un cahier où l'enfant apprend à repérer des mots qui constitueront son premier capital pour entrer dans l'écrit.

Les classes sortent beaucoup, notamment pour des enquêtes ou des visites : à la piscine, au marché, à la bibliothèque, à la boulangerie pour voir le travail du boulanger, à la gare pour observer les trains ou à la caserne des pompiers pour les interroger sur leur métier. Elles reçoivent aussi : invités, correspondants, parents ayant une compétence à faire partager...

i informations pratiques

- L'immense majorité des enseignants Freinet travaillent dans l'enseignement public.

- Ils sont groupés en équipe dans une vingtaine d'écoles, dont **dix-sept ont des classes de maternelle** (cf. liste en fin d'ouvrage).

- Par ailleurs, de **très nombreux enseignants Freinet exercent dans des classes de maternelle « isolées » dans des écoles classiques.**

- Enfin, certaines **écoles Calendretas** (cf. p. 122) comportent une section maternelle.

documentation

- Le site du mouvement Freinet, secteur maternelle : http://www.icem-freinet.info/travail-cooperatif/secteurs/maternelle
- « Pratiques Freinet en maternelle », éd. ICEM, *Pratiques et recherches*, n° 36.
- « J'ai deux, trois ou quatre ans et je vais à l'école », *op. cit.*
- Les bulletins *Chantier maternelle* (téléchargeable sur le site du mouvement Freinet : http://www.freinet.org/icem/bulletin/maternelle/) comprennent de nombreuses descriptions de pratiques.

En images, c'est mieux !

- **Un après-midi en maternelle Freinet** : www.icem-pedagogie-freinet.org/node/7248.
- « Pratiques Freinet en maternelle », coffret de quatre DVD, éd. ICEM, *Pratiques et recherches*, n° 59.

CHAPITRE 2

Les écoles élémentaires

Il existe près de deux cents écoles élémentaires différentes : seize écoles Steiner, vingt-quatre écoles Freinet, six écoles nouvelles, trois écoles Pédagogie institutionnelle, une école Decroly, de très nombreuses écoles Montessori (dont trente-deux affiliées à l'AMI). De plus, de nombreuses écoles ne se réclament d'aucun courant spécifique, et quelques milliers d'instituteurs Freinet ou Pédagogie institutionnelle enseignent dans des écoles standards.

On retrouve dans l'enseignement primaire les mêmes pédagogies de référence qu'en maternelle. Dans les classes Montessori et Steiner, les pratiques mises en œuvre en maternelle et en primaire sont assez différentes ; dans l'enseignement Freinet, en revanche, on observe une certaine continuité.

On présentera également dans ce chapitre les pédagogies institutionnelles et celle des autres écoles, bien que celles-ci comprennent des classes allant de la petite section au CM2.

	Coût et type de public	Classes	Mode de transmission des savoirs		Travail individuel ou collectif	Apprentissag de la lecture
Montessori	Écoles privées hors contrat, coût élevé.	Classes d'âges mélangés	Pédagogie active : l'enfant ne doit pas écouter une leçon *ex. cathedra* mais découvrir par lui-même.	Matériel Montessori conçu pour décomposer les apprentissages et permettre l'autocorrection.	Travail essentiellement individuel.	Méthode syllabique. Apprentissag autonome avec le matériel Montessori, entre 4 et 7 ans.
Freinet/PI	Écoles en majorité publiques et gratuites.	Classes d'âges mélangés	Pédagogie active : l'enfant ne doit pas écouter une leçon *ex. cathedra* mais découvrir par lui-même.	Apprendre dans des situations « vraies », et non scolaires, en mettant en œuvre des projets, pour donner du sens aux savoirs.	Équilibre entre le travail individuel et collectif.	« Méthode naturelle de lecture », proche de la méthoc globale. Apprentissag vers 6 ans.
Steiner	Écoles privées hors contrat, coût élevé.	Classes d'âges	Pédagogie plus frontale : l'enseignant apporte les connaissances.	Pédagogie fondée sur les principes de l'anthroposophie. Importance des rythmes et des répétitions, de l'oral, des fêtes des saisons, de l'enseignement spirituel.	Travail essentiellement collectif.	Méthode reproduisant le cheminement de l'humanité, des idéogrammes aux lettres. Apprentissag très progres (lecture vers 8 ans).

<table>
<tr><th colspan="3">Évaluation</th><th>Discipline</th><th colspan="2">Ouvrages utilisés</th></tr>
<tr><td colspan="3">Variable selon les classes.</td><td>L'enseignant s'efforce de mettre en place une discipline libérale fondée sur l'adhésion plutôt que sur la contrainte.</td><td rowspan="3">Pas de manuels scolaires standards</td><td>Utilisation ponctuelle de livres, en fonction des besoins. Situation variable selon les classes.</td></tr>
<tr><td rowspan="2">Pas de notes</td><td>Évaluation par objectifs, rigoureuse, précise, sur laquelle l'élève s'appuie en permanence pour savoir dans quels domaines faire porter ses efforts.</td><td>Brevets (Freinet) ou ceintures de couleur (PI).</td><td>L'autorité n'émane plus de l'enseignant mais du groupe classe. Les règles sont décidées en « conseil ».</td><td>Très grande importance des livres : utilisation quotidienne de très nombreux ouvrages de fiction et documentaires.</td></tr>
<tr><td colspan="2">Évaluation prenant la forme d'appréciations. Bulletin non communiqué à l'élève.</td><td>L'enseignant s'efforce de mettre en place une discipline libérale fondée sur l'adhésion plutôt que sur la contrainte.</td><td>Très peu de livres : utilisation d'un livre de lecture choisi par l'enseignant quelques heures/semaine ; pas d'autres ouvrages avant le CM2.</td></tr>
</table>

1. Les écoles élémentaires Montessori

La pédagogie Montessori a été conçue pour l'école maternelle. Il existe pourtant des écoles Montessori à d'autres niveaux : primaire (cinquante-neuf écoles Montessori en France) et parfois secondaire. D'une école à l'autre, les pratiques varient. À la différence de ce qui se passe au jardin d'enfants, il n'y a pas une façon définie d'enseigner en pédagogie Montessori en primaire.

Des classes d'âges mélangés

Afin de permettre à chaque enfant de travailler à son rythme, **les classes Montessori primaires, comme celles de maternelle, groupent des enfants d'âges mélangés.** Leur répartition est variable selon les écoles. Par exemple, au Petit d'homme, il y a une classe 6-8 ans (CP-CE1) et une classe 8-10 ans (CE2-CM1) ; au Centre de rencontres enfantines Montessori, une classe 6-9 ans (CP-CE1-CE2), et une classe 9-11 ans (CM1-CM2) ; à Montessori Kids, juste une classe 6-9 ans (CP-CE1-CE2).

Beaucoup d'écoles hors contrat s'arrêtent au CE2, voire parfois au CM1. En effet, les élèves des écoles privées hors contrat doivent passer un examen d'entrée en sixième. Pour le réussir, ils devraient y consacrer une partie importante du temps de travail de CM2, « un certain bachotage, ce qui est l'inverse de ce que l'on veut faire », expliquent les enseignantes[27]. Ainsi, à Paris, trois écoles Montessori proposent un enseignement primaire : Montessori Kids s'arrête en fin de CE2, Le Petit d'homme en fin de CM1, et l'école Plaisir d'enfance est la seule à conduire ses élèves jusqu'à l'entrée en sixième – l'enseignante de cette classe a passé le concours de professeur des écoles, ce qui évite à ses élèves de passer l'examen d'entrée en sixième.

Le travail sur le matériel Montessori

Les écoles primaires Montessori se singularisent essentiellement par le fait que la majorité des apprentissages se font par le biais du travail individuel.

27. Comme dans les jardins d'enfants Montessori, il s'agit très majoritairement de femmes : j'emploie donc le féminin dans ce chapitre.

Chaque enfant reçoit régulièrement, à intervalles variables selon les écoles et les enfants (tous les matins, tous les lundis, tous les mois…), **un plan de travail personnalisé indiquant le travail individuel qu'il doit effectuer.** Il consiste d'abord, comme au jardin d'enfants, à manipuler du matériel Montessori. Chaque enfant allant à son rythme, le matériel d'apprentissage de la lecture, de l'écriture et des mathématiques utilisé en maternelle est encore présent en CP-CE1. **D'autres types de matériel permettent les apprentissages ultérieurs. En français,** il s'agit essentiellement de très nombreuses petites boîtes contenant des étiquettes plastifiées que l'enfant manipule pour les placer correctement. Par exemple, une boîte renferme des mots masculins et féminins que l'enfant doit trier en deux tas ; une autre propose le même exercice avec des mots au singulier et au pluriel. Les petits sacs des « dictées muettes » contiennent des images (une balle, un râteau, un arrosoir…) : l'enfant tire l'une d'elles et doit écrire le nom de l'objet sur son cahier. Les boîtes de mathématiques sont conçues selon le même principe : ainsi, une boîte comprend des soustractions et des résultats que l'enfant doit réunir. **La manipulation permet de saisir concrètement en quoi consistent les opérations :** l'apprentissage n'est jamais abstrait. Un enfant qui utilise les perles ou les barrettes de bois pour faire des multiplications prend trois fois 3 perles et constate qu'il obtient 9 perles, puis quatre fois 3 perles et en compte 12… Le cube de la puissance 2 démontre la puissance de 2 au moyen de ses éléments constituants, cubes et prismes, chacun étant le carré du précédent. La géométrie s'apprend en manipulant des solides en bois (cube, sphères…) ou en assemblant des triangles comme des puzzles pour former certaines figures. Pour la géographie, de grands puzzles en bois représentant les continents ou les pays aident à mémoriser leur localisation.

Ce matériel est plus attirant qu'un exercice dans un manuel. En manipulant les petites fiches plastifiées ou les éléments de bois, il est possible d'essayer autant de fois qu'on le souhaite, de se tromper, de recommencer, et ce d'autant plus facilement qu'il n'est pas nécessaire d'écrire pour faire les exercices. Et le matériel est beau, agréable à utiliser. **Il permet à chaque enfant de travailler de façon autonome sur une notion différente :** dans une même classe, trente enfants peuvent travailler en même temps sur trente questions différentes. Ainsi, Emma doit faire trois dictées muettes, manipuler deux boîtes de matériel de multiplication correspondant aux tables de 7 et 8 ; Théo, lui, travaillera le son « an » et les additions…

Les élèves font également des exercices plus scolaires pendant le temps de travail individualisé. Dans l'école où je me suis rendue, ils faisaient des additions, des soustractions, des copies de mots, et travaillaient sur des fiches d'exercices semblables à celles utilisées dans les écoles standards. Dans une autre, ils utilisaient des cahiers d'exercices de mathématiques et de français achetés par leurs parents. En revanche, l'écriture de textes personnels et la lecture de « vrais livres » sont moins fréquentes que dans les classes Freinet.

Le temps de travail individualisé occupe souvent les matinées et, parfois, une partie des après-midi. Que font les enfants le reste du temps ?

Dans toutes les écoles, ils participent à des ateliers animés par des intervenants extérieurs : anglais, musique, arts plastiques, sport ou expression corporelle, et aussi, selon les établissements, atelier journal, chant, théâtre ou chinois.

Les autres activités varient selon les écoles. Dans certaines, les éducatrices proposent des leçons collectives relativement traditionnelles. Ainsi, à Plaisir d'enfance, « chaque éducatrice commence le matin et l'après-midi par faire une leçon en langage ou en mathématiques, avec son groupe-classe entier ou un groupe de niveau. Elle donne ensuite à tous les enfants un travail d'application[28] ». **Dans d'autres, les enseignantes proposent l'étude de thèmes pour l'apprentissage des matières d'éveil** (histoire, géographie, sciences...). Par exemple, à l'école Montessori Kids, en 2007-2008, la classe se concentre sur l'arbre : les enfants étudient la diversité des climats et de la végétation dans le monde, apprennent une poésie sur le thème de l'arbre, visitent une exposition à l'arboretum, rencontrent un parent d'élève exerçant une activité de paysagiste... Dans une autre école, ils ont étudié les châteaux forts et le Moyen Âge, puis Paris. Ce travail prend souvent le nom de projet, mais, à la différence de ce qui se passe dans les classes Freinet ou plurielles, il ne s'agit pas de la préparation d'une production, mais d'un sujet de travail permettant des acquisitions dans différentes disciplines. Selon les écoles, le temps collectif peut aussi être consacré à d'autres activités : récitation de poésies, activités manuelles, journal, « Quoi de neuf ? »...

---

28. Présentation de l'école P*laisir d'enfance par elle-même*, in Auffrand Roger, *op. cit.*, p. 182-183.

Pendant ce temps de travail collectif, la pédagogie est souvent fondée sur l'utilisation d'un matériel concret, sur les expériences et sur la manipulation (comme avec le matériel de travail individuel). Ainsi, le travail en groupe que j'observe à l'école Montessori Kids consiste à classer des images et à justifier ce choix (cf. p.75). Il est fréquent que les enfants fabriquent des maquettes des formes géographiques étudiées – une île, une péninsule et un isthme en argile – les placent dans des cuvettes peintes en bleu et versent de l'eau autour de l'île, le long de trois côtés de la péninsule, et de chaque côté de l'isthme. Pour appréhender la notion de temps, ils fabriquent de longues frises chronologiques, correspondant au déroulement d'une semaine, d'une année scolaire ou d'un siècle, et y placent des images marquant tel ou tel événement.

Il arrive que des enfants préparent des exposés, mais cela reste une pratique peu courante par rapport aux classes Freinet où chaque élève présente régulièrement ses travaux à la classe. La majorité des écoles organisent un voyage annuel du type classe de nature. Toutes proposent une initiation à l'anglais, et les éducatrices parlent généralement anglais et français. Néanmoins, si beaucoup d'écoles Montessori se disent bilingues, elles le sont à des degrés variables.

Les règles de vie

La discipline est fondée sur la responsabilisation des enfants et sur l'exercice d'une autorité libérale peu contraignante.

Pendant le temps de travail individuel, les élèves peuvent chuchoter et se déplacer librement dans la classe pour chercher leur travail, aller boire ou se rendre aux toilettes. Comme en maternelle, les enseignants insistent sur un ensemble d'apprentissages individuels du maintien de soi : apprendre à chuchoter, déplacer sa chaise sans bruit, ranger le matériel, être assis bien droit sur sa chaise, tenir proprement son cahier. C'est très différent des classes Freinet ou « nouvelles », où le travail sur le comportement en classe est beaucoup plus collectif et moins axé sur l'adoption d'une posture scolaire du corps.

À l'école Montessori Kids comme à Tom Pouce, les élèves sont invités, en début d'année, à écrire les règles de vie de la classe. Il ne s'agit pas que les élèves érigent les règles (comme cela se pratique dans les écoles Freinet et plurielles), mais plutôt qu'ils explicitent celles qu'ils connaissent, qu'ils participent à leur rédaction et donnent leur accord ; ainsi, ils les connaîtront bien et ne pourront pas les récuser. En revanche, il n'existe pas de réunion régulière visant à discuter des problèmes collectifs, comme les conseils Freinet. Certes, « l'institutrice regroupe parfois les élèves de sa classe pour régler des problèmes vraiment graves. Mais c'est elle qui provoque la réunion, de manière exceptionnelle (ce qui est très différent d'une réunion institutionnelle fixée chaque semaine au même jour et à la même heure) et c'est elle qui fixe le contenu de cette réunion : les enfants ne préparent pas d'ordre du jour », explique Rachel Gasparini[29].

Des configurations différentes

En dépit de ces points communs, **les écoles Montessori primaires peuvent présenter des configurations différentes,** comme le montre la comparaison entre le fonctionnement de deux écoles[30].

À l'école A, les enfants (classe de CP-CE1-CE2) peuvent choisir librement l'ordre dans lequel ils effectuent les tâches indiquées sur leur plan de travail : untel commencera par tous ses travaux de mathématiques, par exemple, tel autre préférera faire d'abord le français, etc. Il n'existe pas de leçons à l'exception de quelques apports de connaissances, dans les matières d'éveil. En fonction de leurs progrès, les enfants reçoivent des leçons dactylographiées dans leur casier de travail individuel, accompagnées d'exercices d'application, et peuvent demander l'aide des enseignantes si nécessaire. À la fin de la semaine, le bilan est fait : « As-tu rempli ton contrat ? Sinon, pourquoi ? » Au fur et à mesure que l'enfant progresse, ses acquis sont validés sous la

29. Gasparini Rachel, *La Discipline à l'école primaire : une interprétation sociologique des modalités d'imposition de l'ordre scolaire moderne*, thèse de doctorat de sciences de l'éducation, sous la direction de Guy Vincent, université Lumière Lyon-II, 1998.
30. L'école A est l'école Montessori Kids, et les informations concernant son fonctionnement sont issues d'un travail d'observation mené en 2007. Quant à l'école B, il s'agit du fonctionnement de l'école Tom Pouce observé par Rachel Gasparini au milieu des années 1990. Même si cette seconde observation date d'il y a dix ans, il semble que cette description corresponde à des fonctionnements toujours en vigueur dans certaines écoles Montessori.

forme d'une pomme collée dans un arbre de la connaissance. Chaque pomme correspond à une compétence précise[31]. Il n'y a ni notes ni bulletin scolaire. Les parents sont reçus individuellement trois fois dans l'année pour un bilan oral, un bulletin écrit n'étant établi qu'au moment où l'enfant quitte l'école. Les enfants n'ont pas de devoirs à la maison, et des sorties sont organisées au moins deux fois par mois : musées, expositions, bibliothèques...

À l'école B, le fonctionnement est plus traditionnel. Les enfants disposent de moins de liberté dans leur travail individuel : « Le plan de travail revient à ce que la maîtresse précise quel exercice l'enfant devra effectuer pendant le temps réservé à une discipline (par exemple, mathématiques, français ou éveil) pour tous les élèves du même niveau. L'enfant n'a donc pas à organiser l'ordre dans lequel il va effectuer ses exercices scolaires. » Les enfants de CE2, CM1 et CM2 sont répartis en trois groupes séparés dans l'espace de la classe, chacun faisant face à un tableau différent. Chaque groupe effectue des apprentissages de son niveau, et une partie de l'enseignement est frontale : « Une partie de l'enseignement se faisant sous forme de cours magistral et, les enfants ne travaillant pas toujours de manière autonome, l'institutrice ne cesse de courir pour faire une leçon, donner des exercices, corriger des cahiers... l'essentiel étant que chaque groupe soit toujours occupé et ne dérange pas trop les autres (surtout par le bruit). Étant donné le rôle central de l'institutrice, elle doit constamment penser à au moins trois activités en même temps, ce qui conduit à des situations absurdes et difficilement gérables, comme lorsqu'un groupe d'enfants fait la queue pour se faire corriger un exercice devant l'enseignante qui donne une leçon au tableau », raconte R. Gasparini. Des contrôles de connaissances sont organisés et les élèves sont notés, même s'il existe également une autoévaluation. En cas d'infraction aux règles de la classe, des punitions (« copier cinq fois la règle ») sont possibles. Enfin, les sorties sont peu fréquentes.

Un lundi à l'école primaire Montessori Kids

La classe comprend de seize à dix-huit enfants de CP-CE1-CE2 et deux éducatrices à plein temps.

31. Missant Béatrice, *Des ateliers Montessori à l'école. Une expérience en maternelle*, ESF, 2001, p. 75.

	Lundi	Mardi	Mercredi	Jeudi	Vendredi
8 h 30 - 9 h	Accueil				
9 h - 11 h 30	Forum puis travail individuel	Géographie	Dictée puis travail individuel	Travail individuel	Travail individuel
11 h 30 - 12 h 15	Éveil	Poésie	Éveil	Anglais	Musique
12 h 15 - 12 h 20	Le mot du jour				
12 h 20 - 12 h 30	Récréation			Récréation	
12 h 30 - 13 h	Déjeuner			Déjeuner	
13 h -14 h/14 h 30	Récréation (square)			Récréation (square)	
14 h 30 - 16 h	Sport	Travail individuel		Théâtre	Technologie

La semaine d'une école élementaire Montessori.

8 h 30 à 9 heures : les enfants arrivent de façon échelonnée, discutent ou jouent à des jeux de société.

9 heures : comme chaque lundi matin, c'est le forum : un temps de libre parole, d'environ une demi-heure, permet à chacun de raconter ce qu'il souhaite. Presque tous les enfants s'expriment : « Ma cousine est venue dormir à la maison », « On est partis en week-end à la campagne, c'était bien, mais j'ai eu mal au cœur dans la voiture. » À la différence de ce qui se passe pendant le temps d'entretien d'une classe Freinet ou nouvelle, les interventions sont très courtes et ne provoquent pas de questions de la part des autres élèves. On a le sentiment que les enfants parlent surtout aux enseignantes. Par ailleurs, le « Quoi de neuf ? » ne joue pas un rôle de déclencheur d'activités pédagogiques – il s'agit plutôt d'un temps d'expression orale. Seule l'intervention de Jérôme, qui raconte qu'il a vu des poissons phosphorescents, suscite quelques questions de l'enseignante et donne lieu à une petite leçon de vocabulaire. En fin de réunion, l'enseignante présente l'emploi du temps de la semaine, puis chaque enfant choisit une tâche : arroser les plantes, présenter le mot du jour...

9 h 40-11 h 30 : l'essentiel de la matinée est consacré au travail individuel.

11 h 30 : la cloche retentit. C'est le temps d'éveil. Les enfants choisissent une activité sur les étagères d'éveil : dessin, couture, pliages, jeux de société... leur permettant de se détendre après deux heures de travail.

12 h 15 : la cloche sonne à nouveau et l'enseignante réclame le silence. Marion, debout devant le tableau, présente un mot nouveau : « Caméléon :

qui sait ce que c'est ? » Plusieurs élèves font des hypothèses : « C'est un genre de chameau ? », « C'est une gourde pour boire ? » Elle explique le mot.

12 h 30-14 h 30 : les enfants déjeunent dans leur classe avec leur enseignante, puis se rendent au square voisin pour une grande récréation.

14 h 30 : retour en classe. Cet après-midi, c'est travail collectif. L'enseignante récapitule le travail accompli la semaine précédente lors de la visite à l'arboretum, puis sort trois enveloppes : « Installez-vous en trois groupes. Je donne à chaque groupe une enveloppe avec vingt images. Classez-les en deux colonnes. Ensuite, vous devrez justifier votre classement. »

Les images représentent des animaux, des plantes et des objets inanimés. Les enfants proposent plusieurs classements : « vivant/non vivant », « ça respire/ça respire pas », puis l'enseignante essaie de dégager avec eux les caractéristiques du « vivant » : « Ça mange, ça travaille, ça a des cellules... Ça se reproduit... Non, les aspirateurs, ça ne se reproduit pas ! »

15 h 20 : un deuxième exercice les conduit à classer d'un côté les animaux, de l'autre les végétaux.

16 heures : la journée s'achève.

L'organisation des après-midi varie : ils peuvent être consacrés à des sorties ou à des ateliers ou, si une activité de ce type a déjà occupé la matinée, à du travail individuel en mathématiques/langage. Une demi-journée est consacrée au sport (cycles de six semaines : vélo, tir à l'arc, judo, roller...). Les enfants participent aussi à un atelier hebdomadaire d'anglais en demi-groupes. Une fois tous les quinze jours, une matinée est réservée aux arts plastiques.

i informations pratiques

- Coût de la scolarité : entre 4 000 et 6 000 euros par an.
- Cf. aussi le chapitre « Les écoles maternelles ».

documentation

- Gasparini Rachel, *Ordres et désordres scolaires. La discipline à l'école primaire*, Paris, Grasset/Le Monde Éditions, 2000.

Cet ouvrage très accessible et concret compare la gestion de la « discipline » dans des écoles primaires Montessori, Freinet et plurielles.

2. Les écoles élémentaires Steiner

L'enseignement à l'école élémentaire Waldorf est, comme en maternelle, fondé sur la philosophie développée par Rudolf Steiner au début du xxe siècle (cf. p. 37). Il présente des particularités importantes, tant en ce qui concerne l'organisation de la journée que les matières étudiées et la façon de présenter les connaissances.

Des « écoles nouvelles » ?

Les écoles Steiner s'apparentent à l'Éducation nouvelle par plusieurs aspects.

- **La pédagogie Steiner est soucieuse de former l'individu dans sa globalité et d'éveiller tous les aspects de la personnalité :** ainsi, les travaux manuels et artistiques trouvent leur place à côté des disciplines intellectuelles.
- **L'organisation des journées est conçue pour s'adapter au rythme des élèves :** les matinées commencent par les apprentissages fondamentaux (français, mathématiques...) et les journées alternent des moments de concentration intellectuelle et des moments d'activités manuelles et artistiques.
- **La discipline est fondée sur l'adhésion plutôt que sur la contrainte.**
- **Chaque enfant peut progresser selon ses capacités sans subir de pression : il n'y a, en principe, pas de redoublement.** Les élèves d'une classe d'âge forment un groupe qui reste pratiquement inchangé de la première à la douzième classe.
- Les élèves **ne sont ni notés ni classés** : comme Montessori, Decroly ou Freinet, Steiner considère que les notes sont inutiles et que chaque élève doit progresser par rapport à lui-même, et non par rapport à ses camarades de classe ou par rapport à une note. À la fin de chaque trimestre (ou, selon les écoles, à la fin de l'année), l'enseignant rédige pour chaque élève un bulletin décrivant avec précision son comportement au sein de la classe, les progrès effectués, les efforts à fournir et ce dans chaque

matière. Les parents sont invités à ne pas lire le bulletin au très jeune élève (première ou deuxième classe) mais à lui en évoquer le contenu dans des termes qu'il est capable de comprendre à cet âge. En effet, un élève qui a, par exemple, des difficultés en calcul risque d'être blessé ou de se sentir étiqueté : « Il vaut mieux le lui dire de manière plus douce. Il faut faire attention aux jugements hâtifs », m'explique une enseignante. Les enfants ne redoublant pas, ils ont le temps d'évoluer. Cette relation à l'évaluation est très différente de ce qui est mis en œuvre dans les classes Freinet ou Pédagogie institutionnelle, où l'évaluation des élèves est très précise et où les enseignants considèrent que l'enfant doit connaître avec exactitude son niveau dans telle ou telle discipline pour savoir où faire porter ses efforts.

Les écoles Waldorf se distinguent pourtant de l'Éducation nouvelle sur une question majeure : le mode de transmission des savoirs.

– **Freinet, Montessori ou Decroly considèrent que l'enseignant ne doit pas suivre un programme tout fait, mais s'adapter aux besoins, aux intérêts et au rythme des enfants.** Chez Montessori, ce sont les périodes sensibles ; chez Decroly, les centres d'intérêt ; chez Freinet, le travail à partir des questionnements des élèves. Par exemple, dans telle classe de CE1-CE2, les enfants s'intéresseront aux baleines, dans telle autre, aux châteaux du Moyen Âge, dans une troisième, aux légendes de la mythologie grecque ou aux métiers des artisans ; tel élève de 8 ans d'une classe relevant de l'un de ces trois pédagogues étudiera les multiplications à virgule, tel autre en sera à l'apprentissage de la division... **En revanche, le programme des classes Steiner est établi** une fois pour toutes : ainsi, dans toutes les classes Steiner de toutes les écoles Steiner, tous les enfants de deuxième classe étudient les tables de multiplication, les fables mettant en scène des animaux et les légendes des grands hommes ; tous ceux de troisième classe se penchent sur les métiers...

– **Les pédagogues de l'Éducation nouvelle considèrent que la pédagogie doit être active.** L'enfant ne doit pas écouter une leçon ex cathedra, mais chercher par lui-même, essayer, tâtonner... et de ces expériences tirer lui-même des conclusions. Il est exceptionnel que l'enseignant fasse une leçon magistrale. **Dans une école Steiner, la pédagogie est plus frontale :**

les temps pendant lesquels l'enseignant guide les élèves et/ou apporte les connaissances occupent une place nettement plus importante que la découverte autonome. La disposition des tables est significative : dans une classe Freinet, Montessori ou Decroly, elles sont disposées en petits groupes ou en U, alors que, dans une classe Steiner, elles font face au tableau, comme dans l'enseignement standard.

Pourtant, si la pédagogie Waldorf n'est pas active au sens où l'entendent les pédagogues de l'Éducation nouvelle, **elle n'est pas non plus traditionnelle.** Il arrive que les élèves fassent des recherches et des expériences. Et surtout, l'enseignement, dans les petites classes, part du concret, du vécu, de l'expérience, plutôt que de l'abstraction. Par exemple, une période de géographie amène les élèves de quatrième classe à étudier « le monde qui nous entoure » : ils réalisent d'abord le plan de leur école, puis celui de leur quartier... jusqu'à celui de l'Île-de-France. Lorsque les élèves étudient la France et l'Europe en cinquième classe, ils peuvent construire une maquette du sous-continent en argile, en modelant les reliefs et en versant de l'eau à l'emplacement des mers et des océans. Enfin, certaines parties du programme se prêtent à la pédagogie de projet : ainsi, en troisième classe, deux périodes de trois ou quatre semaines sont consacrées à l'étude des métiers et aux constructions. À cette occasion, les élèves visitent des artisans, vont chez le boulanger pour apprendre à faire le pain, et montent un projet de construction (fabrication d'un bac à compost ou d'un four à pain, par exemple).

L'organisation d'une journée

Les élèves d'une école Waldorf entrent en première classe (équivalent du CP) dans leur septième année (sixième année dans les écoles sous contrat) et resteront avec le même enseignant qui suit une classe pendant toute la durée du cycle élémentaire, soit cinq ou sept ans selon les écoles.

Chaque journée commence par un cours principal de deux heures consacré à l'étude d'une matière fondamentale (français, mathématiques...). La même discipline est étudiée chaque jour pendant une période de trois ou quatre semaines. Par exemple, les élèves étudient intensément les mathématiques pendant trois semaines, puis le français pendant trois semaines, etc. Pour les enseignants Steiner, ce fonctionnement a deux avantages.

Premièrement, il permet de réaliser « un travail en continu, en profondeur, sans possibilité de dispersion », et « offre une opportunité à l'élève de s'exercer plus longuement, de s'entraîner de façon plus extensive, de moduler de façon multiple les manières d'apprendre et de s'exprimer, selon un rythme moins pressant, moins stressant[32] ». Deuxièmement, le fait de travailler une discipline par période permet de ménager des temps d'« oubli », de digérer les connaissances pour mieux les assimiler. Ainsi, comme le sommeil permet de mémoriser et de voir plus clair (« la nuit porte conseil », si nous avons un problème, il est parfois résolu le matin), « ce qu'est la nuit entre deux cours, c'est la pause entre les périodes consacrées à une même matière. Pour qu'un savoir devienne un acquis, l'activité de se rappeler et de rencontrer de nouveau ce qui avait plongé profondément dans l'inconscient est aussi importante que le réveil après le sommeil » : alors, « même ce qui n'avait pas été entièrement compris – en calcul par exemple – peut apparaître subitement comme quelque chose de facile et d'évident[33] ».

Le reste de la journée est consacré à des moments d'approfondissement des matières du cours principal auquel s'ajoute **l'enseignement des langues, de l'eurythmie, des travaux manuels, de la musique, du jardinage, de la gymnastique...** parfois en demi-groupe ou avec des intervenants spécialisés.

L'importance des rythmes

Les rythmes et les répétitions ont beaucoup d'importance dans la pédagogie Waldorf. Miriam Ramirez a réalisé pour sa thèse des observations approfondies dans une douzaine de classes de l'enseignement primaire Steiner. Partout, explique-t-elle, **le cours principal se déroule de façon identique**, suivant un rythme qui correspond, pour Steiner, à une « variation de l'énergie[34] ».

Les élèves revêtent des blouses colorées, réalisées le plus souvent par les parents et parfois des chaussons avant d'entrer en classe. Un temps

32. Ramirez Miriam Yolanda, *L'Enseignement en tant qu'art dans le curriculum Waldorf*, thèse de sciences de l'éducation, Paris-VIII, sous la direction de René Barbier, 2006, p. 174.
33. Carlgren Frans, *Éduquer vers la liberté*, *op. cit.*, p. 53.
34. Les informations de ce paragraphe sont tirées de Ramirez Miriam, *op. cit.*, p. 191, 183, 184-185, 186.

d'accueil peu formel précède le début du cours principal : l'enseignant et les élèves peuvent parler de l'organisation de la classe ou de la journée, d'un problème de comportement, d'un conflit entre élèves, d'un événement... Le maître se met ensuite devant les élèves, leur fait signe de faire le silence et de se lever. Il récite avec les élèves les paroles du jour qui évoquent « les forces symboliques et les qualités dont l'enfant aura besoin pour réaliser ses tâches scolaires », le lien entre l'homme et l'univers, particulièrement le soleil et la lumière du jour, et la gratitude envers la nature. Puis vient le moment d'un bonjour rituel, les mots utilisés étant exactement les mêmes dans chaque classe : « Bonjour, chers enfants de la troisième classe », dit l'enseignant ; « Bonjour, monsieur X », répondent en chœur les élèves.

Le cours principal à proprement parler commence alors par une **phase rythmique**. Debout derrière leurs tables, les élèves réalisent des exercices de rythme, d'agilité, de latéralisation, récitent en chœur des poèmes ou chantent. Il peut s'agir, par exemple, de comptines de sons, de conjugaisons ou de tables de multiplication. Cela permet d'« éveiller le corps et l'esprit » pour entrer dans les apprentissages scolaires et d'« activer le système rythmique » qui, pour Steiner, est important dans l'éducation.

Vient ensuite la **phase des poèmes**. Chaque année, le maître écrit pour chaque enfant un poème qui met l'accent sur un domaine où celui-ci doit progresser. Par exemple, pour un élève agité, l'enseignante de la classe que j'ai visitée a rédigé un poème reprenant l'image de l'églantier qui deviendra rosier, une très belle fleur mais qui doit être taillée pour donner toute sa mesure. Ramirez explique que les enfants récitent leur poème le jour où ils sont nés : par exemple, ceux qui ont leur anniversaire le lundi le récitent le lundi. Dans la classe où je me suis rendue, ce n'était pas systématique.

La récitation est suivie d'une **phase de récapitulation** de dix à quinze minutes pendant laquelle le maître demande aux élèves de rapporter ce qu'ils ont appris la veille. Il enchaîne sur une **phase d'apport** où il présente de nouvelles connaissances. Les élèves peuvent à ce moment effectuer en petit groupe ou individuellement un travail de recherche sur une notion. C'est ensuite la **phase d'exercice écrit**, puis la mise à jour du cahier de période : copie d'un texte ou recherche du texte ensemble, illustration. Le cours se termine par la **phase du conte**, d'une durée d'environ dix minutes, pendant laquelle l'enseignant raconte une histoire.

Les matières étudiées

L'enseignement par périodes concerne, en première classe, le français, les mathématiques et le **dessin de formes**. Cette dernière discipline, spécifique aux écoles Steiner, consiste à dessiner des formes géométriques de plus en plus complexes : par exemple, l'élève va compléter la seconde moitié symétrique d'une forme, ou exécuter des figures en marchant, puis les reproduire sur le papier.

L'enseignement de la lecture se fait progressivement. L'apprentissage reproduit le même cheminement que celui des anciennes civilisations, qui sont passées peu à peu des idéogrammes aux lettres-signes. Les enfants commencent par étudier, en première classe, l'histoire de chaque lettre. L'enseignant part d'une image pour dégager la lettre : par exemple, pour la lettre B, il dessine un berceau qui a la forme du B, puis simplifie de plus en plus l'image jusqu'à ce qu'il ne reste plus que la lettre B, tout en récitant une phrase avec des allitérations : « Le Bébé dans son Berceau Bleu... » Lorsque chaque lettre a été étudiée en profondeur, les élèves abordent l'apprentissage des sons. À l'école Perceval de Chatou où je me suis rendue, et qui est sous contrat, les élèves savent lire lors du premier trimestre de la deuxième classe (7-8 ans). Dans des écoles respectant plus à la lettre la philosophie Steiner, la lecture est acquise plus tard, en troisième classe (8-9 ans).

Dans toutes les disciplines, l'enseignement est imagé et lie le visuel à l'auditif : à cet égard, la méthode d'enseignement de la lecture est révélatrice.

À partir de la deuxième classe, d'autres disciplines apparaissent : géographie, botanique, histoire...

Les écoles Steiner sont non confessionnelles, mais intègrent des cours d'**histoire des religions** : ainsi, en troisième classe, les enfants découvrent les récits de l'Ancien Testament, puis, progressivement, les anciennes civilisations. Pour les enseignants Steiner, les religions ont fondé notre civilisation et sont indispensables pour la comprendre. Cet enseignement est aussi une réponse à la « perte de sens de nos sociétés[35] ».

35. http://www.steiner-waldorf.org

L'apprentissage des langues est précoce : les enfants commencent l'allemand en première classe (CP) et l'anglais l'année suivante (CE1). Cela leur permet de les acquérir plus facilement et de mieux les prononcer. Ces langues sont enseignées par le biais d'activités ludiques : chants, poésies, conversations, jeux, à raison de trois heures par semaine.

Les enfants **ne font pas de sport à proprement parler avant la troisième classe.** En première et deuxième classe, l'eurythmie, une sorte de danse rythmique, tient lieu d'activité sportive. À partir de la troisième, ils font des activités gymniques et des jeux de balle. Ils produisent régulièrement des jeux scéniques dans lesquels ils présentent leurs réalisations à l'ensemble de l'école, puis aux parents, une fois par trimestre.

Les activités manuelles et artistiques

Une grande place est accordée aux activités manuelles[36] : pour les enseignants Steiner, il est important de développer aussi bien l'intellect que l'habileté manuelle. Comme en maternelle, seules les matières naturelles sont utilisées. Les techniques enseignées sont très diverses : en première et deuxième classe, les enfants tricotent (étui à flûte, poupées, animaux), puis ils apprennent le travail du crochet, le point de croix, le travail du bois et le modelage. Jusqu'à la troisième classe (CE2), les réalisations sont guidées : il s'agit de faire un travail artisanal et non une création. En effet, « l'imitation reste encore l'expression naturelle » des élèves des trois premières années (de 6 à 9 ans). À partir de la quatrième et de la cinquième classe, ils sont plus libres : « L'activité artisanale se transforme de plus en plus en une activité artisanale libre. »

L'aquarelle sur papier mouillé, pratiquée dès le jardin d'enfants, continue à occuper une place de choix. Il s'agit d'exercices de couleurs. Par exemple, sur l'indication de l'enseignant, les élèves de première classe vont placer une tache bleue sur un fond jaune, ou inversement, puis seront invités à réfléchir : « Qu'est-ce qui est plus beau, le bleu entouré de jaune ou le contraire ? » Carlgren explique que, pour les enseignants Steiner, il n'est pas bon de laisser les enfants peindre librement, car cela les conduirait à renforcer leur principal trait de caractère[37] : « De nos jours,

36. Les citations de ce paragraphe sont extraites de Carlgren Frans, *op. cit.*, p. 88 et 75.
37. Les « tempéraments » ont beaucoup d'importance pour les enseignants Waldorf : cf. *infra*.

si on laisse les enfants donner libre cours à leur tempérament dans leurs dessins et peintures, un enfant colérique, de nature sombre par exemple, dessinera continuellement des villes en flammes ; un enfant mélancolique, avec quelques problèmes, représentera des potences avec des pendus : [...] l'enfant entre de plus en plus dans son cercle vicieux au lieu de s'en libérer[38]. » Tous les enseignants ne partagent pas ce point de vue : à l'école Perceval de Chatou, les enfants réalisent aussi des peintures libres.

La grande place de l'oral

L'enseignement est largement oral[39] et il n'y a pas de manuel scolaire dans les classes primaires Steiner-Waldorf.

Les enseignants considèrent que les élèves ont pour manuel principal leur **cahier de période** dans lequel se trouvent consignés les éléments essentiels du cours. Les cahiers des élèves sont en effet très soignés. Ils n'utilisent ni cahier à lignes, ni stylos à plume ou à bille, mais uniquement des cahiers à dessin (papier blanc uni séparé par des feuilles de calque) sur lesquels ils écrivent et dessinent avec des crayons de couleur et de cire. Les illustrations, que l'enseignant représente au tableau et que l'élève reproduit à sa façon, sont très nombreuses. L'enfant y dessine également librement. En revanche, ces cahiers ne comportent que très peu de textes : ainsi, on ne trouve dans les cahiers de deuxième classe que deux ou trois lignes pour un enseignement de deux heures. Il s'agit plus d'un souvenir destiné à marquer la mémoire, comme une photo qui vous rappelle un endroit visité, sans vous le décrire dans sa totalité. Mais un support contenant si peu de texte peut-il être qualifié de manuel ou le remplacer ?

Les livres sont peu utilisés, mais il est difficile, pour un chercheur, de savoir ce que ce qualificatif de « peu » représente concrètement dans chaque école. Pour Calrgren[40], « la parole vivante a une telle place que l'on évite le manuel, radicalement dans les premières années scolaires et très largement jusqu'aux classes supérieures ». En effet, la parole de l'enseignant est beaucoup plus importante que tout livre : « Soyons réalistes, un enfant

38. Cette conviction va à l'encontre du point de vue de la majorité des travaux sur la psychologie de l'enfant, pour lesquels l'expression artistique libre a, au contraire, un effet très bénéfique.
39. Les citations de ces paragraphes sont extraites de Carlgren Frans, *op. cit.*, p. 55-56.
40. Carlgren Frans, *op. cit.*, p. 55.

dira rarement : “ Dans cette matière, j’ai un manuel tellement bien que je vais apprendre beaucoup mieux maintenant ” ou “ tellement mauvais que je n’ai pas envie d’apprendre ”. Par contre, nous entendons bien souvent : “ Cette année, j’avais un prof tellement chouette que j’ai appris beaucoup de choses .” [...] Les moyens techniques, les manuels scolaires, quelles que soient leurs qualités, pèsent peu de chose comparés au don de soi, aux capacités d’un être humain : l’enseignant. » Cet auteur rapporte que les élèves commencent à utiliser des ouvrages documentaires en cinquième classe (CM2) pour la préparation d’exposés. Pourtant, à l’école Perceval de Chatou, les élèves utilisent, à partir de la deuxième classe, pour l’enseignement de la lecture, des livres ou des textes choisis dans la littérature de jeunesse. Il arrive à l’enseignante de lire des histoires aux enfants à l’aide d’un livre. L’école comporte une bibliothèque « petites classes » que les élèves de cinquième gèrent et organisent de manière autonome, et où les élèves des petites classes peuvent se rendre pour lire ou emprunter des livres. Dans la classe où je me suis rendue, des étagères accueillaient des albums et des petits livres apportés par les enfants et que ceux-ci pouvaient consulter avant le début de la classe.

Le respect des règles de vie

Comme d’autres pédagogues de l’Éducation nouvelle (Montessori, Decroly...), Steiner ne remet pas fondamentalement en cause l’autorité de l’adulte (il dit que l’enfant, jusqu’à la puberté, « aspire à l’autorité[41] »), mais considère que celle-ci doit être libérale et bienveillante. La discipline doit se fonder « sur l’affection des enfants » et « si le professeur est obligé de faire preuve de sévérité, il ne devrait jamais provoquer chez l’élève un sentiment de doute sur sa volonté de l’aider ». Les punitions sont à éviter : « Généralement, les enfants et les adolescents ne commettent pas de bêtises de manière délibérée, mais toujours par inadvertance. La thérapie en cas de bêtise est l’appel à la conscience et à la réflexion. »

Rudolf Steiner distingue chez les enfants quatre tempéraments : les colériques, les flegmatiques, les mélancoliques et les sanguins[42]. Une des tâches de l’enseignant est de « chercher à connaître le tempérament de ses élèves » pour pouvoir les aider à maîtriser les excès de leur tempéra-

41. Les citations de ce paragraphe sont extraites de Carlgren Frans, *op. cit.*, p. 120.
42. Carlgren Frans, *op. cit.*, p. 91 et 101.

ment. En effet, leur dire « Tiens-toi tranquille » est inutile, « car on est en présence de forces qui ont besoin de s'exprimer ». Il vaut mieux agir par d'autres biais. Par exemple, l'enseignant peut placer côte à côte en classe les enfants d'un même tempérament, car, en côtoyant toute la journée un enfant d'un même tempérament, leurs caractéristiques s'émoussent : par exemple, « les flegmatiques s'ennuient l'un l'autre au point qu'à la fin ils s'excitent ».

Une matinée dans une deuxième classe de l'école Perceval

L'enseignante, arrivée tôt, diffuse dans sa classe une odeur d'huiles essentielles.

8 h 10 : David et Paul, 7 ans, sont les premiers à entrer en classe. Ils enfilent leurs blouses et serrent la main de l'enseignante : « Bonjour, madame G. Regarde, j'ai ramené mon cahier d'exercices aujourd'hui, tu veux voir ? » Les vingt-deux élèves arrivent progressivement et bavardent entre eux ou avec l'enseignante, dans une atmosphère détendue.

8 h 30 : la sonnerie retentit. L'enseignante joue une petite gamme sur un xylophone au son très cristallin et fait signe aux élèves de se lever.
– Bonjour, chers élèves de la deuxième classe.
Ils répondent en chœur :
– Bonjour, madame G., en faisant un geste du bras que je prends pour un genre de petite révérence et qui correspond en fait au geste eurythmique du « B » de *bonjour*.
L'enseignante prononce les paroles du jour de remerciement aux forces de la nature, puis indique :
– On se tient bien droit. On met les pieds bien à plat. On sent la terre...
Les élèves se redressent. Mme G. frappe plusieurs fois dans les mains et leur fait signe de répéter ce rythme. Comme elle, ils tapent dans les mains différents rythmes rapides ou lents, puis réalisent le même type d'exercices avec les pieds. C'est alors le tour d'un exercice de sons, les enfants répétant sur un mode rythmique des syllabes (« un » « mon »...) puis des mots de plus en plus longs : « terre » « rôde », « brouillard »... Ils récitent ensuite un poème en l'accompagnant de gestes de mime, comme

pour une comptine, d'abord en chœur, puis individuellement, chaque élève déclamant un vers à tour de rôle. Cette phase rythmique se termine par un chant collectif : « Le joli matin, tout plein de lumière, nous met en train, qu'il pleuve, qu'il vente, toujours on chante, ah qu'il sait bien nous plaire, le joli matin. »

8 h 55 : « On va récapituler ce qu'on a appris hier. »

Les élèves expliquent qu'ils ont étudié la table de multiplication de 9 à l'aide d'un tableau de laine : il s'agit d'une planche plantée de dix clous disposés en cercle, entre lesquels chacun tire des fils de laine pour représenter la multiplication des nombres. Tous récitent la table en chantant en chœur : « En 9 il y a une fois 9, en 18 il y a deux fois 9, en 27 il y a trois fois 9... » Dans les classes Steiner, les tables de multiplication s'apprennent d'abord « à l'envers » (81 = 9 x 9) car « on part toujours de la globalité ».

9 heures : l'enseignante saisit une petite balle de tissu et la lance à un élève en l'interrogeant en chantant :

– En 36 il y a... (ce qui donne : *En trente-sissss' il y aaaaaa...*)

– 4 x 9, répond l'élève en chantant également et en lui renvoyant la balle.

Le même échange se poursuit pendant dix minutes, avec tous les élèves de la classe. Certains se trompent. Elle ne les reprend pas, mais pose la question à un autre élève, qui donne la réponse exacte. Deux élèves sont manifestement en difficulté. Elle leur pose les questions les plus faciles : « En 18 il y a... ? », leur laisse beaucoup de temps pour réfléchir avant de répondre et les félicite chaleureusement : « Bravo ! Oui, en 18 il y a 2 x 9 ! » Elle est manifestement soucieuse de laisser chaque enfant apprendre à son rythme sans le stresser. À d'autres, en revanche, elle demande 7 x 9, 8 x 9...

9 h 10 : les élèves chantent de nouveau la table en chœur pendant qu'elle l'écrit au tableau. Cela fait près de vingt minutes qu'ils chantent la table : à présent, il semble impossible de ne pas s'en souvenir.

9 h 15 : nouvelle phase de récapitulation et d'apport. Les élèves rapportent les « secrets » de la table de 9 qu'ils ont découverts la veille : par exemple, la somme des chiffres de chacun de ses nombres (18, 27, 36,

45, 54, 63, 72, 81) donne toujours 9, par exemple 2 x 9 = 18, et 1 + 8 = 9, et poursuivent les observations.

9 h 25 : « Sortez vos cahiers d'exercices. On va écrire au crayon de couleur bleue. »

Les élèves écrivent la date, l'énoncé et complètent les exercices copiés au tableau : 9 = **.** x 9 ; 18 = **.** x 9 ; **.** = 3 x 9... Mes deux voisines finissent très rapidement le travail demandé et s'ennuient : « J'ai fini depuis longtemps, ça m'énerve ! Ça m'énerve ! » chuchote l'une d'elles. L'enseignante vient vers elle et lui donne un exercice de plus. Sa voisine en réclame également : « Madame G., tu peux me donner un autre travail ? » Les exercices se complexifient au fur et à mesure de la demande mais restent cependant aisés pour certains élèves.

9 h 45 : « On s'arrête », indique l'enseignante en renversant un grand bâton de pluie. Un temps de pause : les enfant chantent en chœur « Joli matin nous met en train... »

– Les pieds sont bien posés au sol... Les épaules sont bien détendues... Le bras gauche est posé sur la feuille... On met son dos bien droit... On sort son crayon rouge et son cahier de calcul.

Les enfants copient la table de 9 sur leur cahier de période, puis la décorent en copiant un dessin de lutin rouge effectué par l'enseignante au tableau. Il y a plus d'une heure qu'ils répètent, sous des formes différentes (récitation chantée, exercices, copie de la table...) la table de 9 : j'ai le sentiment d'un rythme d'apprentissage très lent et répétitif.

10 h 05 : comme chaque jour, l'enseignement de période se termine sur un moment d'histoire : il s'agit aujourd'hui d'une marmotte qui jouait quand le roi hiver est arrivé...

10 h 20 : les élèves se lèvent et, comme au début de la matinée, reproduisent un rythme en tapant dans les mains pour retrouver le silence, puis entament un poème clôturant le cours : « Comme le fruit mûrit au cœur de l'été, doucement va germer ce que j'ai appris, que je me souvienne des bienfaits donnés et que mon tour vienne de les partager... »

– Au revoir, chers enfants de la deuxième classe, dit l'enseignante.

– Au revoir, madame G., répondent-ils en chœur.
Lorsque les enfants sortent de la classe, elle leur serre individuellement la main : « Au revoir, Raphaël », « Au revoir, Jean-Baptiste »...

C'est la **récréation**, puis le moment du cours de langues : les élèves étudient l'allemand et l'anglais.

Ils retrouvent leur enseignante principale à **11 h 30** dans la salle de spectacles pour une **heure d'eurythmie**. Pendant qu'ils enfilent leurs chaussons, une accompagnatrice s'installe au piano. Ils réalisent d'abord, en musique, des exercices d'eurythmie qui évoquent à mes yeux une danse folklorique : les élèves et l'enseignante se donnent la main et forment une ronde, puis la moitié des participants (un élève sur deux) court au centre du cercle et revient dans la ronde... Après cette phase d'échauffement, les enfants répètent sur la scène le jeu scénique qu'ils sont en train de préparer pour la prochaine fête de l'école. Il s'agit d'une mise en scène sur le thème de renard (poésie de Marc Alyn, un passage du *Roman de Renart* et *Le Corbeau et le Renard*). L'ensemble forme une sorte de chorégraphie. Quatre élèves, qui représentent Renard et sa famille, se déplacent en sautillant sur une forme carrée avec un changement de direction rapide (forme donnée par Steiner à l'intention d'une deuxième classe). Les autres élèves représentent le décor (arbres, chemin) et se déplacent sur des formes géométriques de groupe. Quelques-uns sont les marchands. Simultanément, les élèves récitent le poème en chœur en l'accompagnant de gestes mimés.

La mise en scène est entièrement du cru de l'enseignante. C'est elle qui a choisi le poème (pour la difficulté du texte, les images suggérées par les sonorités) et créé le jeu théâtral qui l'accompagne. Le travail des élèves consiste à suivre ses directives, à évoluer seul ou en fonction des autres, à réciter seuls ou en chœur, à chanter et à interpréter au mieux le rôle qui leur est confié. On sent qu'ils ont l'habitude de faire du théâtre, car beaucoup se déplacent sur scène avec une grande aisance et disent leur texte d'une voix forte et posée, en mettant le ton. C'est très différent de ce qui se passe dans une classe à pédagogie Freinet, Pédagogie institutionnelle (PI) ou Decroly. Dans ce cas, ce sont les élèves qui réalisent le travail d'écriture et de mise en scène, qui inventent les décors et définissent la musique de fond : cette partie du travail importe au moins autant que la qualité de l'interprétation.

Les enfants vont ensuite déjeuner avec leur enseignante. Cet **après-midi**, ils auront un temps de travail de découverte du monde suivi par un moment de réalisations concrètes (bricolage, technologie) : par exemple, ils étudient le recyclage du papier, puis fabriquent eux-mêmes du papier, ou ils travaillent sur ce qu'est un œuf, puis en décorent un...

MON POINT DE VUE

Je me suis efforcée de présenter de façon aussi objective que possible le fonctionnement des écoles Waldorf. Pourtant, les spécialistes considèrent que l'objectivité est impossible en sciences humaines. Le chercheur doit savoir que sa personne, ses jugements, son idéologie influent même à son insu sur ses analyses et ses interprétations. Plutôt que de feindre une neutralité qui n'existe pas, il est préférable d'énoncer le rapport que l'on entretient avec l'objet étudié : « assumer la subjectivité de la construction du document » est la seule façon d'être objectif*. Qu'en est-il en ce qui me concerne ?

À mon sens, ces écoles ont des côtés sympathiques : l'absence de notes, le respect du rythme de chaque élève, le développement de toutes les potentialités (travail manuel, artistique, musique, jardinage, jeux scéniques)... Mais je suis laïque : les références à la religion, au spirituel, à la réincarnation, à l'âme et au monde suprasensible me mettent très mal à l'aise. Même si je sais que l'anthroposophie n'est pas enseignée, le fait que l'enseignement soit fondé sur de telles certitudes me dérange. Par ailleurs, l'enseignement plus tardif de la lecture, l'utilisation limitée des livres et la directivité des activités manuelles et artistiques ne me paraissent pas correspondre aux besoins des enfants de primaire.

* Beaud S., Weber F., *Guide de l'enquête de terrain. Produire et analyser des données ethnographiques*, Paris, La Découverte, 1998.

DOCUMENTATION

– Ramirez Miriam Yolanda, *op. cit.* (téléchargeable à l'adresse : http://www.steiner-waldorf.org/actualite/enseignement-art.pdf). On y trouvera en particulier, p. 179-191, une description détaillée du déroulement du cours principal. Les annexes donnent également une idée très concrète de cet enseignement.
– Cf. aussi le chapitre « Les écoles maternelles ».

INFORMATIONS PRATIQUES

Il existe seize écoles Steiner comportant des classes de primaire. Celles de Chatou et de Verrières sont sous contrat.
Le coût de la scolarité varie de 1 500 à 3 800 euros par an (le matériel scolaire est entièrement fourni).
Pour plus de renseignements : Fédération des écoles Steiner, 36, rue Gassendi, 75014 Paris, tél. : 01 43 22 24 51.

EN IMAGES, C'EST MIEUX !

L'École qui fait aimer l'école, documentaire de Denise Gilliand, 2006, distribution Leelou Films.

3. Les classes élémentaires Freinet

À L'ORIGINE DES TECHNIQUES FREINET

Au début du XXe siècle, l'expérience de la guerre de 1914-1918 conduit bien des enseignants à douter de leurs certitudes et à s'interroger. Une « autre éducation », fondée non pas sur l'obéissance et la répétition, mais sur la coopération, l'entraide et l'esprit critique, pourrait-elle éviter le renouvellement de pareils conflits ? C'est le souci de Célestin Freinet, un jeune instituteur du sud de la France. Blessé aux poumons pendant la guerre, invalide à 70 %, il n'a pas la force physique de faire du cours magistral : « Lorsque j'avais parlé pendant dix minutes, un quart d'heure, comme cela, je n'en pouvais plus. Alors, j'ai cherché des solutions : ou bien je quittais l'enseignement à ce moment-là, ou bien je trouvais d'autres techniques de travail. [...]. Alors, j'ai cherché*. »

Les instructions officielles de 1923 prônent les « classes promenades » : pour Freinet, c'est l'occasion d'observer les intérêts de ses élèves. L'un organise une course d'escargots, un autre observe une chenille, un troisième attrape un lézard : il leur propose de rédiger des textes relatant ces expériences. Surprise : cela les enthousiasme** ! Le texte libre est né : dans une classe Freinet, les enfants ne rédigent pas de rédactions sur un sujet imposé par le maître, mais écrivent des textes sur des sujets de leur choix.
Le jeune instituteur a alors l'idée de diffuser ces productions pour motiver et valoriser ses élèves.

En 1924, il installe une imprimerie dans sa classe. Chaque jour, les enfants écrivent des textes, les corrigent et choisissent ceux qui seront imprimés : « Nous avons ainsi, durant l'année 1924-1925, imprimé environ deux mille lignes [...]. Nous avons donc là notre livre, non seulement copieux, mais vécu, travaillé, scruté ligne à ligne, et dont l'intérêt pour les élèves est tout simplement une révélation », écrit Freinet.

Il initie ensuite la correspondance scolaire, découpe ses manuels pour fabriquer les premiers fichiers autocorrectifs qui permettront à ses élèves de travailler en autonomie et invente les « Bibliothèque de travail », de petits fascicules d'une quinzaine de pages traitant d'une question courte (« la pêche », « la neige », « les baleines »...), écrits par les élèves et échangés entre les classes pour pallier l'absence de documentation facile d'accès, bon marché et compréhensible par les enfants.
Aujourd'hui, on estime qu'environ dix mille enseignants mettent en œuvre au moins partiellement les techniques Freinet, essentiellement dans le primaire.

* Interview de Freinet en 1961, retranscrite dans la *BT2*, n° 193, « Célestin Freinet et l'école moderne », janvier 1987.
** Freinet Célestin, *L'Imprimerie à l'école* (1926), cité dans Peyronie Henri, *Célestin Freinet. Pédagogie et émancipation*, Paris, Hachette, 1999, p. 33.

Apprendre dans des situations « vraies » pour donner du sens aux savoirs

Les classes Freinet sont fondées sur le principe selon lequel **les enfants apprennent à travers des situations « vraies » (et non « scolaires ») qui donnent du sens aux savoirs. La classe travaille à partir des intérêts des enfants, de leurs interrogations, de leurs désirs, en mettant en œuvre des projets.** L'enfant apprend à écrire en écrivant non pas des rédactions mais des articles pour le journal de la classe ou une lettre à son correspondant. Il s'entraîne à lire non pas dans un manuel scolaire mais en lisant le mode d'emploi du fax, la recette de cuisine qu'il veut réaliser ou les poésies envoyées par les correspondants. Il apprend les mathématiques non pas à partir d'histoires de trains qui se croisent, mais à partir de problèmes posés par l'expérience vécue et les besoins initiés par les projets : combien vendre le journal scolaire, sachant que le photocopieur demande 15 euros pour photocopier cent exemplaires ?

Les projets mis en œuvre sont nombreux et souvent très variés : projets de recherche individuels ou collectifs impulsés par les présentations de l'entretien, journal, correspondance ; mais aussi, selon les classes et les propositions des enfants ou de l'enseignant : préparation d'un voyage, d'un spectacle ou création d'une vidéo...

Comme en maternelle, la méthode naturelle de lecture et les créations mathématiques continuent à être utilisées, et la démarche privilégiée est celle du tâtonnement expérimental : l'enseignant ne donne pas une règle, mais met en place une situation permettant à chacun d'émettre des hypothèses et de les expérimenter pour découvrir par lui-même.

L'entretien du matin

Chaque journée commence par un entretien au cours duquel les élèves qui le souhaitent parlent ou présentent un objet. Cela permet de **« faire entrer la vie dans la classe » en suscitant des pistes de recherches, de textes, de projets.**

Ainsi, ce jour-là, Julien montre des photos de voitures de course trouvées dans un magazine. « À combien elles roulent ? » demande un élève. Une discussion s'engage sur les vitesses respectives des voitures. « Et toi, à quelle vitesse marches-tu ? » demande l'instituteur. Julien reste perplexe. Des réponses fusent : « 2 km/heure, 9, 20… » « Et si on cherchait ? » La proposition est mise à l'ordre du jour du plan de travail de la classe. Les élèves suggèrent différentes solutions. Il faudrait, disent-ils, « marcher dix minutes et voir quelle distance on parcourt ». « Oui, mais comment la mesurer ? » Des calculs leur permettent de déterminer le périmètre de la cour de l'école, soit 192 m. Ils arpentent alors la cour pendant dix minutes, ce qui leur permet d'en faire quatre fois le tour. Puis calculent : 4 x 192 m, soit 768 m en dix minutes. Et combien en une heure[43] ?

Autre exemple, un enfant qui se présente à l'école, le matin, avec un nid trouvé dans un buisson. « Où l'as-tu trouvé ? – Dans un buisson, près de chez moi. – Dans un buisson ? Les nids ne sont pas dans les arbres ? – En trouve-t-on ailleurs que dans les arbres et les buissons, et pourquoi ? – En quoi est-il fait ? – Je ne sais pas, il faudrait le défaire pour voir. – Oh ! il y a deux plumes dedans, des plumes de quel oiseau ? – Il faut chercher, ce ne sont peut-être pas les siennes[44]… »

43. Denis J.-F., « L'expérience corporelle : premier pas vers l'abstraction », *Le Nouvel Éducateur*, n° 110, juin 1999. Il s'agit de l'entretien de la classe de CM1-CM2 de l'école Brunschvicg de Lille.
44. Go Nicolas, « L'accueil de l'événement dans la classe », *Démarrer en pédagogie Freinet. Pourquoi ? Comment ?*, éd. ICEM, n° 50.

Communiquer et permettre des ouvertures sur l'extérieur

Le journal et la correspondance scolaire sont pratiqués dans la majorité des classes Freinet, car ils permettent d'écrire dans des situations réelles.

Chaque enfant a son (ou ses) correspondant(s) personnel(s), et la classe échange également des courriers et des colis collectifs, comprenant des réalisations de la classe, une vidéo réalisée par les élèves, des spécialités alimentaires locales... Ainsi, la classe de Paul, dans les Alpes du Sud, communique avec deux classes. La première, située en Bretagne, leur envoie un album-enquête que les élèves ont réalisé sur les ports de pêche. Ils écrivent également qu'ils ont construit un pluviomètre, expliquent comment ils s'y sont pris, joignent le relevé des précipitations qu'ils ont mesurées depuis trois mois et demandent à leurs correspondants des informations sur le climat et sur les industries de leur région. Pour leur répondre, les élèves réalisent des recherches documentaires et organisent des sorties. De plus, un échange entre les classes est prévu en mai : ils doivent préparer le programme des visites qui seront proposées. La classe correspond aussi avec des écoliers sénégalais[45], ce qui leur permet de découvrir la culture et le mode de vie des enfants de ce pays.

Une classe Freinet digne de ce nom édite également un journal scolaire. Là aussi, c'est l'occasion pour les enfants d'écrire et de réaliser des recherches. Le choix des articles nécessite des débats, des votes, qui permettent de travailler l'expression orale et l'argumentation. À l'origine, les classes Freinet étaient équipées d'une imprimerie, aujourd'hui détrônée par l'apprentissage de la dactylographie et de la mise en page sur ordinateur. Le journal peut également être remplacé par un site Web ou un blog, et la correspondance papier par l'échange de mails. À la différence des classes Steiner ou Montessori, les nouvelles technologies sont très présentes dans les écoles Freinet.

45. Il existe des classes Freinet dans le monde entier : environ 650 enseignants en Allemagne, 200 en Belgique, 350 en Espagne, 700 en Italie, 1 000 au Portugal et 350 au Brésil. Le mouvement se développe dans les pays d'Europe de l'Est et en Afrique.

Les classes peuvent aussi monter des expositions, fabriquer une vidéo, préparer un spectacle, enregistrer une chanson, concevoir des émissions de radio. Elles sortent beaucoup (visites, rencontres, échanges avec les correspondants...) : ce qui intéresse et motive les enfants, c'est d'être en communication avec les autres, avec l'extérieur, estiment les enseignants Freinet.

D'autres projets...

Dans cette classe de CM2, Vincent a regardé l'émission *Thalassa* et appris que le navigateur Philippe Monnet va faire un tour du monde à la voile sans escales et à l'envers : cap Horn, Antarctique, Australie, cap de Bonne-Espérance. Il en parle à la classe, qui décide de suivre son aventure. Une grande partie de la vie du CM2 s'organise alors autour de ce projet. Les élèves s'abonnent à la mailing liste pour recevoir les positions du bateau et les reportent sur une grande carte du monde. Ils décident de faire un exposé sur chaque continent au moment où le navigateur le longe. Après avoir contacté l'agence de presse du navigateur, ils échangent avec lui, lui posant de nombreuses questions par mail et par téléphone satellite. En même temps, la classe s'engage dans la rédaction d'un long récit de fiction, « Une histoire longue qui raconte notre tour du monde à nous ».

En juin, un élève met une proposition à l'ordre du jour du conseil coopératif : « Et si on donnait un nom à notre école ? » « Devant ce curieux projet, raconte l'instituteur[46], je décide de me renseigner auprès de mon inspecteur de l'Éducation nationale [IEN] : " Il faut que vos élèves me fassent un courrier m'expliquant leur projet. " » Les enfants se mettent au travail. L'IEN leur propose de rédiger un dossier expliquant leurs motivations. « Cette lettre de l'IEN fut lue lors de la réunion de coopé suivante. Les enfants furent surpris du boulot que cela leur demanderait, ils pensaient que cela se faisait comme ça ! Je leur dis que, maintenant que l'affaire était lancée vis-à-vis de l'administration et vis-à-vis du conseil municipal, il n'était plus question de faire machine arrière. » Les enfants décideront finalement de donner à leur école le nom... d'école Philippe-Monnet.

46. Huguet Roland, 2001, message envoyé sur la liste de discussion Freinet.

On voit, à travers cet exemple, comment les enfants font des mathématiques (apprentissage de la latitude, de la longitude et des coordonnées d'un point en suivant le trajet du navigateur), du français (échanges de courrier, fiction sur notre tour du monde, dossier sur le nom de l'école), s'initient aux nouvelles technologies (mailing liste, échanges de mails, courriers à dactylographier), à l'éducation civique (rôle du conseil municipal dans le choix du nom de l'école, rôle de l'IEN), à la géographie (suivi du bateau, exposés sur les continents)... L'instituteur ne suit pas un programme établi d'avance, mais les apprentissages sont induits par l'avancement du projet.

Dans la classe de Frédéric[47], c'est lorsqu'un enfant a appris qu'il existait un concours des écoles fleuries que le déclic a eu lieu. C'est d'abord l'occasion de recherches documentaires et scientifiques : va-t-on planter des annuelles, des vivaces, des plantes grimpantes ? Quelle différence entre les plantes à graines et à bulbe ? Les élèves font des recherches mathématiques en étudiant les prix des graines et les délais de floraison, le nombre de sacs de terreau nécessaire, ou en dessinant les plans de leur école pour prévoir les plantations (notion d'échelle, de proportionnalité). Ils visitent des serres, rencontrent une horticultrice, écrivent à l'école ayant gagné le concours l'année précédente pour connaître leurs trucs. Enfin, ils réalisent les semis, le repiquage et étudient la pousse des plantes en observant leurs cultures.

Il est de plus en plus fréquent que les élèves des classes traditionnelles travaillent en projet. Eux aussi vont faire un journal, préparer le concours des écoles fleuries ou monter une pièce de théâtre, mais il s'agit d'un projet proposé, décidé par l'enseignant. Dans une classe Freinet, **la motivation des élèves tient au fait qu'ils mènent des projets qu'ils ont eux-mêmes initiés.** De plus, les élèves d'une classe Freinet ne mettent pas en œuvre un projet, mais plusieurs (projets collectifs – journal, correspondance, préparation d'une exposition, d'un voyage... – et projets individuels) : **ce n'est pas l'exceptionnel, mais l'ordinaire**. Enfin, dans une classe Freinet, **les élèves s'organisent eux-mêmes pour mener à bien leurs projets.** Pour les enseignants, apprendre à s'organiser collectivement, gérer le temps, répartir les tâches, faire des choix, décider des règles de vie collective, régler les conflits sans violence... sont essentiels : c'est ce qui fait de la classe Freinet une classe « coopérative ».

47. Faber Frédéric, « École fleurie », *Créations*, n° 107, mai-juin 2003, p. 12-17.

LES INVARIANTS PÉDAGOGIQUES

Invariant n° 4 : Nul – l'enfant pas plus que l'adulte – n'aime être commandé d'autorité.
Invariant n° 6 : Nul n'aime se voir contraint à faire un certain travail, même si ce travail ne lui déplaît pas particulièrement. C'est la contrainte qui est paralysante.
Invariant n° 8 : Nul n'aime tourner à vide, agir en robot, c'est-à-dire faire des actes, se plier à des pensées qui sont inscrits dans des mécaniques auxquelles il ne participe pas.
Invariant n° 9 : Il nous faut motiver le travail.
Invariant 10 bis : Tout individu veut réussir. L'échec est inhibiteur, destructeur de l'allant et de l'enthousiasme.
Invariant n° 11 : La voie normale de l'acquisition n'est nullement l'observation, l'explication et la démonstration, processus essentiel de l'école, mais le tâtonnement expérimental, démarche naturelle et universelle.
Invariant n° 13 : Les acquisitions ne se font pas comme l'on croit parfois, par l'étude des règles et des lois, mais par l'expérience. Étudier d'abord ces règles et ces lois, en français, en art, en mathématiques, en sciences, c'est placer la charrue avant les bœufs.
Invariant n° 16 : L'enfant n'aime pas écouter une leçon *ex cathedra*.
Invariant n° 18 : Personne, ni enfant ni adulte, n'aime le contrôle et la sanction qui sont toujours considérés comme une atteinte à sa dignité, surtout lorsqu'ils s'exercent en public.
Invariant n° 19 : Les notes et les classements sont toujours une erreur.
Invariant n° 20 : Parlez le moins possible.
Invariant n° 21 : L'enfant n'aime pas le travail de troupeau auquel l'individu doit se plier comme un robot. Il aime le travail individuel ou le travail d'équipe au sein d'une communauté coopérative.
Invariant n° 22 : L'ordre et la discipline sont nécessaires en classe.
Invariant n° 23 : Les punitions sont toujours une erreur. Elles sont humiliantes pour tous et n'aboutissent jamais au but recherché. Elles sont tout au plus un pis-aller.
Invariant n° 27 : On prépare la démocratie de demain par la démocratie à l'école. Un régime autoritaire à l'école ne saurait être formateur de citoyens démocrates.
Invariant n° 30 : Il y a un invariant aussi qui justifie tous nos tâtonnements et authentifie notre action : c'est l'optimiste espoir en la vie.

Freinet Célestin, *Pour l'école du peuple*, Paris, Maspero, 1964.

Des temps de travail individualisé

Tous les apprentissages ne peuvent pas s'effectuer par le biais de projets. La maîtrise de l'imparfait, de l'accord du verbe ou de la table de multiplication de 9 demande un entraînement spécifique. Dans ce domaine, chaque enfant a des acquis et des besoins différents. **C'est pourquoi, comme dans une classe Montessori, une partie de la journée est consacrée au travail individualisé.**

L'enseignant repère pendant les temps collectifs ou de projets que tel élève a du mal avec les additions de grands nombres ou que tel autre doit réviser l'accord du pluriel. Dans certaines classes, les élèves passent aussi en début d'année des tests de français ou de mathématiques qui permettent de connaître leur niveau. À partir de ces données, l'enseignant aide chaque élève à construire son plan de travail personnel qui comporte un certain nombre de tâches à réaliser en autonomie pendant un temps donné (deux jours, une semaine, quinze jours...).

Ce travail se fait en partie sur des **fichiers autocorrectifs** édités par le mouvement Freinet[48]. L'enfant fait un exercice, puis va chercher la correction. S'il a réussi, il passe à la fiche suivante. Les trente élèves d'une même classe peuvent donc tous travailler sur trente questions différentes tout en libérant l'enseignant qui est au service de ceux qui ont besoin d'aide.

Le temps de travail individualisé est aussi consacré à la réalisation par chaque élève de ses **projets personnels.** C'est souvent l'entretien du matin qui aura suscité, chez Romane, le désir de faire un exposé sur l'Espagne, chez Baptiste, le souhait de construire un circuit électrique, chez Vincent, Léa et Lisa, la décision d'écrire au maire pour demander où en est la réparation du toboggan de l'aire de jeux... Un matériel important, conçu pour pouvoir être utilisé en autonomie, est à la disposition des élèves. Les réalisations sont ensuite présentées à la classe, ce qui peut susciter chez d'autres l'envie d'en savoir plus sur tel sujet ou de réaliser une autre expérience.

L'expression individuelle a une grande importance. Chaque semaine, l'élève d'une classe Freinet doit produire un ou plusieurs textes libres et une ou plusieurs réalisations artistiques de son choix (peintures, sculptures...).

48. On ne trouve pas les boîtes de matériel Montessori dans les classes Freinet, essentiellement pour des raisons historiques et parce qu'elles sont trop coûteuses et trop encombrantes pour des classes de l'enseignement public.

Lorsqu'un élève maîtrise une compétence, il passe un test de connaissances qui valide ses acquis et lui permet d'obtenir un brevet. Les élèves possèdent la liste de tous les brevets qu'ils doivent passer en un cycle[49]. Par exemple, à l'école primaire Ange-Guépin, il faut, en grammaire, valider le brevet « Reconnaître le verbe dans la phrase » ou « Reconnaître et utiliser le passé simple ». Il n'y a pas de notes. Chacun avance à son rythme, et les réussites sont valorisées.

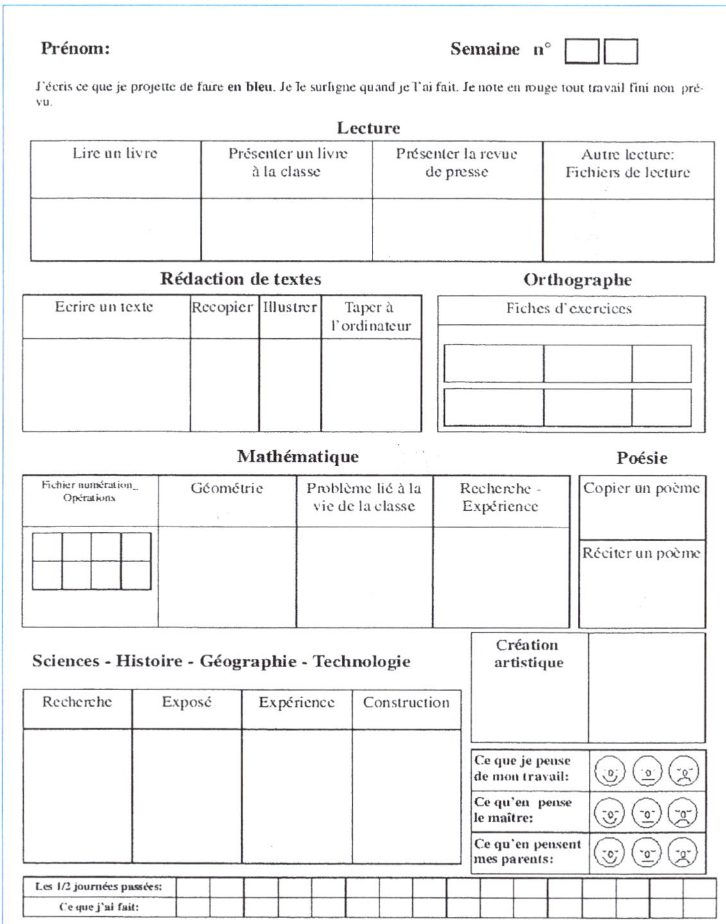

Prénom: **Semaine n°**

J'écris ce que je projette de faire **en bleu**. Je le surligne quand je l'ai fait. Je note en rouge tout travail fini non prévu.

Lecture

Lire un livre	Présenter un livre à la classe	Présenter la revue de presse	Autre lecture: Fichiers de lecture

Rédaction de textes

Ecrire un texte	Recopier	Illustrer	Taper à l'ordinateur

Orthographe

Fiches d'exercices

Mathématique

Fichier numération_ Opérations	Géométrie	Problème lié à la vie de la classe	Recherche - Expérience

Poésie

Copier un poème
Réciter un poème

Sciences - Histoire - Géographie - Technologie

Recherche	Exposé	Expérience	Construction

Création artistique

Ce que je pense de mon travail:

Ce qu'en pense le maître:

Ce qu'en pensent mes parents:

Les 1/2 journées passées:

Ce que j'ai fait:

Plan personnel de travail.

49. Depuis 1989, l'enseignement primaire est organisé en cycles (cycle 2 : GS, CP, CE1 ; cycle 3 : CE2, CM1, CM2).

△ en cours d'acquisition
□ indispensable pour l'entrée en sixième

En grammaire, je suis capable de :
□ 421. reconnaître une phrase
□△ 422. reconnaître et transformer différents types de phrases
□△ 423. reconnaître les noms
□△ 424. reconnaître les déterminants du nom
□ 425. reconnaître les adjectifs
□ 426. reconnaître et utiliser le masculin et le féminin
□ 427. reconnaître et utiliser le singulier et le pluriel
□△ 428. accorder le nom et l'adjectif
□△ 429. reconnaître le verbe de la phrase
□△ 4210. reconnaître le sujet d'un verbe
□△ 4211. reconnaître le sujet et le verbe
□ 4212. reconnaître le complément d'objet direct (COD)
□ 4213. accorder un participe passé employé avec l'auxiliaire être
△ 4214. accorder un participe passé employé avec l'auxiliaire avoir

En conjugaison, je suis capable de :
□ 431. identifier le groupe d'un verbe
□△ 432. utiliser le passé, le présent, le futur
□△ 433. reconnaître et utiliser le présent
□ 434. reconnaître et utiliser le futur
□ 435. reconnaître et utiliser l'imparfait
□ 436. reconnaître et utiliser le passé composé
□ 437. reconnaître et utiliser le passé simple
□ 438. reconnaître et utiliser l'impératif
□ 439. reconnaître et utiliser le conditionnel présent
△ 4310. reconnaître et utiliser le subjonctif présent
□ 4311. transformer un récit

Brevet de grammaire (CM2), école primaire ouverte Ange-Guépin, Nantes.

Une classe atelier

La classe est organisée comme un atelier ou un laboratoire. Les tables ne sont pas alignées face au tableau, mais disposées pour permettre le travail en groupes. Des étagères accueillent les fichiers autocorrectifs, des ouvrages documentaires, la collection des «Bibliothèque de travail», des dictionnaires, du matériel permettant de réaliser des expériences scientifiques (fils, ampoules et piles pour des montages électriques, balance, poids, bouchons en liège, bassine pour mettre de l'eau, bouteilles vides...) et/ou des travaux manuels (cartons, colle, marteau, clous...). On peut aussi trouver un fax, un hamster, des cochons d'Inde ou des poissons, des graines, un appareil photo numérique, un scanner... Les murs sont généralement entièrement couverts par les productions des élèves (poèmes, peintures, courrier des correspondants...) et par des affiches relatives à l'organisation de la classe (liste des règles de vie, des exposés en cours, des compétences de chacun pour favoriser l'entraide, de l'emploi du temps, des responsabilités...). On trouve toujours plusieurs ordinateurs (même si certains sont un peu anciens, faute de crédits), très utilisés : les enfants font des recherches documentaires sur Internet, envoient des mails...

Les élèves des classes Freinet disposent d'une autonomie très importante. Ils se déplacent, peuvent se rendre aux toilettes, aller boire pendant les heures de cours ou chercher un livre à la bibliothèque.

L'entraide entre élèves est valorisée. Pour les enseignants Freinet, apprendre à travailler en groupe est essentiel. Les élèves réalisent de nombreux projets collectifs qui les obligent à coopérer pour réussir. Pendant le temps de travail individuel, il est fréquent qu'un enseignant dise à un élève venu le solliciter : « Tiens, demande à Alexandre de t'aider, il sait faire les divisions à virgule. » À l'école Ange-Guépin, la liste des élèves titulaires de chaque brevet est affichée : chaque élève sait à quel autre élève il peut demander de l'aide sur tel ou tel point. À l'école d'Aizenay, des parrainages entre élèves de niveaux différents sont mis en place. Pour l'enfant sollicité, c'est le moyen de réviser ses acquis. Certaines écoles organisent des marchés d'échanges de savoirs, sur le modèle des Réseaux d'échanges de savoirs. Lorsque cela est possible, les classes regroupent des élèves de plusieurs niveaux pour favoriser l'entraide et la coopération.

La réunion de coopérative

Une fois par semaine, les élèves et l'enseignant se réunissent pour une réunion de coopérative. L'ordre du jour est composé de toutes les questions que les enfants ou l'enseignant ont posées via la boîte à lettres ou un panneau d'affichage réservé à cet usage. Un élève est le président : il donne la parole, reformule les différentes idées et s'assure que tout le monde a la possibilité de s'exprimer. Un autre est secrétaire : il présente l'ordre du jour, rappelle les décisions prises lors du dernier conseil, note les décisions.

Le conseil permet d'abord d'organiser coopérativement les projets collectifs. La classe décide de ses projets : « Je propose qu'on filme nos exposés en vidéo pour les envoyer aux correspondants », « Je propose qu'avec tous les masques qu'on a fabriqués on fasse une expo dans le hall de l'école »... Elle s'organise pour le travail en cours : « Le journal doit sortir dans une semaine. Il faut prévoir l'agrafage vendredi matin. Qui s'en occupera ? Ça veut dire qu'on doit finir les articles pour mardi au plus tard. Léa, tu dois terminer de taper ton interview du maire. Il manque encore deux illustrations, qui veut les faire ? »

Le conseil traite aussi du respect des règles de vie. Pour Freinet, la question de la discipline passe d'abord par l'organisation de la classe : « L'enfant qui participe à une activité qui le passionne se discipline lui-même [...]. Le seul critère sera alors [...] : Travaillent-ils avec enthousiasme et entrain ? » explique Élise Freinet[50]. Mais ce n'est pas toujours suffisant. L'enseignant Freinet instaure en début d'année quelques lois fondamentales : « On est là pour travailler » et « La violence est interdite ». **Les autres règles sont décidées par les enfants au fur et à mesure que des problèmes se posent** et peuvent constamment être remaniées. Par exemple, dans la classe de Dominique, les enfants peuvent monter seuls en classe dès leur arrivée le matin et y rester pendant la récréation, même en son absence. Ils posent leurs affaires, nourrissent les poissons, utilisent l'ordinateur... Mais ce vendredi, deux élèves se sont violemment battus. Le conseil décide alors que la classe sera fermée à tous en dehors des heures de cours. Deux semaines plus tard, Ophélie met de nouveau le sujet à l'ordre du jour : « J'aimerais qu'on puisse rester en classe pendant

50. Freinet Élise, *L'Itinéraire de Célestin Freinet*, Payot, p. 70-71.

la récré. » Les enfants votent alors la réouverture de la classe et la nomination d'un animateur qui la surveillera pendant la récréation[51].

Les élèves peuvent décider de l'instauration de sanctions, généralement une réparation (excuses, réparation d'un objet dégradé...) ou la perte de certains droits. Ainsi, à l'école Ange-Guépin, les enfants « en autonomie » (la majorité du groupe) peuvent se déplacer seuls dans les locaux, chercher un document, faire une photocopie... et organisent eux-mêmes leur travail individuel. En revanche, ceux qui ne respectent pas toutes les règles ont moins de droits. Ils ne peuvent pas se déplacer hors de la classe et suivent un plan de travail détaillé qui leur laisse moins de liberté. Chaque semaine, le conseil peut modifier le niveau d'autonomie accordé à chaque enfant en fonction de son comportement.

Dans les écoles groupant des équipes Freinet, chaque classe envoie aussi des délégués au conseil d'école qui décide des projets, des règles et des problèmes communs à l'ensemble de l'école.

Les écoles Montessori ou Steiner se fondent sur le principe d'une autorité bienveillante de l'adulte, soucieux d'expliquer et de susciter l'adhésion plutôt que de sanctionner. Mais l'autorité émane toujours de l'adulte, les élèves n'ont pas de pouvoir institué. Dans une classe Freinet, c'est ce principe même qui est remis en cause. **L'autorité n'émane pas de l'enseignant[52], mais du groupe classe** qui prend les décisions par le biais du conseil.

Une pédagogie exigeante, ambitieuse

La pédagogie Freinet part des intérêts et des questionnements des élèves, mais ce n'est pas une pédagogie où l'élève devrait tout découvrir par lui-même. **L'enseignant fait de nombreux apports, mais il les fait à partir des intérêts des élèves.** Par exemple, si plusieurs élèves manifestent de l'intérêt pour la réalisation de portraits, l'enseignant pourra leur proposer la projection de reproductions de visages réalisés par différents

51. Tibéri Dominique, « De la classe coopérative à la citoyenneté », *Le Nouvel Éducateur*, n° 124, décembre 2000, p. 5-10.
52. Même si celui-ci conserve un droit de veto et un devoir d'intervention dans certains cas.

artistes (Picasso, Renoir...) ou la lecture de portraits littéraires ou poétiques. Son rôle est aussi d'ouvrir des pistes, de relancer l'intérêt, d'élargir le questionnement. Ainsi, lors de l'entretien décrit ci-dessus, l'intervention de l'enseignant (« Et toi, à quelle vitesse marches-tu ? ») est essentielle dans le cheminement de la classe.

Ce n'est pas non plus une pédagogie non directive, bien au contraire : une classe coopérative, où chacun mène simultanément des travaux très divers, a besoin de beaucoup plus d'ordre et de discipline qu'une classe traditionnelle.

Enfin, **les pédagogues Freinet sont attentifs à ne pas travailler uniquement sur des savoirs utilitaires.** Certes, on apprend à lire une recette de cuisine ou un mode d'emploi, mais le travail de la classe prend aussi appui sur les questions profondes que se posent les élèves (et qui sont souvent ignorées dans les classes standards) : « Qu'est-ce que l'amitié ? », « La vieillesse ? », « L'infini, c'est quoi ? »...

FREINET FACE À MONTESSORI, STEINER, DECROLY...

La pédagogie Freinet présente deux spécificités qui la distinguent fortement des pédagogies initiées par Montessori, Steiner ou Decroly.

Premièrement, **pour Freinet, l'innovation scolaire ne peut pas être dissociée des enjeux sociaux.** D'une part, il veut construire une pédagogie qui soit un lieu d'émancipation pour les enfants du peuple, alors que Montessori, Steiner ou Decroly n'ont pas de visées politiques. Par conséquent, il met au point des techniques qui peuvent être facilement utilisées dans l'enseignement public*. D'autre part, les enseignants Freinet ne se donnent pas seulement pour objectifs le bien-être scolaire et la réussite des enfants. **Ils veulent aussi former des citoyens capables d'agir sur le monde :** une grande partie de leur travail consiste à développer le sens critique de leurs élèves, à leur apprendre à travailler en groupe, à s'écouter, à s'organiser, à prendre des décisions démocratiques et à monter des projets collectifs.

Deuxièmement, **les techniques Freinet constituent un ensemble d'idées et de techniques ouvert, susceptible de se renouveler, par opposition**

aux pratiques prônées par Montessori ou Steiner qui sont figées sur l'application d'une méthode donnée. « Notre pédagogie, explique Freinet, n'est pas sortie tout armée d'une conception théorique de l'éducation. [...] Nous n'en avons pas fixé les contours une fois pour toutes, nous ne l'avons pas érigée en méthode dont il faudrait suivre les règles et les prescriptions**. » Freinet a d'ailleurs longtemps refusé d'utiliser l'expression « méthode Freinet » ou « pédagogie Freinet ». Il parlait de **techniques Freinet** pour insister sur le fait qu'il ne s'agit pas d'un « système de pensée clos et achevé », d'« un ensemble définitivement monté par son initiateur*** ».

* Même si, en 1935, après avoir refusé d'être muté d'office, Freinet sera contraint d'ouvrir une école privée pour pouvoir continuer à enseigner.
** Freinet Célestin, *Les Techniques Freinet de l'école moderne*, (1964), cité in Peyronie Henri, *Célestin Freinet. Pédagogie et émancipation*, *op. cit.*, p. 7.
*** Peyronie Henri, *ibid.*, évoquant le point de vue de Freinet.

Une journée dans une classe Freinet

Même s'il n'existe pas de classe Freinet type, l'organisation de la classe CE2-CM1-CM2 de François est assez caractéristique :

	lundi	mardi	jeudi	vendredi	samedi
8 h 45 10 h 15	• Entretien du matin • Travail personnel • Projets	• Entretien du matin • Travail personnel • Projets	• Entretien du matin • Travail personnel • Projets	• Entretien du matin • Travail personnel • Projets	• Dictée de mots • Fin des projets, travaux
10 h 30 11 h 45	• Étude de la langue	• Recherche, création mathématique • Anglais	• Étude de la langue	• Recherche, création mathématiques • Chant-musique	• Super c'est samedi ! Heure des parents
13 h 45 15 h 15	• Je lis, j'écris • Anglais • Présentations	• Je lis, j'écris • Recherches, expériences • Présentations	• Je lis, j'écris • Projets, recherches, expériences • Présentations	• Je lis, j'écris • Conseil de coopérative • Présentations	
15 h 30 16 h 45	• EPS • Bilan	• Arts plastiques • Bilan	• EPS • Bilan	• Étude de la langue • Bilan	

Classe de François Le Ménahèze, école Ange-Guépin (Nantes).

Les enfants entrent en classe au fur et à mesure de leur arrivée. Certains font leurs « métiers », d'autres dessinent ou feuillettent un livre de la bibliothèque. La journée commence par l'entretien du matin : un élève donne la parole, un autre prend des notes pour retranscrire le contenu de la séance dans le cahier de vie de la classe. Le lundi matin, la classe organise le planning de la semaine en fonction des projets collectifs et des décisions prises au conseil : l'emploi du temps n'est qu'un repère global et peut être modifié.

Le travail personnalisé occupe le début de la matinée. Les élèves travaillent sur des fichiers autocorrectifs, font des recherches documentaires, préparent des exposés ou des articles pour le journal. Le reste de la matinée est consacré au français ou aux mathématiques. Il s'agit souvent d'un travail collectif ou en groupes à partir des productions des enfants, des recherches personnelles et collectives, ou en lien avec les projets de la classe : écriture d'une lettre collective aux correspondants, calcul des bénéfices de la vente du journal...

L'après-midi commence par un temps calme, silencieux, de vingt à trente minutes, pendant lequel chaque élève lit un livre de son choix, choisi dans la bibliothèque de la classe ou apporté de chez lui. À la fin du trimestre, chacun réalisera une affiche présentant un ouvrage de son choix pour donner aux autres le goût de s'y plonger. Cette plage de temps peut aussi être réservée à l'écriture de textes libres ou de lettres aux correspondants.

Il y a ensuite, selon les jours, anglais, éducation physique et sportive (EPS) ou arts plastiques. Avant la récréation, un temps collectif permet aux élèves de présenter leur travail à la classe : une réalisation artistique, un texte libre, une peinture, un exposé... Et une fois par semaine, c'est le conseil de coopérative.

Le samedi matin, entre 11 heures et midi, les enfants présentent leurs productions aux parents : des textes, des poèmes, du théâtre ou de la danse, des recherches. C'est l'« heure des parents ». Le samedi suivant, en alternance, se tient « Super, c'est samedi ! » : les enfants des cinq classes sont rassemblés pour les présentations des meilleures réalisations de l'école.

LA PLACE DES PARENTS*

L'école Freinet Ange-Guépin, située dans un quartier sensible de Nantes, se veut, comme toutes les écoles Freinet, ouvertes aux parents dans un souci de coéducation :

- Chaque année, une journée portes ouvertes permet aux parents intéressés de mieux connaître l'école.
- La rentrée est marquée par une assemblée générale ouverte aux parents et suivie d'un pique-nique organisé par les parents. Cette rencontre permet de mettre en place des groupes de travail qui fonctionneront toute l'année.
- Dès le début de l'année, un grand panneau permet aux parents d'indiquer leurs connaissances, compétences, savoir-faire ou simplement leurs disponibilités. Les enseignants font aussi état de leurs besoins : informatique, journal scolaire, site Internet. À partir de là, un programme d'activités est établi.
- Chaque année, l'école abonne tous les enfants de CP et CE1 à la revue *J Magazine*, éditée par le mouvement Freinet. Elle est envoyée à leur domicile : pour beaucoup, c'est le seul support d'écrit qui pénètre à la maison.
- Le livret de formation des enfants (*cf.* supra doc. « Brevet de grammaire ») permet aux familles de se tenir régulièrement au courant de leurs progrès.
- L'association de parents emploie un adulte-relais à temps plein, dont le rôle est de créer des liens entre l'école, les familles et le quartier.
- Chaque samedi, les enfants présentent leurs réalisations aux parents (*cf.* supra : l'« Heure des parents » et « Super, c'est samedi ! »).

* « La coopération parents-enseignants à l'école ». Les Rencontres de la Fondation de France. *Actes de journées*, Strasbourg, 26 mai 2004, Paris, 2 et 6 juin 2004.

i INFORMATIONS PRATIQUES

La majorité des enseignants Freinet travaillent dans l'enseignement public.

- **Vingt-quatre équipes d'enseignants ont pu obtenir leur regroupement** dans une école entièrement ou partiellement Freinet.
- **La majorité des enseignants Freinet sont isolés dans des écoles classiques.** Selon le mouvement Freinet, environ dix mille enseignants mettent partiellement en œuvre les techniques Freinet. Le mouvement fédère trois mille enseignants dans ses groupes départementaux.

Contact : Institut coopératif de l'École moderne (ICEM), 10 chemin de la Roche-Montigny, 44 000 Nantes (www.icem-pedagogie-freinet.org).

DOCUMENTATION

– Plusieurs classes Freinet ont leur site. Cela permet de se faire une idée très concrète de leur fonctionnement. Quelques choix parmi beaucoup d'autres :

- www.marine.baro.free.fr
- http://plano.free.fr

– Pour lire des textes libres d'élèves : http://petitslivres.free.fr/
– L'Institut coopératif de l'École moderne (ICEM) : Secrétariat national, 10, chemin de la Roche-Montigny, 44000 Nantes, tél. : 02 40 89 47 50.
On trouve sur leur site (http://www.icem-pedagogie-freinet.org/) une documentation très complète.

EN IMAGES, C'EST MIEUX !

– Le film *L'École buissonnière* (1949), de Jean-Paul Le Chanois raconte la vie romancée de Célestin Freinet. Il constitue une bonne introduction à cette pédagogie. Réédité en 2007 en DVD aux éditions Doriane Films.

– Un reportage sur l'école Freinet de Mons-en-Baroeul : http://www.dailymotion.com/video/xcw69vl-ecole-freinet-de-mons-en-baroeul–news.

– Un autre sur l'école Freinet de Nantes : www.icem-pedagogie-freinet.org/node/17760.

4. Les classes Montessori et Freinet : quelles ressemblances, quelles différences ?

Freinet et Montessori ont tous deux mis au point leur pédagogie au début du XXe siècle. Dans les deux types de classes, les enfants sont très autonomes, travaillent à leur rythme grâce à un matériel autocorrectif, manipulent et découvrent par eux-mêmes. Il y a pourtant entre ces deux pédagogies des différences importantes. Freinet a connu Montessori, l'a appréciée, mais a aussi souhaité s'en écarter sur certains points.

La pédagogie Montessori est fondée sur la mise au point d'un environnement et d'un matériel spécifiquement conçus pour faciliter les apprentissages : par exemple, il décompose les difficultés pour n'en présenter qu'une seule à la fois. Dans *Pour l'école du peuple*, Freinet écrit que Montessori a beaucoup apporté à l'école maternelle, mais que les activités proposées dans ce type de classes satisfont essentiellement les besoins des enfants jusqu'à 4 ans. Au-delà, dit-il, l'enfant ne peut plus se contenter de manipuler du matériel. Il devient capable de mener des activités suivies et veut agir sur son environnement, « réaliser, créer, partir à la conquête du monde[53] ». Il faut lui en donner les moyens en lui permettant de monter de vrais projets, dans des situations de communication et d'expression réelles.

Ce débat recoupe une divergence entre Freinet et Montessori sur la question de savoir ce qui motive les enfants à travailler. Pour Montessori, l'enfant a naturellement envie d'apprendre certaines choses à certaines périodes, variables d'un enfant à l'autre. Si on ne lui permet pas de réaliser tel ou tel apprentissage pendant cette fenêtre d'opportunité, il sera très difficile de le lui faire acquérir ultérieurement. En revanche, si les périodes sensibles sont respectées, comme dans une classe Montessori, aucune autre motivation n'est nécessaire : « L'adulte travaille, dans la plupart des cas, poussé par une motivation extérieure pour modifier son environnement.

53. Freinet Célestin, *Pour l'école du peuple*, *op. cit.*, p. 33.

L'enfant, lui " travaille " autrement. Il travaille pour grandir. Sa motivation est intérieure. C'est comme une sorte de poussée qui l'anime du dedans et qui le conduit à se mettre en rapport, intensément, passionnément et joyeusement, avec le monde extérieur[54]. » De plus, « par les réussites qu'engrange l'enfant via la manipulation du matériel, il est motivé à poursuivre son investigation sans que le maître ait à l'en supplier[55] ». Freinet ne se réfère pas du tout à la théorie des périodes sensibles. Pour lui, ce qui motive l'enfant, c'est agir sur le monde (projets), répondre aux questions qu'il se pose (travail à partir de ses intérêts, de ses questionnements) et communiquer (imprimerie, correspondance, journal).

Ces divergences de point de vue ont des conséquences pratiques sur l'organisation des classes.

Dans une classe Montessori...

- Les acquisitions se font essentiellement en **manipulant le matériel**, par le biais du travail individuel guidé par les enseignantes.
- Le **travail individuel** sur le matériel autocorrectif a une place centrale dans la pédagogie. Le travail collectif occupe un temps réduit et a une place secondaire.
- Les activités Montessori **incitent peu les enfants à échanger** entre eux ou à coopérer.
- Les élèves travaillent sur **un matériel spécifique** spécialement conçu pour les apprentissages. Par exemple, les enfants d'une classe de CE1-CE2 apprennent la manipulation et le calcul de la monnaie avec une petite caisse enregistreuse contenant de faux billets.
- Les activités proposées à l'école Montessori **restent souvent dans les murs de l'établissement :** par exemple, c'est la nature qui vient dans l'école par des pots de fleurs, des petits élevages...

Dans une classe Freinet...

- Les acquisitions se font essentiellement par la **participation à des projets** incluant une communication vers l'extérieur : correspondance, journal, écriture d'une pièce de théâtre...
- La journée prévoit **une alternance de temps de travail individuel et**

54. Missant Béatrice, *Des ateliers Montessori à l'école. Une expérience en maternelle*, ESF, 2001, p. 75.
55. Böhm Winbfried, *Maria Montessori*, *in* Houssaye J., *Quinze pédagogues. Leur influence aujourd'hui*, Paris, Armand Colin, 1994, p. 163.

collectif. Le travail individuel sur le matériel autocorrectif est au service des projets : sa place est secondaire.

- Les échanges, la coopération et **le travail en groupe** occupent une place centrale.
- Freinet juge les aménagements du matériel Montessori artificiels et prône la présence d'**outils réellement utilisés dans les activités quotidiennes**. Par exemple, les enfants apprennent le calcul en gérant les bénéfices de la vente de leur journal scolaire : ils comptent de vraies pièces, dans une situation de vente réelle.
- La pédagogie Freinet est fondée sur l'**ouverture sur l'extérieur** : par exemple, visite d'une ferme, plantations dans un jardin ouvrier, sorties, enquêtes...

FREINET PARLE DES MATERNELLES MONTESSORI

Les méthodes les plus perfectionnées – celle de Mme Montessori, par exemple – n'ont pas envisagé la vie de l'enfant dans sa complexité diverse, mais une éducation systématique qui limite le tâtonnement à un certain nombre d'activités bien définies, préparées et prévues à l'avance par l'éducateur. De ce fait, l'école maternelle, même chez Mme Montessori, reste un coin de jardin d'acclimatation – un coin moderne, il est vrai – où l'on a groupé sur l'espace réduit dont on disposait les objets indispensables à un minimum d'activités de l'enfant. L'adulte [...] va à ce qu'il suppose être l'essentiel : boutonner et lacer pour savoir mieux s'habiller ; ajuster et comparer formes et couleurs pour aiguiser le sens de la vue et du toucher ; suivre des doigts des rainures rugueuses pour s'initier aux gestes primordiaux de l'écriture. Mais la réalité de la vie déborde à tout instant ce cadre formel toujours étriqué. [...] L'enfant normal (de plus de 4 ans) veut et doit, à cet âge, aller plus avant. [...] Plus que les emboîtements et les pyramides, l'enfant recherche spontanément l'emploi des outils ; rien ne l'enchante plus qu'un marteau, une scie, un chariot, une trottinette ou une bicyclette. » Il faut donc concevoir « une école maternelle de vie complexe et de travail. C'est en somme une conception nouvelle, plus rationnelle, des jardins d'enfants dont Mme Montessori avait lancé l'idée mais qui, selon nous, étaient d'une conception trop faussement scientifique, trop formelle, qui ne répondait qu'à quelques-uns des besoins fonctionnels des enfants auxquels ils étaient destinés.

Freinet Célestin, *Pour l'école du peuple, op. cit.*, p. 27, 30 et 36.

5. Les classes de Pédagogie institutionnelle

À la fin des années 1950, quelques instituteurs Freinet veulent faire évoluer la pédagogie Freinet. Pour eux, ces techniques, qui se sont développées essentiellement dans de petites écoles du milieu rural, ne sont pas adaptées aux classes des banlieues des grandes villes où ils enseignent. Ils souhaitent y intégrer les apports des sciences humaines et des techniques de groupe, et en particulier de la psychanalyse. Les pionniers de ces pratiques, Fernand Oury et Raymond Fonvieille, sont exclus du mouvement Freinet en 1961. Ils fondent un nouveau groupe : on parle désormais de **Pédagogie institutionnelle** (PI) en reprenant un terme que Jean Oury a proposé en 1958 pour souligner le parallélisme entre les problèmes éducatifs et les problèmes thérapeutiques.

Les deux courants restent très proches. **Les classes de PI reprennent le fonctionnement des classes Freinet, sans rien en retirer**, mais en y ajoutant des outils (les ceintures de couleur, la monnaie, les rituels…) et une réflexion sur le transfert, l'importance de la parole, des médiations. **Les classes Freinet contemporaines ont emprunté à la PI certaines de ses techniques :** les « métiers », le « Quoi de neuf ? » (ou entretien du matin), l'organisation très structurée du conseil de coopérative et l'importance de la parole.

Une organisation très structurée ; l'importance des rituels

C'est la première certitude de Fernand Oury et Raymond Fonvieille : **pour fonctionner en pédagogie Freinet avec le public difficile qui est le leur, une organisation extrêmement structurée est nécessaire.** Il faut mettre en place des « institutions » : des modes d'organisation du groupe qui ont été institués, c'est-à-dire désignés et nommés très clairement, et qui concernent aussi bien « la définition des lieux, des moments, des statuts de chacun selon son niveau de comportement, c'est-à-dire selon ses possibilités, les fonctions (services, rôles, responsabilités), les rôles (présidence, secrétariat), les diverses réunions (chefs d'équipe, classes de niveau, etc.), les rites qui en assurent l'efficacité », écrit J. Oury[56]. « Quand il y a six gamins et un seul savon, autour du lavabo, il faut une institution pour qu'il n'y ait pas de bagarre. Et l'institution, ce ne peut pas être le maître qui l'incarne car, dans ce cas, quand le maître s'en va, et qu'il y a toujours un seul savon et six gamins autour du lavabo, c'est à nouveau la bagarre. Donc l'institution, elle doit être dans la tête des gamins[57]. »

Les règles de vie, réfléchies et décidées collectivement en conseil, sont très précises. En effet, plus le groupe a réfléchi au comportement qui doit être adopté pendant telle ou telle activité, plus il y a de chances que les choses se passent bien, que les conflits et les pertes de temps soient évités, et plus il sera possible de laisser les élèves autonomes.

Les classes de PI ont institué les « métiers », qui sont aujourd'hui repris dans presque toutes les classes Freinet. Une responsabilité est attribuée à chaque élève : gardien du temps (il prévient lorsqu'une activité est terminée), jardinier (il prend soin des plantes), facteur (il transporte les messages entre les classes), effaceur de tableau, responsables des cochons d'Inde, des ordinateurs, des photocopies, de la bibliothèque, des classeurs, des fiches, du matériel de sciences, de peinture ou de sport... Il s'agit d'une réelle responsabilité, puisque la classe ne pourrait pas fonctionner sans le travail de chacun. Toutes les semaines ou tous les quinze jours, les métiers tournent.

Pour les praticiens de la PI, **il est nécessaire d'instituer des rites qui permettent de prendre de la distance par rapport aux émotions, aux pulsions.** Toutes les grandes institutions ont des rituels qui ont cette fonction. Par exemple, dans une cour de justice ou au Parlement, le rôle de chacun est clairement défini, il y a un protocole précis, des formules (« La parole est à... »). Ainsi, à La Neuville, lors du conseil hebdomadaire, un élève est chargé de sonner la cloche à l'heure dite (toujours la même) afin de prévenir la quarantaine d'élèves. Tout retard est sanctionné par une amende en monnaie intérieure. Pas question non plus de s'asseoir

56. Oury Fernand, Vasquez A., *Vers une pédagogie institutionnelle*, éd. Matrice, Vigneux, 1967, rééd. Matrice, 1993.
57. Meirieu Philippe, *Fernand Oury. Y a-t-il une autre loi possible dans la classe ?*, PEMF, 2001, p. 7.

TITRE	FONCTIONS	SALAIRE	CEINTURE	NOMBRE DE RESPONSABLES
APPEL	• Note sur le cahier d'appel les enfants absents • Emporte le cahier d'appel lorsqu'il le faut	4	Orange comportement	1
ARMOIRE	• Range le matériel de l'armoire • Distribue le matériel de l'armoire • Récupère le matériel distribué	3	Orange comportement	1
AVOCAT	• Défend les enfants critiqués au conseil	4	Orange comp.	2
BANQUIER	• Tient les comptes à la banque de chaque enfant • Fait entrer ou sortir les sommes d'argent	5	Verte comportement	1
BIBLIOTHÉCAIRE	• Range la bibliothèque de classe • S'occupe des entrées et sorties de livres	3	/	1
CAHIERS	• Distribue les cahiers lorsqu'ils sont corrigés	1	/	1
CASIERS	• Vérifie le rangement des casiers • Aide les enfants à ranger leur casier	2	/	1
CHAISIER	• Descend les chaises des tables • Range les chaises quand on quitte la classe	3	/	1
CHEF DE RANG	• Demande aux enfants de se ranger • Conduit le rang	3	Orange comportement	2
CLASSEURS	• Range les classeurs de la classe • Range les fiches égarées	5	/	2
CODEUR	• Inscrit le code de bruit de la classe • Change le code de couleur quand il le faut	2	/	1
DETRITUS	• Fait passer la poubelle • Jette à la poubelle les détritus	5	/	2
DICTIONNAIRES	• Distribue et range les dictionnaires	2	/	1
ECLAIREUR	• Allume ou éteint la classe • Ouvre ou ferme les rideaux	2	/	1
ÉCRIVAIN DE DATE	• Ecrit la date du jour au tableau	2	Vert écriture	1
EFFACEUR	• Efface et nettoie le tableau	2	/	1
FACTEUR	• Distribue le courrier de la classe	3	/	1
FEUILLES	• Distribue les feuilles • Garde un exemplaire pour les élèves absents	1	/	1
FICHES DE SUIVI	• Distribue le matin les fiches de suivi • Note les avertissements en fin de journée	2	/	1
INFORMATICIEN	• Allume et éteint les ordinateurs • Aide les enfants à taper leurs textes	3	Orange informaticien	1
JARDINIER	• Arrose et soigne les plantes de la classe	2	/	1
JEUX	• Distribue et range les jeux de la classe	2	/	1
MATÉRIEL DE SPORT	• Distribue et range le matériel de sport	2	/	1
MESSAGER	• Donne des informations aux autres classes • Demande des renseignements en dehors de la classe	3	Orange comportement	1
PHOTOCOPIEUR	• Photocopie des documents pour la classe	2	Orange comp.	1
PHOTOGRAPHE	• Prend des photos pour le journal de classe	2	Vert comport.	1
PORTIER	• Ouvre et ferme la porte de la classe quand il le faut	1	/	1
REMPLAÇANT	• Remplace le métier des enfants absents	4	/	1
STYLOS	• Distribue et récupère des stylos aux enfants qui les ont oubliés ou perdus	2	/	1
TECHNICIEN	• Installe et range le rétroprojecteur • Installe et range le poste CD de la classe	3	/	1
TEXTES A TAPER	• Récupère les textes à taper pour le journal • Fait passer à tour de rôle les enfants aux ordinateurs • S'occupe des fichiers pour les journaux	3	/	1
TEXTES ÉLUS	• Préside le choix de texte • Inscrit les textes élus	2	Orange lecteur	1

Les métiers d'une classe.

n'importe où : chaque élève a sa chaise, et la place de chacun dans la pièce a fait l'objet d'une réflexion, par exemple les plus jeunes sont assis à côté d'un élève plus âgé, leur tuteur. L'ordre du jour, établi à l'avance à partir des demandes écrites de tous, suit un déroulement immuable. Le président utilise des phrases rituelles qui ponctuent chaque moment important comme « Le conseil est ouvert » ou « Gêneur ! » lorsqu'un élève dérange le conseil... Pour éviter les prises de parole désordonnées, il veille à ce que chaque élève prenne la parole à son tour, ne coupe pas celle des autres, que ce ne soit pas toujours les mêmes qui s'expriment. Pour que chacun puisse parler en toute sécurité et s'exposer sans crainte, une règle établit que l'on ne se moque pas. L'élève secrétaire prend note des décisions. C'est ce cadre rigoureux, rassurant, qui permet aux élèves les plus timides de s'exprimer, et aux plus agités de s'écouter et de discuter sereinement : « La parole émerge du tumulte », écrit F. Oury.

L'analyse des transferts, les médiations, l'importance de la parole, de la loi : une pédagogie prenant en compte les apports de la psychanalyse

Les praticiens de la PI critiquent la relation duelle entre l'élève et l'enseignant. Dans une classe traditionnelle, expliquent-ils, le maître fait l'objet d'un transfert massif : « Tu t'entends bien avec ta maîtresse ? Il est bon d'aimer sa maîtresse, de travailler pour lui faire plaisir, pour devenir instruit, comme elle[58]... » L'enseignant, lui aussi, transfère sur l'enfant, en fonction de ses attentes, de ses représentations : il y a des « chouchous » et des élèves « tête à claques » [59]. L'élève et l'enseignant projettent l'un sur l'autre en fonction de leur histoire, de leur relation à leur mère, etc., dans une relation d'amour-haine. Ces transferts importants, s'ils ne sont pas maîtrisés, peuvent faire de graves dégâts : régression, manipulation, domination, séduction...

58. Pochet Catherine, Oury Fernand, « L'année dernière, j'étais mort... », éd. Matrice, 1986.
59. Titres des livres de Philippe Jubin.

Le but de la PI est donc de créer des systèmes de médiation, d'introduire un tiers qui permet de sortir de cette relation duelle et des projections affectives qui l'accompagnent. Par exemple, à l'école de La Neuville, au début des réunions rassemblant une quarantaine d'élèves, il fallait toujours un long moment et de nombreux rappels à l'ordre pour parvenir au calme et au silence qui permettent de s'écouter mutuellement. Pour y remédier, l'équipe a d'abord proposé de respecter une minute de silence en début de séance. Cela a permis d'améliorer la situation, mais sans résoudre totalement le problème. Ils ont alors eu l'idée de fabriquer un sablier géant dont le sable s'écoulait pendant exactement une minute. Le rituel, associé à la matérialisation de la minute de silence dans le fait d'observer le sable, a permis aux enfants de se calmer beaucoup plus vite en début de réunion. C'est un exemple d'organisation, de rite, de médiation. **Autre exemple :** les enfants qui étaient mécontents ou se disputaient venaient sans cesse en référer aux enseignants : « Devant l'afflux des " râlages ", les adultes eurent l'idée de mettre à la disposition des enfants un petit carnet pour écrire leurs " mots "[60]. » Chaque vendredi après-midi, en conseil, leurs plaintes sont examinées collectivement. Le fait d'écrire dans le carnet aide l'enfant énervé à prendre du recul avec ce qu'il vient de vivre. Cela permet aussi de se donner le temps d'attendre que le calme soit revenu pour examiner sereinement ce qui a fait conflit. Enfin, cet écrit fournit une base de dialogue pour réfléchir et discuter avec des tiers extérieurs au conflit.

Les médiations peuvent être des outils (les techniques Freinet comme l'imprimerie ou les fichiers sont des médiations entre l'enseignant, le savoir et l'élève), des institutions (une règle de vie est une médiation) ou des objets matériels ou symboliques, comme la monnaie intérieure ou les ceintures de couleur.

Les enseignants en PI accordent aussi beaucoup d'importance à la circulation de la parole – c'est d'ailleurs ainsi que les enseignants de La Neuville intitulent le film sur leur école : *Parole*. Le « Quoi de neuf ? », le conseil, les « râlages » ou les textes libres font partie des multiples outils qui permettent que les choses se disent.

Ils reprennent aussi à la psychanalyse la conviction que la loi est fondatrice. Chaque enseignant instaure, en début d'année, quelques lois

60. Amram M., d'Ortoli F., *L'École avec Françoise Dolto. Le rôle du désir dans l'éducation*, Paris, Hatier, 1990, p. 62.

constitutives qui fondent la société humaine et doivent exister dans une classe : l'obligation de produire (transposée dans la classe, cela signifie : « Ici, c'est une classe, chacun est là pour apprendre »), l'interdit de la violence, l'interdit de l'inceste (impossibilité d'une relation privilégiée ou d'ordre privé entre l'enfant et l'enseignant).

Ces enseignants travaillent aussi à l'analyse de leurs propres transferts et projections. Les équipes des trois écoles existantes travaillent avec un psychanalyste. Les enseignants isolés, eux, se regroupent dans des groupes d'analyse de pratiques (ou groupes Balint) formés d'éducateurs qui décrivent leurs pratiques et leurs difficultés, et les analysent avec l'aide du groupe et d'un psychanalyste ou d'un psychologue.

Les ceintures de couleur

Fernand Oury, adepte du judo, a eu l'idée d'adapter à la classe les ceintures des judokas. **Il existe des ceintures dans chaque discipline**, et chaque couleur de ceinture correspond à un certain nombre de compétences – une dizaine au maximum. Par exemple, en grammaire, la ceinture orange correspond à « Je sais écrire les noms propres au pluriel » ou « Je reconnais des verbes », et la ceinture marron à « Je sais accorder les participes passés ». Au fur et à mesure de ses progrès, l'élève passera des tests qui lui permettront d'accéder à une ceinture plus foncée.

Chaque élève se voit également attribuer une ceinture de comportement. Les élèves ont des droits et des devoirs différents en fonction de la couleur qu'ils ont atteinte. Les petites ceintures peuvent ne pas se plier à toutes les règles : par exemple, un jaune n'est pas obligé de suivre toute la réunion. Les ceintures plus foncées ont, au fur et à mesure, le droit d'agir sans le contrôle des adultes : un vert peut sortir de l'école ou diriger un atelier pédagogique, un bleu peut être parrain, un marron peut transgresser le règlement. L'élève nouvellement arrivé est blanc. S'il veut atteindre une couleur plus foncée, il demande un vote de la collectivité qui acceptera ou lui indiquera les domaines dans lesquels il doit faire des progrès.

Les ceintures permettent à chaque élève de savoir exactement où il en est et dans quels domaines il doit progresser. Ainsi, Mathis, qui veut passer bleu en grammaire, sait qu'il a déjà acquis six des compétences nécessaires, mais qu'il lui manque « Je reconnais quelques pronoms personnels ». Samia sait qu'elle « vaut » presque la ceinture orange de comportement, mais que, pour l'obtenir, elle doit moins déranger les autres en classe.

Chaque élève est titulaire de nombreuses ceintures, de niveau varié. Par exemple, un même élève peut être orange en grammaire, vert en mathématiques, jaune en informatique, blanc en anglais, bleu en comportement. C'est essentiel : **dans une classe de PI, on n'est jamais « bon » ou « mauvais », mais « bon en... » (bon en foot, en arts plastiques, en anglais), « mauvais en... ». Il existe toujours un domaine où l'on réussit.**

LES CEINTURES DE COULEUR DE COMPORTEMENT DE L'ÉCOLE DE LA NEUVILLE

Blanc : respecte certaines interdictions, essaie de travailler, doit accepter le règlement de chambre, doit avoir un parrain.

Jaune : tient compte des principales interdictions, doit aller en classe, est capable de ranger ses affaires, participe parfois aux travaux communautaires, fait les petits trajets seul, doit aller au stade, doit avoir un parrain, n'est pas obligé de suivre toute la réunion.

Orange : comprend le règlement, écrit des « râlages » et vote en réunion (présence obligatoire), doit travailler en classe avec aide et sans déranger les autres, a une place dans les travaux communautaires et dans l'équipe des sports de l'école (ceinture de l'autonomie dans le groupe).

Vert : respecte le règlement et participe à la discipline du groupe, donne son avis en réunion, travaille seul ou en groupe dans la classe, est capable de diriger un atelier pédagogique, peut sortir de l'école seul, est capable de recevoir un visiteur avec autorisation, est capable de venir à La Neuville et de rentrer chez lui tout seul (ceinture de la responsabilité individuelle).

Bleu : fait respecter le règlement et propose au lieu de se plaindre, aide efficacement dans tous les domaines, peut présider la réunion, est capable de diriger un atelier, peut parrainer une petite ceinture, participe à la réunion de bleus (ceinture de la responsabilité collective).

Marron : c'est un bleu qui participe activement à l'organisation du groupe. Il est capable de transgresser le règlement en cas de nécessité, d'organiser, de diriger une activité en dehors de l'école. Il prépare la réunion du vendredi avec les adultes (cette ceinture n'est pas votée en réunion mais attribuée par les adultes*).

* Ce système de cotations a évolué dans le temps. Il s'agit là de celui de 1982.

La monnaie

Les classes de PI utilisent une monnaie intérieure imprimée par les élèves. Ici, ce sont les patoks, décipatoks, centipatoks et milliopatoks, là, les lares, décilares et centilares. **Cet argent se gagne en exerçant son métier (responsabilité dans la classe) et en travaillant :** les exercices, fiches, textes écrits, exposés ou le passage d'un brevet sont rémunérés selon un barème fixe. Tous les élèves ne sont pas payés de la même façon, car cette égalité créerait des injustices : « L'élève qui a des facilités, réussit et produit beaucoup, deviendrait vite riche, et celui qui a des difficultés resterait pauvre. La paie tient donc compte des ceintures d'apprentissage. La ceinture verte sera payée de la même façon que la ceinture marron, mais, pour ce dernier, le travail sera plus compliqué et plus long[61] », explique un enseignant. La monnaie permet de motiver les élèves pour le travail et, accessoirement, pour les plus jeunes, d'apprendre les mathématiques.

Les infractions aux règles de la classe ou de l'école entraînent des amendes, dont le montant est également décidé en conseil : un retard, c'est 50 centipatoks... Le non-respect d'une règle entraîne automatiquement telle ou telle amende, comme une contravention pour excès de vitesse. C'est une sanction qui n'est pas humiliante ou moralisatrice et qui évite les jugements moraux, les chantages affectifs, les « palabres sans fin au conseil avec des leçons de morale coopérative d'une inutilité remarquable[62] ».

Les salaires et les amendes sont payés une fois par semaine par le trésorier de la classe. Régulièrement, la classe tient un marché où chacun peut acheter et vendre ce qu'il souhaite (jouets, confiseries, objets bricolés...).

61. Walter Jean-Paul, « Point sur une institution dans la classe : la monnaie », http://pagesperso-orange.fr/ibrem/ressources_pedagogiques/point_sur_monnaie. htm
62. Laffite René, *Une journée dans une classe coopérative*, Matrice, 2000.

De toutes les institutions de la PI, c'est la plus controversée. « Les enfants devraient travailler pour le plaisir, pas pour une récompense », affirment ses détracteurs. Certes, répondent les praticiens de la PI, il s'agit là d'un idéal. Mais il est parfois long à atteindre, et, en attendant, l'enfant travaille pour faire plaisir à ses parents ou à son instituteur. Et s'il a des comptes à régler avec l'un ou l'autre, il ne travaille plus du tout, ou chahute. Le paiement du travail (ou des amendes) permet de sortir de l'affectif et d'« éviter de se payer autrement : en pouvoir sur autrui, en chantage affectif, etc. ». Le prix du travail ou de l'amende a été réglé : les compteurs sont remis à zéro.

« L'année dernière, j'étais mort. Cette année, je suis vivant »

La PI a d'abord été mise en place dans des classes de perfectionnement accueillant notamment des élèves en grande détresse psychologique. Les enseignants ont constaté que la structuration de ces classes, la grande place de la parole, le fait de permettre à chaque élève de réussir dans un domaine, les médiations permettant de mettre à distance les projections et les transferts... **aidaient les jeunes en souffrance à trouver une place, des repères, à se sentir reconnus et à réaliser de gros progrès.** Plusieurs praticiens ont décrit, dans leurs monographies, comment l'organisation de leur classe avait permis à des élèves de renaître à l'ouverture aux autres. L'exemple le plus célèbre est celui de Miloud, cet enfant complètement déstructuré en début d'année et qui écrit en juin : « L'année dernière, j'étais mort. Cette année, je suis vivant. Signé Miloud[63]. »

L'école de La Neuville, créée en 1973, a été suivie et soutenue par Françoise Dolto, qui lui a adressé plusieurs enfants en grande difficulté qu'elle traitait simultanément en psychothérapie. Cette école, explique F. Dolto, leur a permis de réaliser des progrès considérables : « Vous avez eu, à vos débuts, des cas d'enfants très sérieusement atteints [...]. Disons que ce sont tous des enfants plus ou moins angoissés. Et le fait d'être, dans cette école, reconnu comme valable, tout le temps, est fantastique pour aider un enfant angoissé à " élargir sa base de sustentation " et à

63. Pochet Catherine, Oury Fernand, *op. cit.*

se sentir dans un lieu de confiance[64]. » À propos de l'un d'entre eux, elle raconte : « À l'époque, il était incapable de la moindre acquisition parce qu'il y avait en lui un tel flou instable que rien ne pouvait s'ordonner [...]. Selon qui le regardait, il était soit l'affreux jojo, soit le pauvre petit. C'est à La Neuville qu'il a appris à être autre chose qu'un clown de service [...]. Il s'apercevait qu'il y avait d'autres moments, d'autres activités où il pouvait tout à fait coordonner. C'est alors qu'il a reconnu qu'à La Neuville il pouvait guérir. C'est-à-dire redevenir quelqu'un qui honorerait son être lui-même, qui retrouverait sa dignité et ne serait pas obligé d'être toujours celui qui faisait des gags, qu'il le veuille ou non [...]. Cet enfant a été guéri de sa douleur de vivre par la vie sociale[65]. »

Il est également possible, comme le pense F. Dolto, que la cohabitation avec des enfants « différents », dans un contexte où les adultes les incitaient à l'entraide et au respect, soit bénéfique à tous les élèves : « Être en contact avec des enfants perturbés, cela les aide à tenir le coup et à respecter chez l'autre ces moments où il est dépassé par cette force intérieure [...]. Cette situation enseigne la tolérance à autrui qui est construit autrement[66]. »

DOCUMENTATION

Les praticiens de la PI n'écrivent pas de traités théoriques, mais uniquement des monographies, descriptions factuelles de ce qu'ils ont fait dans leurs classes : « Ne rien dire que nous n'ayons fait. » En cela, ils se distinguent fortement des pédagogies Montessori, Steiner et Decroly où, au contraire, la théorie précède largement la pratique. « C'est ce qu'il y a de plus instructif : sortir du baratin », explique Jean Oury[67]. Parmi ces ouvrages, on peut conseiller pour une première approche : Laffite R., *Une journée dans une classe coopérative. Le désir retrouvé, (op.cit.)*.

64. Retranscrit dans Amram M., d'Ortoli, *op. cit.*
65. *Ibid.*
65. *Ibid.*
67. Entretien avec Jean Oury, *in* Meirieu Philippe, *op. cit.*

EN IMAGES, C'EST MIEUX !

Blanchet Vincent, *Parole. L'héritage Dolto*, documentaire sur l'école de La Neuville, MK2, 2006.

INFORMATIONS PRATIQUES

Il existe **trois écoles PI**, toutes privées hors contrat :
- L'école de La Neuville, à Chalmaison (77) : internat privé hors contrat, recevant quarante élèves du CP à la troisième. Pas d'inscriptions au-delà de l'âge de 12 ans.
- L'école de l'Action pédagogique institutionnelle (API) : internat de deux classes de dix à douze élèves : CP/CE1 et CE2/CM1/CM2.
- L'École pédagogie institutionnelle (EPI) : école en milieu rural, accueillant douze enfants ou adolescents de 6 à 16 ans souffrant de graves troubles ou handicaps psychologiques ou comportementaux. Un internat est en construction.

De nombreux enseignants PI **exercent dans des classes d'écoles classiques, essentiellement en Île-de-France, dans l'Isère et dans le Sud-Ouest. Ils n'ont pas fondé de mouvement et sont groupés dans plusieurs collectifs :**
- Techniques Freinet–Pédagogie institutionnelle : http://tfpiprovence.online.fr
- Collectif des équipes de Pédagogie institutionnelle : http://ceepi.org
- Site du groupe de Pédagogie institutionnelle de la Gironde : http://pig.asso.free.fr

Dans le sud de la France, les **trente-cinq écoles Calandretas** (privées, sous contrat, laïques et gratuites) proposent un enseignement bilingue français-occitan qui s'appuie sur des pratiques inspirées de la Pédagogie institutionnelle : « Quoi de neuf ? », écriture de journaux scolaires, autoévaluation, parrainage entre enfants, ateliers décloisonnés entre les classes, etc.
Site : calandreta.org

6. Les autres écoles (maternelles et élémentaires)

De nombreuses écoles différentes n'appartiennent à aucun mouvement pédagogique. Elles n'appliquent pas les principes de tel ou tel pédagogue particulier, mais empruntent des pratiques à plusieurs d'entre eux : Freinet, Montessori, Oury, mais aussi Korczak, Gattegno et d'autres... Certaines se sont groupées au sein de l'Association nationale pour le développement de l'Éducation nouvelle (ANEN), d'autres sont entrées en pédagogie par l'architecture (les « écoles à aires ouvertes »), d'autres enfin n'appartiennent à aucun collectif. Quelques-unes appliquent les idées d'un pédagogue, mais ne constituent pas un courant : ainsi, il n'existe qu'une seule école Decroly en France...

Les écoles de l'ANEN

En 1970, une dizaine d'écoles nouvelles se sont associées dans l'ANEN. Elles revendiquent la pluralité de leurs sources d'inspiration, à l'instar de Roger Cousinet, auquel elles se réfèrent souvent. Cet inspecteur de l'Éducation nationale de la première moitié du xxe siècle a milité pour les pédagogies actives et le travail libre par groupes. Il a participé aux congrès de l'Éducation nouvelle et diffusé les écrits de tous les grands pédagogues de l'école active, comme Montessori, Ferrière, Claparède ou Freinet, sans sectarisme : « L'Education nouvelle ne comporte pas de système, ce n'est pas un ensemble de règles ou de procédés, ni même de méthodes... C'est un esprit, on ne peut prendre une part de cet esprit. On le fait sien tout entier ou on lui demeure étranger », disait-il.

Les écoles de l'ANEN ont rédigé en 1973 une charte définissant leurs principes communs. Elles veulent pratiquer une « éducation globale[68] », mettre en œuvre une **pédagogie active** où « l'apprentissage de l'élève se

68. Toutes les citations de ce paragraphe sont extraites de la Charte de l'ANEN, 1973.

substitue à l'enseignement du maître », développer « le plaisir d'apprendre et apprendre à apprendre, la recherche, le tâtonnement, l'expérimentation ». Cela passe par la « mise en place de temps de libre expression », la « participation des élèves au fonctionnement démocratique et décisionnel par des assemblées et des conseils de classe », l'autoévaluation, la coopération, l'entraide et le tutorat entre élèves, et « l'utilisation du matériel pédagogique élaboré par des chercheurs de l'Éducation nouvelle ». Elles se donnent aussi, comme les enseignants Freinet, **un objectif plus large que la seule accumulation des savoirs :** former des adultes qui sachent « tenir un rôle d'acteur et prendre des responsabilités à quelque niveau que ce soit », « créer dans le cadre donné de sa vie des champs de solidarité et des relations respectueuses afin de réduire les effets négatifs de la compétition aveugle et de l'égoïsme », « développer la part créative et imaginative de sa propre personnalité et savoir appréhender les différences culturelles comme enrichissantes ». Enfin, elles veulent favoriser les échanges entre parents et enseignants dans un souci de coresponsabilité.

LES OUTILS DE CALEB GATTEGNO

Gattegno a mis au point une méthode d'apprentissage de la lecture appelée **lecture en couleurs**. Chaque son est associé à une couleur, quelle que soit sa graphie : par exemple, « ain », « un », « in », « hein » s'écriront en bleu, « k », « c », « cc » « ck » en jaune pâle, « houe », « houx », « ou » et « oo » en vert foncé. Lorsque l'enfant entend un son, il voit une couleur de référence, toujours la même. Pour Gattegno, cela faciliterait l'entrée dans la lecture, la mémorisation et l'acquisition d'une bonne orthographe.
Pour l'apprentissage des mathématiques, ce pédagogue a repris et développé un outil inventé par Georges Cuisenaire, **les réglettes Cuisenaire**. Ce sont de petits bâtonnets de bois de longueurs et de couleurs variables (réglette blanche de 1 cm, rouge de 2 cm, verte de 3 cm...) que l'enfant assemble pour prendre conscience des équivalences, similitudes, sommes, différences, proportions, avec une démarche similaire à celle des mathématiciens.
On peut visionner un petit film présentant l'utilisation de ces réglettes à la page : http://www.cuisenaire.eu/fr

Elles sont aujourd'hui au nombre de six. Toutes utilisent au moins plusieurs techniques Freinet ou Pédagogie institutionnelle (journal, correspondants, conseil, ateliers, textes libres, « Quoi de neuf ? »...), mais chacune possède ses particularités. Ainsi, les écoles du Chapoly et Emily-Brandt utilisent le matériel Montessori tout en s'enrichissant aussi d'autres pédagogues ; l'école du Chapoly et l'École d'aujourd'hui se servent des outils mis au point par le pédagogue Gattegno (cf. encadré) ; l'École d'aujourd'hui insiste sur l'enseignement de l'anglais (présence de deux enseignants d'anglais à temps plein), La Prairie accueille les élèves jusqu'en troisième...

Les écoles à aires ouvertes

L'architecture des écoles à aires ouvertes, apparues dans les années 1960, est conçue pour **favoriser les ouvertures sur l'extérieur.** À l'intérieur du bâtiment, les classes, décloisonnées, permettent les échanges entre enseignants et les activités pédagogiques. Et surtout, l'école est ouverte sur son quartier et sur son environnement : ainsi, elle partage souvent certains de ses équipements avec un centre social aux activités culturelles, sportives ou de loisirs. Les cours de récréation étaient dépourvues de murs, mais les impératifs de sécurité les ont fait réapparaître. Ce projet architectural était souvent lié à un projet éducatif : **beaucoup d'écoles à aires ouvertes ont mis en place une pédagogie innovante, nouvelle, active.**

Ainsi, à **l'école Jacques-Prévert de Villeneuve-d'Ascq**, les classes ont été supprimées. Les enfants circulent librement, en autonomie, entre les salles de travail, la salle d'informatique, le centre de documentation...

L'école Saint-Merri-Renard de Paris a été construite en 1974 pour offrir un enseignement décloisonné. La pédagogie est fondée sur la libre circulation des enfants dans l'école, le travail en équipes, la pratique de l'auto-évaluation, l'entraide... et la forte implication des parents.

L'école ouverte des Bourseaux (Saint-Ouen) est aussi ouverte dans tous les sens du terme [...]. Pas de classes mais des groupes de vie multi-niveaux où l'enfant reste trois ans (PS/MS ; GS/CP/CE1 ; CE2/CM1/CM2).

Les techniques Freinet sont largement utilisées, explique Roger Auffrand [69].

69. Auffrand Roger, *op. cit.*

L'école Decroly

Ovide Decroly (1871-1932) est un médecin belge qui, comme Maria Montessori, a créé au début du xxe siècle une école nouvelle pour y expérimenter avec des enfants « normaux » les résultats de son travail auprès d'enfants handicapés. Pour Decroly, **les apprentissages doivent partir des expériences concrètes des enfants**, de ce qu'ils ont vécu, vu, touché, expérimenté : l'école doit être « une école de la vie par la vie[70] ».

Decroly a défini un programme d'enseignement à partir de ce qu'il considère être les **centres d'intérêt** des enfants. Aujourd'hui, les centres d'intérêt decrolyens ont été abandonnés par l'école de Saint-Mandé au profit d'un travail à partir de la curiosité et des questionnements des élèves. Ainsi, chaque matin, la causerie permet aux élèves de faire part d'une expérience ou de présenter un objet, et suscite des projets de travail, comme dans le « Quoi de neuf ? » des enseignants Freinet ou PI : « Par exemple dans une classe de cycle 3 (8, 9, 10 ans), des enfants ont apporté spontanément des photographies de leurs grands-parents et un arbre généalogique. La classe a alors été conduite à comparer les modes de vie sur plusieurs générations et a prolongé l'activité par un travail sur la vie quotidienne pendant la Seconde Guerre mondiale. Partant d'un vécu personnel, familial, certains enfants différents trouvent ainsi plus facilement leur place au sein du groupe[71]. »

Decroly considère également que **l'enfant apprend globalement :** il faut toujours lui donner une idée complète, une image générale du sujet traité, avant de passer aux détails, aux particularités, à l'analyse.

À partir de ces certitudes, Decroly a mis au point une **démarche originale d'apprentissage en trois temps.** Le premier temps est celui de l'**observation**, afin de partir du concret, du global, et d'ancrer l'enseignement dans la vie. Il s'agira, par exemple, de décrire un paysage ou d'observer la croissance des plantes que l'on a semées. Les enfants procèdent ensuite à la mise en commun de leurs observations. C'est une phase d'analyse, de **comparaison**, de classement, qui permet de passer du concret à l'abstrait :

70. Pourtois Jean-Pierre, Desmet Huguette, Decroly Ovide, *in* Houssaye Jean, *Quinze pédagogues. Leur influence aujourd'hui*, Paris, Armand Colin, 1994, p. 139.
71. Projet de l'école Decroly 2002-2005.

« C'est comme ce qu'on a vu la semaine dernière... » La troisième étape est celle de l'**expression** : les enfants retracent leurs découvertes en se les appropriant.

Decroly est **l'inventeur de la méthode globale de lecture**. Les enseignants de l'école Decroly préfèrent aujourd'hui parler de démarche decrolyenne en raison des nombreux contresens liés à l'expression « méthode globale ». L'enseignant écrit des phrases tirées de la vie de la classe ou d'un enfant (« J'ai une petite sœur qui est née », « Nous avons fait de la soupe au potiron ») et les affiche dans la classe. Les enfants réalisent un travail d'observation des mots (première étape), puis de mise en commun de leurs remarques (deuxième étape : comparaison, classement) : « Ça commence comme tel prénom de la classe », « *Sœur*, ça finit comme *cœur* », « Telle lettre est un *a* ». À partir de ces observations, chaque enfant réussira, selon une démarche qui lui est propre, à différencier les syllabes et les lettres. L'apprentissage de l'écriture est imbriqué avec celui de l'écriture : au fur et à mesure que les enfants mémorisent les mots, ils s'en servent pour produire leurs premiers textes.

LA MATERNELLE DECROLY : L'IMPORTANCE DES ACTIVITÉS LIBRES*

L'une des originalités de la maternelle Decroly réside dans le fait que chaque matinée commence par une longue plage (8 h 30-10 h 30) d'activités entièrement libres pendant laquelle les enfants de toutes les classes se retrouvent : « Pendant ce temps, les enfants ont la possibilité de circuler librement dans tout l'espace réservé au jardin d'enfants. Ils peuvent choisir leur activité : [...] jeux d'eau, jeux avec le sable, menuiserie, peinture, dessin, jeux d'attention, petits jeux de société, jeux mathématiques, jeux symboliques, constructions (grosses briques en bois, Duplo, Lego, Kapla, cubes), motricité sur des porteurs, sur le toboggan ainsi que parfois des activités ponctuelles proposées (cuisine, jardinage, soins aux animaux, activités manuelles diverses...) ».

* Projet d'école Decroly (2002-2005).

La pédagogie Decroly s'appuie aussi sur la mise en œuvre de projets et sur l'importance du travail en petits groupes. Les élèves ne sont pas notés jusqu'à la troisième. Chaque semaine, un conseil d'enfants permet de discuter de la vie de la classe. L'école est ouverte sur la nature : elle est proche du bois de Vincennes, où les élèves se rendent très souvent, et possède un jardin où chaque classe réalise des cultures et des élevages. Enfin, l'école accueille aujourd'hui dans chaque classe un ou deux enfants souffrant d'un handicap physique ou mental.

Les écoles « plurielles » : l'exemple de l'école Vitruve

On parle d'écoles plurielles pour désigner les établissements qui revendiquent une pluralité de sources d'inspiration pédagogiques mais n'appartiennent à aucun mouvement. Chaque école étant différente, il est impossible de toutes les décrire ici. On se penchera donc sur le fonctionnement de l'une d'entre elles, l'école Vitruve à Paris.

La pédagogie de l'école Vitruve repose d'abord sur l'apprentissage par le biais de projets. Le slogan de l'école est explicite : « Entreprendre pour apprendre. » Par exemple, « les CE1 ont pour projet de monter une buvette pour la braderie ; il faut choisir collectivement et lister par écrit les produits à vendre ; puis aller les acheter à l'épicerie et calculer le prix de vente ; choisir des responsables ; organiser le service pour la journée, écrire les menus, monter et décorer le stand… À travers ces travaux, les enfants pratiquent la lecture, l'écriture, le calcul, la peinture et le bricolage, mais abordent aussi la notion d'organisation collective et de prise de responsabilité[72] », racontent les enseignants. Cette année (2006-2007), l'école travaille sur le thème de l'alimentation. Chaque classe a monté un projet. Les CP ont récrit *Hansel et Gretel* sous la forme de douze épisodes dialogués, chaque épisode étant illustré par une sculpture en gâteau. L'une des classes de CE2-CM1 a écrit et mis en scène une comédie musicale illustrant la vie d'un marmiton, ce qui les a notamment amenés en enquêter auprès de restaurateurs du quartier. Une autre a monté une exposition sur le chocolat (lieux de culture dans le monde, fabrication, parcours,

72. « Tout ce que vous avez toujours voulu savoir sur Vitruve sans jamais oser le demander », brochure de présentation de l'école, p. 7.

chocolat du commerce équitable, etc.) et créé un faux journal télévisé présentant ses productions. La quatrième a recueilli auprès des parents des recettes du monde entier, les a écrites, illustrées et en a tiré un livre qui sera vendu aux fêtes de l'école pour financer d'autres projets (classes vertes...). Les CM2, eux, ont créé un opéra-bouffe adapté d'une nouvelle de Boccace, ce qui les a conduits sur les traces du Moyen Âge (visite de Notre-Dame, du musée de Cluny, classe verte à Venise...).

Deuxième grand principe vitruvien : l'école accorde beaucoup d'importance à l'apprentissage de la citoyenneté, au point qu'ils parlent d'éducation par la citoyenneté plutôt qu'à la citoyenneté. Les enfants gèrent de nombreuses questions qui les concernent par le biais du conseil d'école : la récréation, le flux de la cantine, les conflits entre élèves... C'est l'occasion, pour eux, d'apprendre à argumenter, à s'exprimer devant les autres, à écouter différents points de vue, à rédiger le compte rendu des décisions prises... et, surtout, à apprendre la valeur de la citoyenneté.

L'école Vitruve ne se qualifie pourtant pas d'école Freinet. Elle emprunte à cette pédagogie le travail sur des projets qui permettent d'apprendre « parce qu'on en a besoin, et non parce qu'il faut le faire », l'importance de la communication, de l'expression, de l'ouverture sur l'extérieur, et la certitude qu'« on prépare la démocratie de demain par la démocratie à l'école[73] ». En revanche, l'école utilise peu les techniques Freinet comme la correspondance, le journal, l'imprimerie, les fichiers autocorrectifs, les plans de travail, le « Quoi de neuf ? ». Par ailleurs, les projets menés à Vitruve sont essentiellement collectifs, alors que, dans une classe Freinet type, chaque élève mène également des projet individuels.

Une journée à l'école Vitruve

La classe de Véronique groupe trente élèves de CE2 et CM1.

8 h 30 : par petits groupes, les enfants montent à leur rythme dans les salles. Des élèves postés à l'entrée et à chaque palier vérifient que personne ne court. Si nécessaire, ils interpellent les contrevenants et leur rappellent les règles de circulation dans les couloirs. Ce sont les contrôleurs de vitesse.

73. Freinet Célestin, *op. cit*, p. 173.

La journée commence par **les ateliers du matin**. Les quatre-vingt-cinq enfants de CE2 et CM1 se divisent en quatre groupes pour étudier un point précis : atelier géométrie pour les uns par exemple. Travailler ainsi une compétence donnée en groupes de besoin leur permet de se remobiliser pour entamer la journée.

9 heures : les enfants se retrouvent dans leur classe. Les tables sont disposées en U pour leur permettre de se voir et de travailler en groupes. La matinée est consacrée à un travail d'écriture : il s'agit de rédiger le compte rendu de la « soirée chocolatée ».
– Vous écrivez, vous faites relire par un autre enfant, vous corrigez, et je vous relis ensuite, indique l'enseignante.

Les élèves sont visiblement intéressés par l'activité proposée. Quelques-uns discutent à voix basse, mais en dépit de l'ambiance un peu bruyante, la plupart sont penchés sur leurs feuilles et très concentrés. Au bout d'une demi-heure, beaucoup ont écrit une page entière.
– Est-ce que ceux qui ont terminé souhaitent lire leurs textes ? propose Véronique.

Mathéo se lance le premier. Quelques élèves réagissent :
– C'est bien, mais il a oublié de dire que...

Deux autres lectures suivent, puis les élèves qui ont terminé les premiers sont invités à rédiger le compte rendu de l'après-midi rollers.

10 h 30, c'est la récréation. Une affiche apposée sur la porte de l'école rapporte la décision du conseil d'école à propos de l'organisation des jeux : par roulement, à chaque récréation, une partie des classes peut obtenir tel ou tel matériel. Ce matin, ce sont les CP-CE1 qui ont droit aux jeux de ballon. Deux responsables sortent une caisse et les distribuent. Parmi les enfants qui jouent, certains portent un brassard. Ce sont les médiateurs, des élèves volontaires pour arbitrer les problèmes quotidiens, notamment en cas de conflit entre deux enfants à la récréation.

De 10 h 45 à 11 h 45, la classe est à nouveau décloisonnée. Les élèves de CE2 se rendent à la piscine avec un professeur. Les CM1, eux, se mêlent aux élèves de CM2, formant un grand groupe qui se divise en quatre ateliers en fonction de leurs besoins : « résolution de problèmes », « numération », « lecture » ou « tutorat lecture avec les CP ». Ce dernier atelier est consacré à l'entraide : chaque élève de CM2 s'installe avec deux petits de CP et les aide à lire. Les petits groupes se dispersent dans l'école : certains choisissent de travailler dans les salles de classe, d'autres, pour être plus au calme, préfèrent les couloirs.

11h 45, c'est l'heure du déjeuner. Une grande partie des enfants sont demi-pensionnaires. La salle à manger comprend soixante-dix places. Au fur et à mesure que ceux qui ont fini redescendent dans la cour, d'autres montent. Cela permet à chacun de manger à son rythme, tout en assurant un remplissage optimal de la cantine. Pour que cela soit possible, les enfants ont inventé un mode d'organisation baptisé « le flux », qu'ils prennent entièrement en charge. Un enfant se poste à la sortie du self et compte les enfants qui sortent. Lorsque dix d'entre eux ont quitté le réfectoire, il le signale à l'enfant posté à l'entrée de la cantine, qui fait entrer dix nouveaux convives. Les deux enfants postés à l'entrée et à la sortie du réfectoire ne pouvant matériellement pas se voir ni s'entendre, un troisième joue le rôle de messager. Cette responsabilité, exercée à tour de rôle par les enfants, est très valorisée.

La classe reprend à **13 h 15**. Comme tous les mardis et jeudis, trois élèves de CM2 viennent lire à voix haute un roman aux élèves de CE2-CM1, pendant environ un quart d'heure. C'est un temps calme, silencieux, qui permet de se poser.

Après leur départ, l'enseignante présente le travail qui va suivre. Les enfants ont, la veille, en petits groupes encadrés par des parents d'élèves volontaires, fabriqué quatre-vingts sablés qu'ils vendront le lendemain à l'occasion d'une fête de l'école. Six d'entre eux partent les emballer. Les vingt-deux qui restent en classe doivent décider du prix de vente de chaque sachet. Véronique distribue une fiche :

Rappel : nous avons décidé de fabriquer 80 sablés, et de les vendre dans des sachets (5 sablés par sachet) :

Argent dans la caisse après la vente	**Ce qu'on a dépensé pour fabriquer les sablés :**	**Bénéfice (ce qu'il nous reste pour les classes vertes de l'école) :**
Si l'on vend le sachet 1 € :	Beurre ⟶ 0,92 € Œufs ⟶ 1, 80 € Farine ⟶ 1,13 € Sucre ⟶ 1, 50 € Total ⟶	

L'ambiance est calme, les enfants sont motivés. L'enseignante passe de l'un à l'autre. Une petite fille est en difficulté : elle demande à sa voisine de l'aider. Deux autres enfants s'entraident : l'enseignante valorise leur comportement. Au bout de vingt-cinq minutes, c'est la mise en commun. Tous sont volontaires pour passer au tableau. Ils calculent le bénéfice obtenu pour un prix de vente des sachets à 50 centimes, 1 euro et 1 ,50 euro. La décision est prise juste avant la récréation : le sachet de sablés sera vendu 1 euro.

Pendant l'heure restante, de **15 heures à 16 heures**, les élèves ont atelier rollers ou informatique. Deux enfants n'y assistent pas : ils ont été choisis pour représenter la classe au **conseil d'école**, qui se réunit chaque semaine pour prendre des décisions concernant l'ensemble de l'école. Les douze délégués des différentes classes préparent l'ordre du jour à partir des propositions des uns et des autres, le distribuent dans les classes qui en débattent et rapportent le résultat de ces discussions au conseil. Aujourd'hui, l'ordre du jour porte sur la venue des correspondants de Diagana (Sénégal), la participation de l'école au « jardin partagé » du quartier Réunion et l'état des toilettes : certains se plaignent de leur saleté ou de ne pas trouver de papier et de savon. À propos de ce dernier point, les enfants discutent des solutions possibles. Une idée émerge : nommer des vérificateurs chargés de vérifier l'état des toilettes, de demander papier ou savon aux adultes responsables et de noter les dégradations pour les signaler. Les élèves rédigent le compte rendu de leurs délibérations qui sera lu dans toutes les classes le lendemain.

Les jardins d'enfants

Certains jardins d'enfant, même s'ils ne revendiquent aucune filiation avec « l'éducation nouvelle », ont des pratiques qui sont assez proches de celles des maternelles « différentes ».

À Paris, c'est par exemple le cas des **22 jardins d'enfant de l'OPAC** qui accueillent des enfants de 2 ans à 6 ans. Les effectifs sont faibles avec généralement une soixantaine d'enfants par structure, soit trois classes (petits, moyens et grands) de 20 enfants en moyenne, ce qui leur confère un caractère « familial ».

Les programmes de l'éducation nationale sont respectés, mais les activités sont moins « scolaires » que dans les maternelles « ordinaires ».

Les jardins d'enfants de l'OPAC sont gérés et financés par la Ville de Paris. Ils ne sont pas sectorisés comme les écoles maternelles, mais réservés aux Parisiens, et les locataires de l'OPAC sont prioritaires. Une petite participation financière est demandée aux familles (20 à 40 euros/mois). Ils sont, de fait, fréquentés par une population très mixte socialement.

Autre exemple : **les jardins d'enfants étrangers ou bilingues**, assez méconnus, recèlent aussi parfois des surprises intéressantes. Ainsi, la Kinder Ecole de Paris est fondée sur l'importance du jeu libre de l'enfant. Le travail des éducatrices se fonde largement sur la pédagogie de Friedrich Fröbel, un pédagogue allemand du XIXe siècle, disciple de Pestalozzi, qui fait partie des précurseurs de l'éducation nouvelle et qui a notamment eu une grande influence sur Maria Montessori. L'enseignement est bilingue (franco-allemand) et la participation des parents dans la vie de l'école est importante.

LA PÉDAGOGIE PIERRE FAURE

Une quinzaine d'écoles confessionnelles appliquent la « pédagogie Pierre Faure », du nom d'un père jésuite (1904-1988) qui a prôné des pratiques pédagogiques inspirées de l'éducation nouvelle et particulièrement de Maria Montessori. L'existence, dans ces écoles, d'une « pédagogie personnalisée » (pour reprendre l'expression de Pierre Faure) est ce qui les rapproche le plus de l'éducation nouvelle. Comme dans les classes Freinet et Pédagogie institutionnelle, chaque enfant dispose, en maternelle comme en primaire, d'un « plan de travail » qui prévoit un certain nombre de tâches qu'il doit effectuer sur une période donnée (par exemple une semaine), en autonomie et dans l'ordre de son choix. Une ou deux heures par jour sont réservées à ce type de tâches, pendant lesquelles les enfants ont la possibilité de se déplacer librement dans la classe pour utiliser le matériel didactique mis à leur disposition. En maternelle au moins, il s'agit notamment de matériel Montessori (lettres rugueuses à suivre du bout du doigt, barres de perles à compter, formes géométriques à emboîter...). Cette pratique permet à chaque enfant de progresser à son rythme et favorise l'entraide, le développement de l'autonomie et du sens de l'organisation.

DOCUMENTATION

Houlon J., Cibois P. 2007. *L'école La Source, osons la confiance*. Paris : Fabert.
- École ouverte des Bourseaux, *L'École mosaïque*, CRDP de l'académie de Versailles, 2005.

EN IMAGES, C'EST MIEUX !

- Duong Jonathan, Girault Maud. *On ne peut pas faire boire un cheval qui n'a pas soif,* film documentaire sur l'école Vitruve, Olam production, 2009.
- HARNOIS Catherine, MEAUDRE Jacques, *Merci Ovide,* documentaire sur l'école Decroly, 2010.
- *Un jour à l'école nouvelle...,* documentaire de Xavier Lavant, sur l'école nouvelle d'Antony, 2003
http://www.xavier-lavant.com

INFORMATIONS PRATIQUES

Les six écoles nouvelles :
- La Prairie (Toulouse) : maternelle (cent trente-cinq élèves) et primaire (cent quatre-vingt-quinze élèves). Sous contrat.
- La Rize (Lyon) : quatre-vingts élèves répartis en quatre classes. Sous contrat.
- L'École d'aujourd'hui (Paris) : maternelle et primaire, cent quarante-trois élèves répartis dans sept classes.
Sous contrat simple, environ 3 000 euros par an
http://www.ecoleaujourdhui.com
- L'École nouvelle d'Antony (Île-de-France) : de 145 à 1 055 euros par trimestre, selon les revenus.
- L'École nouvelle Emily-Brandt (Levallois-Perret) : maternelle et primaire (neuf classes en tout). Sous contrat.
- Le Chapoly (Rhône) : maternelle et primaire, quatre-vingt-dix-sept enfants répartis dans quatre classes. Sous contrat.

Les autres écoles :
– L'école Decroly (Saint-Mandé, Val-de-Marne) : maternelle, primaire, collège. Entrée en petite section essentiellement.
– L'école élémentaire Vitruve (publique, Paris)

Écoles à aires ouvertes (Éducation nationale)
Une centaine d'écoles ouvertes ont existé. Il en reste aujourd'hui quelques dizaines, essentiellement dans l'enseignement primaire.
- École Saint-Merri-Renard (75004 Paris) : maternelle et primaire.
- École Jacques-Prévert (Villeneuve-d'Ascq) : maternelle et primaire.
- École ouverte des Bourseaux (93, Saint-Ouen) : maternelle et primaire.

Les jardins d'enfants
- Les jardins d'enfants de l'OPAC sont situés dans les 12e, 13e, 14e, 15e, 17e, 19e, et 20e arrondissements de Paris.
- Kinder Ecole : 134 rue du Faubourg-saint-Martin, 75010 Paris.

Écoles à pédagogie Pierre Faure
La pédagogie Pierre Faure est essentiellement appliquée en maternelle et primaire. Les écoles concernées sont généralement privées sous contrat : de ce fait, le coût de la scolarité est moins élevé que dans des écoles Montessori ou Steiner.

On trouvera la liste des établissements concernés sur le site de l'association AIRAP (Association internationale de recherche et d'animation pédagogique), créée en 1971 pour promouvoir la pédagogie de Pierre Faure : http://www.airap.org

Les spécificités des collèges et lycées différents

S'il existe des collèges – et des lycées – labellisés Montessori, Steiner, Decroly ou Éducation nouvelle, **les différences entre ces pédagogies sont moins marquées que dans l'enseignement primaire.** En effet, aucune de ces pédagogies n'a été conçue pour des adolescents ou avec des adolescents, puisqu'elles ont été initiées à une époque où peu de jeunes poursuivaient leur scolarité au-delà de 14 ans. Lorsque ces pratiques ont été adaptées à l'enseignement secondaire, les exigences des programmes et de la préparation aux examens (brevet, bac) ont conduit beaucoup d'écoles à adopter un fonctionnement relativement similaire. De plus, la plupart des collèges et lycées différents se réfèrent non pas à un seul de ces pédagogues, mais à plusieurs d'entre eux – ou à aucun.

Les établissements secondaires différents ne se différencient donc pas par les pédagogues auxquels ils se réfèrent mais plutôt **par les priorités qu'ils se donnent***.

Deux grandes logiques peuvent être distinguées : celle des écoles adaptées et celle des écoles intégrales.

Les écoles adaptées

Une partie des novateurs veulent favoriser l'épanouissement des adolescents, se soucient de leur bien-être et du plaisir qu'ils éprouvent dans leurs activités scolaires. Mais ils estiment qu'il est également nécessaire de suivre les programmes, de conserver le découpage en classes et en disciplines, et de préparer aux examens. On peut les qualifier d'écoles adaptées : adaptées aux exigences induites par le système scolaire français, mais aussi adaptées aux besoins de chaque élève, à ses particularités et à ses rythmes.

* Dans mon livre *Des collèges et des lycées différents*, j'ai présenté une typologie des établissements qui se fondait sur les établissements différents ayant existé de 1945 à 2003, dont une partie n'existe plus aujourd'hui. La typologie du présent ouvrage se fonde, elle, sur les établissements existant en 2007-2008. De plus, les établissements présentés sont groupés par niveau (collèges d'un côté, lycées de l'autre) pour faciliter l'accès aux informations. Par conséquent, ces deux typologies ne se recouvrent pas entièrement.

Les collèges et les lycées « épanouissement » sont des établissements où l'existence d'ateliers, de temps de projet ou d'options permet de rythmer le temps scolaire en évitant la monotonie et en relançant l'intérêt. Les enseignants sont très présents et soucieux d'exercer une autorité fondée sur l'adhésion plutôt que sur la contrainte. Les élèves bénéficient d'un suivi individualisé, de temps d'aide au travail, et de nombreuses activités artistiques et culturelles sont organisées.

Les lycées « bac-responsabilisation » s'adressent à des jeunes en difficulté, souvent décrocheurs. Ils font le pari de les responsabiliser en les traitant en adultes et en leur donnant du pouvoir sur leur scolarité. Ils leur offrent la possibilité d'individualiser leur parcours et d'obtenir des soutiens disciplinaires et méthodologiques, et établissent avec eux des relations chaleureuses.

Les écoles intégrales

Pour d'autres novateurs, les écoles différentes doivent se donner comme objectif une éducation globale de l'individu, et les objectifs à long terme (le plaisir d'apprendre, la capacité à travailler en groupe, à s'exprimer, à se documenter sur un sujet donné, à coopérer avec les autres...) importent au moins autant que le suivi des programmes ou la réussite aux examens. Ils veulent donner la priorité à l'acquisition de savoir-faire et à la compréhension, et non à l'accumulation de connaissances, en menant un travail sur le long terme.

On peut les appeler **écoles intégrales** parce qu'elles visent la formation de l'adolescent dans sa globalité et, de par l'intégralité de leur projet, elles s'inscrivent dans une optique de transformation sociale.

Les collèges Freinet proposent un modèle de collège radicalement nouveau. Les classes (sixième, cinquième, quatrième...) sont remplacées par des groupes variables offrant à chacun la possibilité de travailler selon ses besoins et ses intérêts, les projets et les thèmes d'étude pluridisciplinaires occupant une place importante, ce qui permet de donner du sens aux savoirs. Les notes sont supprimées au profit d'une évaluation par validation d'acquis qui valorise les réussites. Un travail important sur les règles de vie collective et sur la résolution des problèmes est accompli dans l'établissement.

Les lycées autogérés, quant à eux, sont gérés par leurs élèves qui votent toutes les décisions concernant les institutions du lycée ou son fonctionnement et disposent d'une grande liberté, les notes, les relevés de présence et les sanctions étant supprimés.

POURQUOI LES COLLÈGES ET LES LYCÉES DIFFÉRENTS SONT-ILS MOINS NOMBREUX QUE LES ÉCOLES PRIMAIRES DIFFÉRENTES ?

Innover dans le secondaire à l'échelle d'un établissement constitue une véritable course d'obstacles. Les difficultés sont nombreuses*.

1. Les instituteurs enseignent toutes les matières. Ils n'ont donc pas besoin de travailler en équipe pour mettre en œuvre une pédagogie différente à l'échelle de leur classe. En revanche, pour innover dans le secondaire, les enseignants doivent être au moins six ou sept à se mettre d'accord sur une même façon de procéder.
De plus, les instituteurs sont relativement autonomes au sein de leur classe, le directeur d'une école primaire ayant un rôle essentiellement administratif. Au collège et au lycée, la hiérarchie est beaucoup plus présente : un groupe d'enseignants motivés ne peut pas décider seul de modifier les emplois du temps pour travailler autrement, par exemple.

2. Les pédagogies actives, le tâtonnement, la démarche de projet... permettent d'acquérir des connaissances et des savoir-faire durables, mais ils consomment beaucoup de temps. Or le baccalauréat est largement fondé sur la mémorisation d'un grand nombre de connaissances. Si les programmes – encyclopédiques dans l'enseignement secondaire français – ne sont pas respectés, les élèves et leurs parents sont rapidement angoissés.

3. La mise en œuvre des pédagogies actives paraît plus facile dans les petites classes, même si cette représentation n'est pas forcément fondée. En effet, de nombreuses situations concrètes permettent aux enfants d'apprendre à lire, à écrire et à compter avec des pratiques actives : partager un gâteau entre les élèves pour apprendre la division ou établir une correspondance entre deux classes pour travailler l'expression écrite... En revanche, enseigner la Révolution française, les équations et le romantisme en littérature avec des méthodes actives est tout à fait possible, mais demande plus de réflexion.

4. Enfin, les collèges et lycées différents reçoivent majoritairement des élèves en difficulté qui viennent là en dernier recours et non par choix des pédagogies actives. Beaucoup d'entre eux considèrent que seuls les cours magistraux sont de « vrais cours ». Lorsque les enseignants leur proposent de travailler en groupe, de faire des recherches documentaires, de préparer des exposés ou une pièce de théâtre, ils n'investissent pas ces pratiques, s'amusent ou bavardent : à leurs yeux, il ne s'agit pas de moments de « vrai travail ». Les enseignants sont alors déçus face à ce qu'ils perçoivent comme un faible intérêt et une passivité des élèves devant leurs pratiques innovantes, et cela peut les conduire à renoncer à une partie de leurs projets initiaux.

* Pour une analyse détaillée de l'histoire, du fonctionnement et des difficultés des collèges et lycées différents, se reporter à mon ouvrage sur le sujet : *Des collèges et des lycées différents*, Paris, PUF, 2005.

Type d'établissement	Principes du fonctionnement pédagogique
Collèges Freinet	Invention d'une forme de collège radicalement nouvelle : - Les classes (sixième, cinquième, quatrième...) sont remplacées par des groupes variables permettant à chacun de travailler selon ses besoins et ses intérêts. - Travail en projet, pédagogie active, interdisciplinarité permettent de donner du sens aux savoirs. - Évaluation par validation d'acquis (pas de notes). - Les règles de vie collective sont décidées collectivement. En cas d'infraction, les problèmes sont réglés par le groupe.
Collèges / lycées épanouissement	- Existence d'ateliers, de temps de projet ou d'options permettant de rythmer le temps scolaire en évitant la monotonie et en relançant l'intérêt. - Une autorité en douceur fondée sur l'adhésion plutôt que sur la contrainte. - Suivi individualisé, temps d'aide au travail, nombreuses activités artistiques et culturelles.
Lycées bac-responsabilisation	- Responsabiliser les élèves en les traitant en adultes et en leur donnant du pouvoir sur leur scolarité. - Possibilité d'individualiser son parcours en fonction de ses besoins : par exemple, ne pas suivre certains cours ou, au contraire, bénéficier d'aide dans certaines matières. - Enseignants et élèves établissent des relations chaleureuses.
Lycées autogérés	- Lycées gérés par les élèves (gestion courante ; vote de toutes les décisions concernant les institutions du lycée ou son fonctionnement). - Grande liberté, les notes, les relevés de présence et les sanctions étant supprimés. - Au lycée expérimental de Saint-Nazaire : fonctionnement pédagogique fondé sur les projets interdisciplinaires (pédagogie Freinet).
Des écoles pour « trouver sa voie » et reprendre pied dans la scolarité	- Durée de scolarité limitée (un an au maximum). - Alternance de stages (milieu professionnel ou associatif) et de temps d'apprentissages individualisés. - Aide à la construction d'un projet personnel et scolaire.
Des formations professionnelles inspirées de l'Éducation nouvelle : les Maisons familiales et rurales	- Se préoccupent de l'éducation des jeunes au sens large. - Internat. - Enseignants ayant un rôle éducatif. - Implication et coopération de tous les adultes responsables de la formation des jeunes. - Alternance école/entreprise, permettant de travailler à partir du concret.

Résultats	Public visé
- Des acquis essentiels pour les élèves : confiance en soi, capacité à résoudre les conflits par le dialogue, travail en groupe, entraide, aller au bout de ses projets... - Manque de données sur les résultats scolaires. - Le collège Anne-Frank et La Neuville réussissent à réconcilier avec l'école des élèves en grande difficulté et leur permettent d'arriver à une maîtrise de leur comportement, à leur redonner le goût du savoir : c'est une réussite importante.	Tous collégiens. Peut convenir à des élèves précoces ou en difficulté, le fonctionnement permettant à chacun de travailler à son niveau, selon ses besoins.
- Bons résultats sur le plan scolaire. - Les novateurs des écoles intégrales considèrent néanmoins que ce modèle n'est pas assez ambitieux.	Tous collégiens et lycéens.
- Bons résultats sur le plan scolaire au regard du public accueilli.	Lycéens mal adaptés au système standard, souvent décrocheurs ou en échec, souvent un peu plus âgés que la moyenne, désireux de s'investir dans la préparation d'un bac général.
- Des acquis essentiels pour les élèves : confiance en soi, capacité à résoudre les conflits par le dialogue, travail en groupe, entraide, aller au bout de ses projets... - Faibles résultats aux examens. - Convient mal à des élèves trop jeunes ou déstructurés qui ressentent l'absence de cadre et de repères comme insécurisante.	Élèves mûrs, responsables, plutôt un peu plus âgés que la moyenne.
- Dans leur domaine, leur réussite est avérée.	Jeunes décrocheurs volontaires, motivés pour reprendre un parcours scolaire.
	Jeunes souhaitant une formation professionnelle (principalement de la quatrième au BTS).

CHAPITRE 3

Les collèges

C'est sans doute pour les collégiens qu'il est le plus difficile de trouver un établissement « différent ». En effet, s'il existe plusieurs dizaines d'écoles maternelles et primaires différentes, les collèges sont beaucoup moins nombreux, notamment en région parisienne, et les places y sont rares.

Concernant la pédagogie, la majorité des établissements adoptent le modèle du « collège épanouissement » qui favorise l'épanouissement des élèves tout en respectant les programmes et le découpage en classes. Les collèges mettant en œuvre des techniques Freinet ou institutionnelle sont nettement moins nombreux.

1. Les « collèges épanouissement » : une scolarité agréable

Suivre les programmes, obtenir le brevet dans un cadre scolaire qui prenne en compte les besoins des élèves et se soucier, bien plus que dans les établissements classiques, de leur épanouissement personnel, du développement de leurs capacités artistiques et corporelles, de leur bien-être et du plaisir qu'ils éprouvent dans leurs activités scolaires : c'est depuis longtemps le pari de certains collèges. Dès 1945, deux cents Classes nouvelles expérimentent déjà un fonctionnement de ce type (cf. encadré). La même année, les écoles Decroly et La Source sont fondées sur les mêmes principes. Depuis les années 1970, un certain nombre de collèges de ce type ont ouvert dans le privé comme dans le public. On en dénombre aujourd'hui une vingtaine.

L'EXPÉRIENCE DES CLASSES NOUVELLES (1945-1953)

Dès 1944, une commission pour la réforme de l'enseignement est mise en place par G. Monod, directeur de l'enseignement du second degré. Elle prépare un projet de réforme de l'éducation en France, le plan Langevin-Wallon. **En 1945, deux cents Classes nouvelles sont ouvertes dans des lycées pour expérimenter ce projet.**

Les effectifs sont limités à vingt-cinq enfants. Les professeurs enseignent souvent plusieurs matières de façon à passer plus d'heures chaque semaine avec les mêmes groupes. Par exemple, l'un enseigne le français, l'histoire et la géographie, un autre l'anglais, l'histoire et la géographie. Ils peuvent suivre les élèves quatre ans de suite et travaillent en équipes interdisciplinaires avec un enseignant coordinateur. La pédagogie se fonde sur « l'intérêt et le besoin d'invention de l'enfant, le développement de son sens social, la connaissance de l'environnement naturel et humain », « la considération de la singularité de chaque enfant [...] et à terme la visée de son épanouissement individuel et social* ». Concrètement, en plus des cours habituels, les élèves réalisent des travaux de recherche et d'enquête, des travaux de groupe – on parle d'« équipes » –, ont des heures de travaux dirigés ou de travaux individuels. On essaie de les associer à l'élaboration des règles de vie et à l'autodiscipline.

Partout, les équipes notent la motivation des élèves, leur intérêt à venir en classe, leur curiosité, leur goût pour les recherches libres et le travail de groupe : les bilans témoignent de la réussite des élèves et de la satisfaction des enseignants. Pourtant, après le départ de G. Monod du ministère de l'Éducation nationale, en 1953, l'expérience ne sera pas étendue.

* Robert A., « L'institution scolaire d'État au risque de l'Éducation nouvelle », *Les Cahiers pédagogiques*, n° 395, juin 2001, p. 21.

Un découpage original du temps et de l'espace

Leurs pratiques pédagogiques se fondent en premier lieu sur la mise en place d'un **découpage original du temps scolaire**.

Les rythmes de l'élève sont pris en compte.

Afin de remédier au fait que, dans le système standard, le premier trimestre est trop long et les bilans trop espacés, l'année est souvent divisée en cinq périodes de six semaines séparées par les vacances.

Dans les établissements classiques, il est fréquent que les élèves aient des trous dans leurs emplois du temps, ce qui se traduit par une ou deux heures de permanence. Ce n'est le cas dans aucun des établissements de cette logique, où **les emplois du temps sont conçus en fonction des élèves** et non des enseignants.

Une pratique fréquente consiste à consacrer au maximum les matinées aux cours dans les matières principales et les après-midi à des activités comme les ateliers ou les projets. Par exemple, au collège Clisthène, l'organisation de la journée est fondée sur les travaux de chercheurs[74] qui ont montré que la performance et la vigilance intellectuelles sont meilleures dans la matinée, baissent en début d'après-midi, puis remontent à nouveau après 15 h 30. Dans ce collège, une journée type commence par un temps d'accueil. Dans la matinée, les élèves suivent deux cours disciplinaires d'une heure et demie chacun, par exemple mathématiques puis français ; l'après-midi est consacré aux ateliers et aux projets ; deux fois par semaine, la fin de la journée est consacrée aux devoirs.

74. Notamment Montagner Hubert, Testu François et Husti Aniko.

Plusieurs heures par semaine (entre 10 et 30 % du temps scolaire) sont consacrées à des activités où les classes et les élèves des différents niveaux sont mélangés. Cela permet d'éviter la monotonie due à la répétition, tout au long de l'année, des séquences d'enseignement identiques, au sein du même groupe classe.

Dans plusieurs collèges, **les enseignements disciplinaires prennent la forme de blocs de cours consacrés à l'étude d'un thème donné pendant une courte période.** Cela évite la dispersion entre de très nombreuses disciplines (cinquante-cinq minutes d'histoire, puis cinquante-cinq minutes de sciences naturelles...) et permet de se concentrer sur telle ou telle question. Régulièrement, on termine l'étude d'une question, on recommence autre chose : avec l'attrait de la nouveauté, la motivation revient. À Decroly, il s'agit de modules d'une durée de huit semaines. Chaque module correspond à un ensemble de séances de cours sur un thème donné (par exemple « volumes » ou « probabilités » en maths) et occupe quatre heures d'enseignement hebdomadaire (deux fois deux heures). Les élèves participent à deux modules par période. Les sciences, la musique, les arts plastiques et la géographie sont traités uniquement en modules ; les autres disciplines (maths, français...) donnent lieu à des cours et à des modules. Au Collège-Lycée expérimental d'Hérouville (CLE), chaque élève choisit deux options correspondant chacune à neuf heures de cours, à raison de deux séances hebdomadaires d'une heure et demie pendant trois semaines. Dans les écoles Steiner, les deux premières heures de chaque matinée sont consacrées à l'étude d'une dominante qui change toutes les trois semaines : par exemple, trois semaines de français, puis trois semaines de mathématiques, d'histoire ou de sciences naturelles.

Dans le même esprit, au CLE et au collège Clisthène, l'année est ponctuée par des semaines interdisciplinaires consacrées à l'étude d'un thème transversal : « le hasard », « les monstres », « l'environnement », « le corps », « la presse », « le cinéma », « l'homme et l'oiseau »... ont été étudiés ces dernières années.

Dans pratiquement tous les collèges épanouissement, les élèves s'inscrivent à des ateliers artistiques, manuels ou sportifs décloisonnés à l'échelle de l'établissement. Ainsi, au collège Clisthène, les arts plastiques, la musique, l'EPS, la technologie, la danse, le théâtre, l'éducation aux médias... sont organisés sous la forme d'ateliers qui occupent trois séquences hebdomadaires de deux heures chaque semaine. Les élèves s'y inscrivent librement à condition de choisir un certain nombre d'ateliers de chaque sorte (musique, EPS...) sur quatre ans et de participer à quelques ateliers obligatoires. Au CLE, les ateliers occupent deux heures par semaine. Dans ces deux établissements, chaque atelier dure un trimestre. Dans les écoles Steiner, c'est généralement en fin de matinée, après les deux heures de dominante disciplinaire, que les élèves se répartissent dans les ateliers consacrés à des activités manuelles et artistiques qui occupent une part importante de l'emploi du temps. Partout, le décloisonnement permet de proposer une grande variété d'activités : au CLE, on peut choisir, notamment, entre les ateliers danse hip-hop, bois, escrime artistique, roman-photo, vidéo, cuisine, chorale ; dans les écoles Steiner, on pratique le jardinage, la menuiserie, la vannerie, le travail des métaux, le dessin, la musique...

Littéraire	Scientifique	Expression corporelle	Artistique
Astérix est-il historix ?	PAO	Escalade	En s'inspirant de l'Art nouveau
L'histoire des États-Unis à travers *Forrest Gump*	Photo numérique	Handball	Le violon dans tous ses états
L'Histoire par l'image	Grec/SVT	Handball	S'exprimer par des formes non figuratives
Histoire du théâtre		Trampoline	Histoire du jazz
Initiation au grec ancien		Volley	Théâtre
Initiation au sous-titrage		Badminton	Un texte à imaginer (arts plastiques)
Découverte de l'Espagne		Relaxation	À partir d'une moto (arts plastiques)

Exemples d'options proposées aux élèves de troisième-seconde (et de façon facultative à ceux de première et terminale) pendant l'année 2004-2005 (CLE).

Il est fréquent que les élèves s'investissent dans des projets ou des réalisations d'une certaine envergure qui favorisent l'interdisciplinarité et/ou le travail en groupe (dans le cas des projets collectifs) et valorisent les réussites. Les réalisations sont généralement exposées lors de portes ouvertes, de fêtes de l'école ou d'autres manifestations, et les élèves en sont très fiers. À Decroly, tous les mercredis matin, trois heures sont réservées aux projets. Au collège Clisthène, ce sont deux séances de deux heures qui leur sont consacrées. Au collège La Prairie, chaque classe adopte un ou deux centres d'intérêt annuels et réalise un projet : « L'année de sixième est l'année du conte. Il est écrit, illustré, édité, lu en public, diffusé par les élèves. Un autre axe est celui de la nature : visites, relevés, enquêtes… L'année des cinquième est actuellement organisée autour de la presse : journal de classe, visites, rencontres avec des journalistes, couverture des événements du collège, usage de la PAO, participation à la Semaine de la presse. En quatrième, on passe à la vidéo : la réalisation d'un court-métrage conclura tout un travail autour des techniques de communication – faire une interview, un reportage, manier le Caméscope, élaborer un story-board, tourner, découper, monter[75]… » Dans les collèges Steiner, les élèves consacrent un nombre d'heures conséquent à la préparation de pièces de théâtre qui sont jouées devant toute l'école. Chaque élève de troisième réalise également un chef-d'œuvre, c'est-à-dire une réalisation artistique, manuelle ou intellectuelle, qu'il présentera à ses camarades, aux enseignants et aux parents : « C'est vraiment des trucs magnifiques, les élèves donnent le meilleur d'eux-mêmes », explique une élève. « Quelques exemples parmi d'autres : biographie de grands-parents survivants de la Shoah, maquettes d'après Léonard de Vinci, télégraphe Morse, étude sur le cheval à travers les âges, calligraphies[76]. »

Pour toutes ces activités, **les élèves de plusieurs niveaux sont parfois mélangés.** Au CLE, les élèves de sixième-cinquième et de quatrième-troisième partagent les options, les ateliers et les semaines interdisciplinaires. Il en est de même à Decroly pour les modules, où se mélangent les élèves de sixième-cinquième, cinquième-quatrième ou quatrième-troisième, ce qui permet de traiter les programmes avec un peu plus de souplesse. Au Collège international Montessori, les élèves sont répartis en groupes de niveaux pour les langues, de façon que chacun travaille à son niveau réel.

75. Auffrand Roger, *op. cit.*
76. http://www.ecoleperceval.com

Dans de nombreux collèges, des heures spécifiques sont prévues pour permettre aux élèves de faire une partie de leurs devoirs dans l'établissement. Ils peuvent alors bénéficier d'aide de la part des enseignants, de conseils pour leur apprendre à s'organiser, d'outils (CDI, dictionnaires...), et s'entraider. Il s'agit d'apporter à tous les élèves le soutien que seuls quelques-uns peuvent trouver auprès de leurs parents ou par le biais de cours particuliers, de façon à réduire les inégalités sociales. Au collège Clisthène, l'aide au travail occupe deux fins de journée (de 16 h 20 à 17 h 30) et se fait dans le cadre du groupe de tutorat rassemblant un tuteur et une douzaine d'élèves de niveaux hétérogènes : sixième, cinquième, quatrième et troisième. Au CLE, le fonctionnement est assez similaire, mais le groupe de tutorat est composé d'élèves de même niveau. Les élèves de sixième et de cinquième ont trois séances d'aide au travail de une heure et quart ; ceux de quatrième et de troisième n'en ont que deux, mais peuvent bénéficier de soutiens spécifiques complémentaires en français et en mathématiques. À La Prairie, ce sont seulement les plus jeunes qui bénéficient de ce type d'encadrement.

Le souci de s'adapter aux besoins des élèves apparaît aussi dans l'organisation de l'espace scolaire. Dans plusieurs établissements (La Prairie, lycée Sophia...), chaque classe dispose de sa propre salle pour les cours qui ne demandent pas d'équipements spécialisés (technologie, arts plastiques...). Ce sont les enseignants qui se déplacent. À La Source et au CLE, les élèves de troisième sont groupés avec ceux de seconde ; à La Source, ils partagent le même bâtiment ; au CLE, ils ont des séquences d'enseignement communes (les « options » : cf. *supra*) et la même cour de récréation. Cela permet de les valoriser, de les tirer vers le haut, d'assurer un passage en douceur vers le lycée. Dans le même état d'esprit, à Decroly, les élèves de CM2 et de sixième suivent un module commun (deux heures par semaine) afin de favoriser la continuité entre ces deux niveaux.

Enfin, en ce qui concerne l'évaluation, les notes existent dans la plupart des collèges de ce type, bien que les enseignants en soient rarement très satisfaits. Des exceptions existent : au collège Calandreta Léon-Cordas, de la sixième à la quatrième l'évaluation prend la forme d'appréciations et de validations d'acquis matérialisées par des barrettes de couleur (rouge, orange, vert). Au collège Clisthène, une expérimentation est en cours dans les classes de sixième pour remplacer les notes par des validations de compétences. À Decroly, les enseignants ne mettent que des appréciations.

Certaines de ces pratiques (aide aux devoirs, projets, interdisciplinarité, contrats d'objectifs, heure de vie de classe) sont aussi – et de plus en plus – cultivées dans des collèges classiques. Mais, dans les collèges épanouissement, elles sont nettement plus fréquentes. Toutes les pratiques décrites ci-dessus ne sont pas mises en œuvre dans tous les établissements : ici, il y aura du tutorat, de l'aide au travail et deux heures d'atelier par semaine, là, des options multiniveaux, la réalisation de projets interdisciplinaires et la participation des élèves aux conseils de classe, ailleurs, ce sera autre chose... Mais **tous font preuve d'une grande inventivité et d'une grande souplesse pour s'adapter aux besoins des élèves et rendre leur scolarité plus agréable**.

UNE JOURNÉE À DECROLY AVEC LA CLASSE DE 5e C

8 h 30 : cours de mathématiques. Il n'y a que treize élèves, entassés dans une toute petite salle. Au menu du jour : la correction d'une fiche de travail sur les fractions que les élèves, qui reviennent juste de classe verte, ont dû réaliser en travail autonome sur place. Additions, soustractions de fractions... en tout, une dizaine d'exercices. Pendant quarante-cinq minutes, la correction se déroule entièrement à l'oral : un élève est interrogé, puis un autre... Je trouve les élèves calmes et attentifs, et l'ambiance me semble agréable. À la fin de l'heure, l'enseignante me dira qu'elle les a surtout trouvés endormis : « En général, ils sont plus dissipés. »

9 h 30 : anglais. L'enseignante, très souriante, les interroge sur le déroulement de leur classe verte. Elle rédige ensuite au tableau un texte à trous qu'ils doivent recopier dans leur cahier en le complétant : « *Our school trip to .... We ...... to Vezac ......* »

– *What do you know about the Beatles* ? demande-t-elle ensuite.

Elle écrit au tableau les informations qu'ils donnent (« *a famous band* »...), puis leur distribue la photocopie d'un article sur la mort de John Lennon.

– Lisez-le et surlignez en jaune ce que vous avez compris.

Ils expliquent ensuite le texte.

À la fin de l'heure, elle leur donne des devoirs à faire à la maison.

10 h 30 : après la récréation, c'est français. Trois élèves sont en retard, mais l'enseignante ne leur fait aucune remarque. Comme les précédents, ce cours se déroule essentiellement à l'oral, dans une ambiance studieuse.

13 heures : l'après-midi commence par un module. Je me rends dans les différentes salles où les élèves sont répartis.
En physique, la séance porte sur la comparaison entre les différentes formes d'énergie : nucléaire, solaire, hydraulique... L'enseignante tente de leur faire lister les types d'énergie existants, puis de trouver leurs avantages et leurs inconvénients. Les élèves, assez agités, ont du mal à se concentrer. Un élève autiste, assisté d'une assistante de vie scolaire (AVS), suit le cours tout en lisant un livre. Il se lève et vient me voir : « Comment tu t'appelles ? »
Module dessin. La consigne me paraît assez stricte : chacun doit dessiner un objet d'une couleur donnée puis peindre le fond d'une couleur opposée. Trois garçons chahutent et se donnent des coups de pinceau plein de peinture sur le visage.
Module français. Appliqués, les élèves écrivent des poèmes sur le thème « Éloge et célébrations ».

15 heures : une partie des élèves se rend en « soutien ».
Pour les autres, la journée est terminée.

Une pédagogie plus active ?

Décrire les pratiques d'enseignement dans les collèges épanouissement, c'est essayer de décrire un verre à moitié rempli ou à moitié plein.

Certains enseignants mettent en œuvre une pédagogie plus active. Le travail en groupe ou la réalisation d'exposés ne sont pas systématiques, mais ils sont plus fréquents que dans les établissements classiques. **Les cours sont souvent dialogués : les enseignants posent beaucoup de questions aux élèves. Les effectifs sont fréquemment réduits, élèves et enseignants se tutoient, l'ambiance est assez détendue :** « C'est assez interactif. Il n'y a pas un prof qui parle pendant deux heures. Il fait réagir les élèves, il les fait réfléchir. Ce n'est pas deux heures de bla-bla. On a des profs assez sympas, ils sont très sérieux, mais, des fois ils font des petites blagues pour détendre l'atmosphère », raconte Valérie, élève au Lycée international Montessori. **Ils valorisent l'entraide :** en classe ou en aide au travail, il est fréquent que les élèves puissent faire leurs exercices à deux. **Les enseignants essaient de partir du vécu des élèves, de leurs intérêts :** ainsi, à l'école Decroly, en cours d'anglais, l'enseignante rédige un texte avec les élèves relatant leur séjour en classe verte (cf. encadré). Dans certains collèges (Clisthène, La Source...), les enseignants rédigent des documents précisant le déroulement des séances, les objectifs à atteindre, les compétences mises en œuvre, le travail personnel à fournir et/ou les évaluations prévues dans chaque matière : cela permet une **clarification des attentes**. Enfin, les sorties et les voyages sont fréquents.

Néanmoins, **les cours auxquels j'ai assisté étaient, à quelques exceptions près, globalement fondés sur un mode traditionnel de transmission du savoir.** Les collèges épanouissement respectent les programmes, le découpage disciplinaire et la division en classes (sixième, cinquième, quatrième, troisième). Schématiquement, les enseignants font leur cours, les élèves notent le résumé, on apprend par cœur sa leçon et on fait les exercices du manuel – n° 7, n° 8 et n° 9, page 212. On sait pourtant qu'il est plus difficile pour les élèves de donner du sens aux savoirs quand les apprentissages sont segmentés. « C'est vrai qu'ici on apprend parce qu'il faut bien apprendre et pas pour le plaisir de connaître », témoigne une mère d'élève.

Une autorité en douceur, fondée sur le dialogue plutôt que sur la contrainte

Dans ces écoles, le principe de l'autorité de l'adulte n'est pas remis en cause, mais les équipes éducatives sont extrêmement attentives à respecter l'élève, à être à son écoute, à établir une relation de confiance, à susciter l'adhésion plutôt que de contraindre.

Les enseignants sont patients et compréhensifs. Ils sont très tolérants vis-à-vis des retards, des bavardages, du travail non fait. Les élèves peuvent généralement sortir de cours pour aller aux toilettes, mâcher du chewing-gum ou porter une casquette sans déchaîner de foudres. Dans aucun établissement je n'ai vu d'enseignant s'énerver, alors que j'ai assisté à des moments d'intense agitation, voire de provocation ou de chahut, de la part des élèves.

Les punitions classiques (devoirs supplémentaires, heures de retenue) existent dans un certain nombre d'établissements du panel, mais les enseignants s'efforcent de ne pas y avoir recours. Ils accordent beaucoup d'importance à **l'écoute et au dialogue. En cas de problème, ils tentent d'abord de discuter avec l'élève concerné, de le raisonner, de le comprendre.** Le nombre limité d'élèves, les activités communes, la disponibilité des adultes... favorisent une connaissance réciproque des enseignants et des adultes qui rend le règlement des conflits plus aisé. Le recours aux parents et au tuteur est également très fréquent.

UN ÉLÈVE PÉNIBLE, UNE ENSEIGNANTE SÉVÈRE... ET BEAUCOUP DE DIALOGUE

« En bilan, Jérémie s'est plaint que je sois trop sévère et injuste. Sa tutrice me rapporte qu'il y a eu toute une discussion autour de cela. Plusieurs élèves n'étaient pas d'accord avec lui et lui ont fait remarquer qu'il était pénible et qu'il n'avait qu'à se calmer. Jérémie prend les choses à cœur, il est malheureux, dans une situation délicate, me dit sa tutrice. Elle me demande qu'on se rencontre tous les trois, elle servant de médiateur. La discussion est longue entre Jérémie et moi, chacun accusant l'autre, restant ferme sur ses positions. Nous nous quittons non réconciliés. Je suis en colère contre lui, et même contre ma collègue... et contre cette école où les élèves ont tous les droits, ma parole ! Puis, le temps de l'émotion passé, j'y vois un peu plus clair. Lors des cours suivants, cela se passe mieux entre Jérémie et moi. Nous avons eu le temps de faire la part des choses chacun de notre côté. Nous avons, malgré tout, entendu ce que l'autre avait à dire », raconte une enseignante du CLE*.

Ce témoignage montre bien que dans cet établissement :

– la parole circule, et cela permet d'améliorer les relations entre élèves et enseignants ;

– le ressenti de l'enfant est pris au sérieux. Dans un établissement traditionnel, un élève agité qui se plaindrait de la sévérité de son enseignant n'aurait probablement pas ému grand monde. Ici, sa tutrice en tient compte : « Il est malheureux, il prend les choses à cœur » ;

– le vocabulaire utilisé est révélateur du fait que la relation enseignant-enseigné reste fondée sur un rapport d'autorité relativement traditionnel : l'enseignante est « sévère », « injuste », et l'élève « n'a qu'à se calmer ».

* Charpentier Chantal, « Enseigner l'EPS au CLE », in Rey Françoise, Sirota André, *Des clés pour réussir au collège et au lycée*, ERES, 2007, p. 139.

Dans quasi tous les établissements, les élèves sont régulièrement réunis en petits groupes pour un conseil ou une réunion de classe qui permet aux enseignants de soulever certains problèmes et de responsabiliser les élèves en discutant avec eux. Ainsi, dans un conseil auquel j'assiste au CLE, l'ordre du jour porte sur le gâchis des serviettes à la cantine : l'enseignant présente la situation et essaie d'amener les élèves à proposer des solutions. Les adolescents peuvent également s'exprimer sur la vie de l'école, que ce soit pour critiquer ou proposer une amélioration. Ainsi, deux élèves du CLE me racontent qu'elles ont demandé et obtenu la réouverture d'une salle de détente qui avait été fermée. Néanmoins, à la différence de ce qui se passe dans les collèges Freinet ou les lycées autogérés, ce n'est pas un lieu de décision ni d'exercice d'un réel pouvoir des élèves.

Les relations enseignant-élèves

Dans presque tous les établissements, **chaque enseignant est tuteur d'une dizaine d'élèves.** Il fait régulièrement le point avec eux, les conseille dans leurs choix d'orientation, rencontre leurs parents dont il est l'interlocuteur privilégié. Dans certaines écoles, il anime les réunions de classe et aide les élèves pour leurs devoirs. Le tuteur est aussi celui en qui l'on a confiance, qui peut aider : « Si on a des problèmes chez nous... Notre tutrice, par exemple, je sais que, si on a un problème, on peut lui en parler, c'est un peu comme une confidente », expliquent des élèves de terminale du CLE.

Enseignants et élèves se retrouvent en cours mais aussi dans d'autres activités (projets interdisciplinaires, tutorat, soutien individualisé, sorties, voyages, entretien de l'école...) qui leur permettent de sortir de leurs rôles respectifs, de discuter, de mieux se connaître. Les enseignants sont présents un grand nombre d'heures par semaine dans l'établissement : lorsque les élèves ont besoin de se confier, d'avoir un avis ou d'obtenir une aide, ils trouvent toujours un adulte disponible. Le tutoiement et l'usage des prénoms sont de rigueur partout. **Les relations entre élèves et enseignants sont donc, de façon générale, détendues et chaleureuses.**

Néanmoins, dans tous les établissements où je me suis rendue, il m'est arrivé pendant les séances auxquelles j'ai assisté, de constater que quelques élèves dissipés cherchent à s'amuser plutôt qu'à travailler, sabotent délibérément le cours et ne font que le minimum demandé. Dans quelques collèges, les relations enseignant-élèves avaient pris la forme de jeux d'affrontement (je lance des boulettes en cours, tu me mets une heure de colle, je t'insulte...). Certes, de tels comportements s'observent quotidiennement dans les établissements standards, mais je ne les ai constatés dans aucun des autres établissements « différents » où enseignants et élèves ont des relations fondées davantage sur la coopération. Cela est probablement dû au fait que, dans ces écoles, les élèves sont plus encore qu'ailleurs partie prenante de leur scolarité, investis dans leur désir de réussir.

Et dans les collèges labellisés Steiner, Montessori ou Pédagogie institutionnelle ?

Même si, dans leurs grandes lignes, les collèges épanouissement ont un fonctionnement similaire et que le clivage entre les établissements se revendiquant de tel ou tel pédagogue n'est pas essentiel dans le secondaire, certains **présentent des caractéristiques singulières.**

C'est particulièrement vrai pour les neuf écoles Steiner comportant une section collège. Comme dans les écoles maternelles et primaires Steiner (cf. chapitres précédents), l'enfant appartient à un groupe classe inchangé durant toute sa scolarité, et le redoublement n'existe pas ; la journée commence par la récitation d'un poème-prière rendant hommage à la nature, puis, par roulement, d'un poème personnel ; les deux heures suivantes sont consacrées à l'étude d'une dominante ; les activités manuelles et artistiques ont toujours une place importante, ainsi que l'enseignement de l'eurythmie (environ deux heures par semaine) ; les manuels ne sont pas ou peu utilisés.

Comme en primaire, les élèves étudient chaque année des thèmes bien spécifiques. Ainsi, les collégiens abordent la physique en sixième. En cinquième, ils se penchent particulièrement sur l'histoire des grandes civilisations et sur le monde des plantes, l'étude de ces thèmes se faisant dans les différentes disciplines. En quatrième, ils étudient la civilisation romaine et les grandes invasions jusqu'au Moyen Âge. « Les sciences telles la minéralogie, la géographie, la physique, l'acoustique, l'optique, la chaleur, l'électricité peuvent être abordées à cet âge afin de répondre au besoin de l'enfant de s'ouvrir à la relation de causalité. En septième et huitième classe (13-14 ans), au moment de la puberté, la naissance du moi l'amène à s'intéresser davantage au monde social, à l'humanité entière. Il est alors considéré comme prêt à aborder des apprentissages plus abstraits. Le maître présente alors les grandes découvertes et les inventions du monde moderne, les conditions matérielles et économiques des sociétés. L'étude des processus naturels se poursuit parallèlement avec la chimie et la biologie, tout en approfondissant la physique[77]. »

77. Article sur les écoles Steiner, Wikipédia.

La pédagogie Waldorf stipule que les élèves doivent être suivis par le même enseignant pendant sept ans, de 7 à 14 ans. Dans la pratique, il est fréquent que cet enseignant unique soit remplacé par une équipe de professeurs des différentes disciplines dès la sixième, en raison des exigences des programmes du secondaire. C'est aussi à partir du collège que les notes sont introduites et que les bulletins deviennent plus fréquents. Le sport fait également son apparition, remplaçant les jeux de plein air pratiqués jusqu'à la fin du CM2. Les devoirs augmentent de volume et prennent un caractère obligatoire[78].

À la fin de la troisième, chaque élève réalise un chef-d'œuvre. Dans beaucoup d'écoles, les adolescents de 14-15 ans effectuent des stages qui leur permettent de découvrir autre chose que la ville : « Les stages en forêt ou à la ferme, les séjours dans des lieux peu civilisés ou encore les randonnées de plusieurs jours dans des conditions précaires permettent à des élèves parfois déjà trop empêtrés dans la société de consommation de prendre un peu de recul[79]. »

Qu'en est-il de l'orientation en fin de collège ? « Lorsque les enfants atteignent 15 ou 16 ans [...], le coordonnateur de l'école les reçoit un par un avec leur famille, pendant une heure ou plus [...] pour faire le point et examiner leur désir d'orientation. [...] Au cours de cet entretien, un peu solennel et qui constitue un temps fort dans la scolarité du jeune, l'équipe de direction peut être amenée à conseiller au jeune de quitter l'école pour poursuivre dans la voie qui l'intéresse », écrit Cécile Delannoy qui a enquêté dans plusieurs de ces établissements. Mais, ajoute-t-elle, ceux qui refusent de partir vers un lycée professionnel peuvent rester : ce choix est accepté par l'école[80].

Les écoles Calandretas proposent un enseignement en occitan inspiré de la pédagogie Freinet et de la Pédagogie institutionnelle (cf. p.160). Depuis 1997, il existe un collège Calandreta, le collège **Leon-Cordas**. Les cours se déroulent uniquement en occitan, et l'établissement ne reçoit donc que des enfants ayant déjà effectué leur scolarité primaire dans une école

78. Carlgren Frans, *op. cit.*, p. 179.
79. *Ibid.*, p. 195.
80. Delannoy C., *Élèves à problèmes, écoles à solutions ?*, Paris, ESF, 2000, p. 71.

Calandretas. Les élèves habitant souvent assez loin, les cours sont groupés sur quatre jours (lundi, mardi, jeudi, vendredi) et l'établissement dispose d'un petit internat où la moitié des élèves dorment le mardi et le jeudi.

Les élèves ne sont pas notés. Des niveaux d'autonomie (de 1 à 4) leur sont attribués en fonction de leur comportement : « On prend en compte plusieurs choses : est-ce qu'il pense à amener systématiquement ses affaires, sa trousse, etc. Est-ce qu'il parle l'occitan avec aisance ou pas... Le niveau le plus haut, qui est le 4, peut prendre en charge les autres élèves. Par exemple, au CDI, un élève de niveau 4 peut faire une recherche avec des élèves de niveaux inférieurs sous sa responsabilité. Les élèves de niveau 4 gèrent aussi ce qu'on appelle le "barcop" où ils vendent des goûters pour les interclasses du matin et de l'après-midi. Ils font les courses, ils fixent les prix et ils vendent aux élèves pendant le temps de récréation », explique une adulte de l'établissement.

Un deuxième **collège Calandreta** a ouvert récemment près de Pau.

Trois collèges se réclament de la pédagogie Montessori. L'enseignement y est axé davantage sur la manipulation et l'individualisation des apprentissages ; les élèves font beaucoup de recherches documentaires et d'exposés.

Résultats

D'une part, les acquis scolaires des élèves des collèges épanouissement sont équivalents à ceux des établissements standards. Les résultats au brevet sont à considérer avec précaution puisque son obtention dépendait, jusqu'en 2007, en partie des notes attribuées pendant les années de quatrième et de troisième. On peut néanmoins donner quelques chiffres[81]. Le collège de La Source annonce 99 % de taux de réussite au brevet des collèges en 2007. Au Lycée international Montessori, la même année, vingt-six élèves sur vingt-sept ont été reçus. Le collège Clisthène a obtenu en 2006 un taux de 85 % de réussite pour la première promotion ayant passé quatre ans à Clisthène ; en 2007, 95,8 % ont obtenu le brevet (avec 60 % de mentions) : c'est le meilleur résultat du département. Il n'existe pas de données chiffrées récentes sur les résultats au brevet ni sur l'orientation des élèves des autres établissements de ce panel.

81. Les données concernant les autres établissements ne sont pas connues.

D'autre part, l'ambiance de ces établissements est généralement bonne. Les violences et les incivilités sont très rares, et les élèves se disent heureux de venir. Les collèges épanouissement constituent donc un choix de compromis offrant aux élèves une scolarité plus agréable sans modifier fondamentalement l'organisation scolaire.

i INFORMATIONS PRATIQUES

Établissements publics :

- **Collège Clisthène (Bordeaux, Gironde).** Une centaine d'élèves répartis en quatre classes (sixième, cinquième, quatrième, troisième). Les élèves de Clisthène sont recrutés à 90 % sur la carte scolaire du collège du Grand-Parc. Les 10 % restants, recrutés hors carte scolaire, sont réservés soit à des élèves en difficultés particulières, soit à des situations spécifiques évaluées par l'équipe éducative du collège. Les élèves intéressés doivent être volontaires et envoyer un dossier en mars-avril. L'affectation est décidée en juin par la commission de l'inspection incluant des représentants des fédérations de parents d'élèves, des principaux de collèges du secteur et l'équipe de direction.

- **Collège Decroly (Saint-Mandé, Val-de-Marne).** Environ cent soixante élèves (deux classes à petit effectif par niveau). Beaucoup d'élèves y entrent en maternelle et y effectuent toute leur scolarité. Il est également possible d'intégrer l'établissement en CP et en sixième, et exceptionnellement en cours de cycle. Les demandes étant très nombreuses, les places sont attribuées lors d'un tirage au sort en mai.

- **Collège-Lycée expérimental (CLE) (Hérouville-Saint-Clair, Calvados).** Accueille environ cent soixante-dix élèves au collège. Des réunions d'information, des visites de l'établissement, des entretiens de préinscription et des ministages sont organisés de mars à mai (un calendrier est disponible sur le site de l'école). En sixième, la moitié des places est réservée aux élèves issus des écoles ouvertes d'Hérouville. Pour les places restantes, la priorité est donnée aux fratries, aux élèves habitant à proximité (Caen et agglomération) et à l'hétérogénéité de la population scolaire.

Établissements privés :

– **La Prairie (Toulouse, Haute-Garonne).** École privée sous contrat (frais de scolarité en fonction du quotient familial), allant de la maternelle à la troisième, affiliée à l'ANEN. Environ cent-quarante élèves, répartis dans huit classes de collège (dix-sept enseignants et une documentaliste).

– **Lycée international Montessori Vive l'enfance (Bailly, Yvelines).** École privée hors contrat, du CP à la terminale. Environ 5 000 euros par an. Importance de l'enseignement des langues (sept heures d'anglais par semaine ; possibilité de passer des diplômes anglais).

– **École Montessori Un monde de découverte (Grenoble, Isère).** École privée hors contrat, du CP à la troisième.
Site : http://perso.wanadoo.fr/UMDD

– **Centre Montessori Les Pouces verts (Mouans-Sartoux, Alpes-Maritimes).** Comprend une classe d'âges mélangés (12-15 ans).

– **Collèges Steiner : neuf écoles Steiner comportant une section collège** (cf. liste p. 313). Ceux de Chatou et de Verrières, en Île-de-France, sont sous contrat.

– **Collège Calandreta Leon-Cordas (Grabels, Hérault).** Cet établissement privé sous contrat (coût de la scolarité : 1 500 euros par an environ) accueille de quatre-vingts à quatre-vingt-cinq élèves, répartis dans quatre classes de la sixième à la troisième.
Site : http://collegi-calandreta-leon-cordas.ouvaton.org

– **Collège Calandreta de Gascogne.**
http://anaram.pagesperso-orange.fr/collegi–calandreta.htm

– **La Source (Meudon, Hauts-de-Seine).** Accueille deux cent trente-trois élèves de la sixième à la quatrième (les élèves de troisième font partie du lycée). Options latin et chinois ; option section européenne en quatrième. Coût : 1 725 euros par an. École privée sous contrat.

– **Lycée Sophia (Ablon-sur-Seine, Val-de-Marne).** Établissement privé hors contrat, allant de la sixième à la terminale. Reçoit une vingtaine d'élèves de la sixième à la troisième. Frais de scolarité : de 250 à 305 euros par mois selon les revenus des familles.

– **Le collège Saint-Louis-de-la-Guillotière (Lyon, Rhône) et le collège Notre-Dame-de-Mont-Roland (Dole, Jura)** ont été innovants dans les années 1970. Certains aspects ont été maintenus. Au collège Saint-Louis, les élèves peuvent construire partiellement leur emploi du temps. Quant au collège Notre-Dame-de-Mont-Roland, il est scindé en sept mini-collèges, petites unités de cent vingt élèves et dix enseignants, ce qui permet plus de souplesse dans la gestion pédagogique.
http://www.centresaintmarc.org et http://www.college-mt-roland.com

– **Collège associatif de St-Martin-Château (Creuse).** Un petit projet associatif porté par une quinzaine de parents.

– **Collège international écologique Montessori (Ille-et-Vilaine)**
Collège privé hors contrat (frais de scolarité en fonction des revenus) :
http://www.college-montessori.org

– **Collège Corbilo (Loire-Atlantique)**, spécialisé dans la prise en charge des enfants précoces : http://ecolecorbilo.eklablog.fr

– **Collège WI SCHOOL (Paris)**. Un collège privé hors contrat à petit effectif proposant un enseignement bilingue et utilisant la pédagogie Montessori.

Plusieurs écoles différentes privées hors contrat n'ont pas été prises en compte dans cette enquête : l'**institut Leschi** (Marseille, hors contrat, de la sixième à la terminale), le **collège Les Chemins** (Aix-en-Provence, hors contrat, de la sixième à la terminale), l'école **Jacques-Prévert** (Bordeaux, hors contrat, de la sixième à la terminale), l'**École alsacienne**, les **écoles actives bilingues** (cf. fin d'ouvrage).

DOCUMENTATION

– Équipe du collège Clisthène : Rapport d'étape 2004-2005 :
http://clg.clisthene.bordeaux.ac-bordeaux.fr
– Rey Françoise, Sirota André, *Des clés pour réussir au collège et au lycée. Témoignages et réflexions sur le Collège-Lycée expérimental d'Hérouville-Saint-Clair*, Érès, 2007.

2. Les collèges Freinet-Pédagogie institutionnelle : un modèle de collège radicalement nouveau

Les « collèges épanouissement » constituent un modèle de collège différent abouti : le plaisir que les adolescents ont à s'y rendre et la réussite scolaire qu'ils permettent sont des éléments de réussite essentiels. Mais, aux yeux de certains enseignants et éducateurs, respecter les adolescents, être à leur écoute, établir avec eux une relation de confiance, s'adapter à leurs rythmes (ateliers et temps de projet permettant d'éviter la monotonie), à leurs besoins (suivi individualisé)... ce n'est pas suffisant. En effet, affirment-ils, l'essentiel est ailleurs : donner du sens aux savoirs. Les apprentissages ne doivent donc pas suivre l'ordre préétabli des programmes, mais partir des intérêts et des interrogations des élèves.

Ces enseignants et éducateurs se donnent des objectifs ambitieux : permettre la réussite de tous et favoriser non seulement la transmission de connaissances, mais aussi et surtout la formation de citoyens autonomes, critiques et créatifs, capables de comprendre le monde qui les entoure dans sa complexité, de penser par eux-mêmes, de s'exprimer, de monter des projets individuels et collectifs, de coopérer.

Depuis plus d'un demi-siècle, un certain nombre d'expériences dans ce sens ont été menées, mais peu ont perduré, car cette transformation radicale des pratiques pédagogiques est encore trop éloignée des représentations que les élèves, leurs parents et les responsables institutionnels se font de l'enseignement secondaire. Les fermetures récentes des collèges publics expérimentaux de Brest (ouvert en 2001 et fermé en 2006) et du Cantal (2001-2009) en témoignent.

Il existe aujourd'hui en France quatre collèges Freinet-PI. La Neuville est un petit internat rural de Seine-et-Marne ouvert en 1973, accueillant les enfants du CP à la troisième. Son fonctionnement, très largement marqué par la pédagogie institutionnelle, a été imaginé avec l'aide et le soutien de Françoise Dolto et de Fernand Oury. Le collège expérimental Anne-Frank du Mans, qui a vu le jour en 2001, ne se revendique pas d'un pédagogue en particulier, mais reprend des éléments à plusieurs d'entre eux (Freinet, Montessori...). Le collège lycée expérimental Freinet (CLEF) de La Ciotat, ouvert en 2008, a été initié par des praticiens du mouvement Freinet. Il est constitué de quatre classes de collège (de la sixième à la troisième) incluses dans un collège traditionnel (Jean-Jaurès) et de trois classes de lycée incluses dans un lycée traditionnel (lycée Auguste-et-Louis-Lumière). Enfin, dans le Vaucluse, la toute petite structure RECREES (Réseau d'enfants créatifs et écologiquement solidaires), qui groupe depuis 2010 une dizaine d'adolescents dans une classe de collège multi-niveaux, se réfère elle aussi à la pédagogie Freinet.

L'invention d'une organisation du temps scolaire radicalement différente

Chacun à leur manière, les collèges Freinet-PI inventent un modèle d'organisation scolaire différent.

Au collège Anne-Frank, il n'existe pas de classes de sixième, cinquième, quatrième ou troisième. Chaque élève relève d'un groupe d'appartenance fixe composé d'un enseignant et de dix élèves de niveaux différents. Les élèves se réunissent tous les matins pour faire leurs devoirs (avec l'aide éventuelle de l'enseignant ou d'un autre élève) ou leur travail personnel, discuter avec leur tuteur du choix de tel ou tel cours, faire le point sur leurs acquis. « Ces réunions permettent aux élèves de faire leurs devoirs et d'apprendre leurs leçons, de continuer les apprentissages, d'organiser l'emploi du temps et les choix, de parler des évaluations et de l'orientation, de réaliser des recherches, de travailler à plusieurs, de favoriser l'aide et l'entraide », expliquent les enseignants. Pour le reste, chaque élève construit son propre emploi du temps en fonction de son niveau, de ses intérêts et des exigences du programme... avec les conseils de son tuteur. Il choisit quatre types d'activités : séquences, cours au choix, projet long terme et ateliers.

– Les séquences (douze heures/semaine) : ces blocs de cours constituent en quelque sorte l'équivalent des UV à l'université. Toutes les cinq semaines, les élèves s'inscrivent à un cours de leur choix pour une séquence bleue, une rouge, une verte et une jaune.

DES SÉQUENCES DE COURS À CHOISIR LIBREMENT

Quelques-unes des vingt-deux séquences au choix proposées en mars 2008 au collège Anne-Frank.

Séquences rouges
– *Français*. L'amour et ses chansons, en français, anglais, espagnol... Les anciennes, les récentes. On en cherche, on en apporte, on les étudie, on en écrit...
– *Technologie* (Sylvain). Création d'une extension d'un jeu de société, Jungle Speed.

Séquences vertes
– *Français*. La lettre : histoire de la lettre, lecture de lettres d'auteurs, mise en page, écriture...
– *Histoire*. La révolution industrielle pour tous (séquence assez difficile). Permet de travailler l'idée de révolution.
– *Mathématiques*. Calcul numérique : PGCD, fractions, racine carrée.
– *Sciences physiques* (séquence facile). Étude de la lumière. Nous allons nous poser les questions suivantes : Comment éclairer et voir un objet ? D'où vient la lumière ? Comment se propage-t-elle ?

Séquences jaunes
– *EPS*. Danse contemporaine.
– *Géographie*. Sauvons la planète : écologie et développement durable.
– *SVT*. Environnement et développement durable.

Les cours au choix, beaucoup plus courts (trois heures hebdomadaires), permettent de réviser un point précis ou de s'initier à quelque chose de tout à fait nouveau. On peut par exemple réviser les conjugaisons, s'initier aux échecs, au latin, au solfège, à la calligraphie.... Ainsi, chacun a plus de chances de découvrir un domaine qui l'intéresse. Un parent ou un élève peut proposer un sujet et l'animer avec un professeur.

	Lundi	Mardi	Mercredi	Jeudi	Vendredi
8 h 25 9 h 50	Tutorat	Vie collective puis tutorat	Projet collectif	Tutorat	Tutorat
9 h 50 10 h 50	Pause	Pause	Pause	Pause	Pause
10 h 50 11 h 50	Séquence **verte**	Séquence **verte**	Projet collectif	Séquence **bleue**	Séquence **verte**
11 h 50 12 h 30	Séquence **rouge**	Séquence **rouge**		Séquence **jaune**	Séquence **jaune**
12 h 30 14 h 25	Repas	Repas		Repas	Repas
14 h 25 15 h 20	Séquence **bleue**	Séquence **bleue**		Cours au choix	Atelier
15 h 20 15 h 35	Pause			Pause	Pause
15 h 35 17 h	Rendez-vous			Cours au choix	Atelier

Une semaine au collège Anne-Frank.

Les projets collectifs : à caractère artistique, sportif ou autre, ils permettent aux élèves de mettre en œuvre leurs savoirs ou de susciter le besoin d'en acquérir d'autres en créant, par exemple, une émission de radio, un journal ou une pièce de théâtre.

Les ateliers, d'une durée de trois semaines, sont consacrés aux activités manuelles : couture, peinture à l'huile, réalisation d'une BD en espagnol...

Les activités proposées ayant une durée limitée, toutes les deux (ou trois, quatre, cinq) semaines, les élèves terminent quelque chose et valident leurs acquis : cela donne un sentiment de réussite. Le sentiment de « recommencer quelque chose de nouveau » permet aussi de relancer régulièrement l'intérêt. Enfin, l'organisation en séquences permet de travailler plus facilement sur des thèmes pluridisciplinaires.

Le fonctionnement du CLEF de La Ciotat et de la classe RECREES est davantage inspiré de l'organisation des classes primaires Freinet. Dans cette pédagogie, la mise en œuvre de projets, choisis par les élèves et mettant ceux-ci dans des situations de communication et d'expression réelles, joue un rôle central. En effet, c'est en réalisant son projet que l'élève prendra conscience de ses besoins en termes de savoirs (par exemple, s'informer sur la Révolution française pour monter une pièce de théâtre historique, ou comprendre des phénomènes physiques pour construire un engin solaire) et de savoir-faire (par exemple, savoir écrire un texte correctement ponctué et orthographié pour le journal de l'école). L'élève prend ainsi conscience de l'intérêt, de la raison d'être des connaissances et des compétences à acquérir : l'école « a du sens ». Il va alors, à partir de ses besoins, déterminer son programme de travail personnel, sur lequel il planchera pendant les heures de la semaine consacrées au travail individualisé.

Au CLEF de **La Ciotat**, chaque lundi après-midi, les élèves travaillent sur un projet de leur choix, dans le cadre d'un atelier groupant des élèves de niveaux différents : « Le professeur de la matière est là pour les aider et pour leur donner des pistes afin d'avancer dans leur projet, ou même pour leur donner un projet s'ils n'en ont pas. Le projet peut être une recherche, une conférence, un texte libre... Il peut être sous forme de texte, de vidéo, d'enregistrement... Il faut tout de même que le professeur soit d'accord, mais, à part cela, la seule limite est la créativité de l'élève. Chaque élève donne son idée-projet aux autres au début de l'atelier (sauf s'il n'en a pas) et précise s'il compte travailler seul ou en groupe, puis il présente ce qu'il a fait à la fin de l'atelier », explique une élève. Il peut s'agir, par exemple, de faire fonctionner les différents médias du collège ouverts sur le monde (journal, site Internet, radio...), de monter une pièce de théâtre, de concevoir une exposition, une journée portes ouvertes, un court-métrage...

Tous les quinze jours, chaque élève établit un **contrat de travail individualisé** où il définit les travaux qu'il effectuera pendant les cinq ou six heures hebdomadaires de son emploi du temps consacrées au travail individualisé. Une partie de ce travail est imposée : il s'agit, par exemple, des devoirs communs à tous les élèves d'une classe. Une autre partie est libre : il peut s'agir de travaux de recherche, de la préparation d'une conférence (type particulier d'exposé, visant à répondre en un temps réduit à une question précise, qui sera présenté aux autres élèves), de lectures et de comptes rendus de lectures, de l'écriture d'un texte (sans forme ou thème imposés : récit fictif, poésie, narration, texte historique...), de fiches d'exercices, de mémorisation... Le travail individualisé se déroule au sein d'un groupe fixe composé d'élèves de différents niveaux (pour favoriser le tutorat entre pairs) et d'un professeur tuteur. Pendant ces séances, les élèves peuvent se rendre au CDI, utiliser les ordinateurs ou consulter un enseignant d'une discipline donnée : tous les professeurs et les élèves étant en travail individualisé au même moment, toutes les personnes ressources sont présentes.

Plusieurs fois dans l'année, les élèves présentent un travail dont ils sont fiers à leurs pairs et/ou aux parents et curieux. Ce travail peut être présenté oralement (lecture d'un texte, récitation, montage vidéo) ou montré et expliqué. C'est l'« exposition des réussites », qui motive les élèves, les valorise, les entraîne à prendre la parole en public.

Ces temps de projet et de travail individualisé occupent l'essentiel des après-midi. Les matinées sont réservées au temps de cours disciplinaires en groupe classe (sixième, cinquième...), dont l'organisation temporelle est plus traditionnelle, mais pendant lesquels une pédagogie active est privilégiée.

La classe de collège RECREES comprend elle aussi une alternance de temps de projets individuels ou collectifs (chefs-d'œuvre, voyage, classe verte, exposé, spectacle, potager, junior entreprise...), de temps de travail individualisé (au moins une heure par jour), et de temps d'apprentissage plus « scolaires ».

À La Neuville, les élèves se répartissent également dans plusieurs groupes différents selon les moments de la journée. Dans ce tout petit internat, il n'y a pas suffisamment de collégiens ni d'enseignants pour constituer des classes. Au-delà du primaire, les élèves travaillent essentiellement à partir des cours du Centre national d'enseignement à distance (CNED). Les matinées sont consacrées au travail « scolaire ». Le reste de la journée, ils choisissent de participer à l'une des activités proposées, rassemblant des enfants de tous les âges : gestion de l'école, activités sportives, artistiques ou manuelles (théâtre, chant, danse, menuiserie, photographie, beaux-arts, natation, football...).

Que ce soit au Mans, à La Ciotat à La Neuville, les élèves établissent donc eux-mêmes une partie de leur programme de travail, et donc de leur emploi du temps, en fonction de leurs acquis, de leurs lacunes et de leurs centres d'intérêt. Ils appartiennent à un groupe fixe, mais aussi à des groupes de travail à géométrie variable. Ce système présente plusieurs avantages.

– Chaque élève peut choisir ses activités en fonction de ses besoins, mais aussi de ses intérêts et de sa curiosité. **Le simple fait de choisir son travail est, en soi, motivant**.

– Tous les jeunes du même âge n'ont pas les mêmes acquis, ni le même niveau, ni les mêmes expériences, dans toutes les matières. Ce fonctionnement permet à chacun de **travailler à son niveau réel dans chaque discipline**. Naïma, 12 ans, élève au collège expérimental du Mans, est une enfant précoce : ici, elle peut suivre certains enseignements de niveau quatrième ou troisième et satisfaire sa curiosité dans de nombreux domaines. Tandis qu'Élisa, 14 ans, élève en difficulté, suit essentiellement des cours de niveau sixième en français et mathématiques. En revanche, en technologie, en EPS et en anglais, elle a déjà validé de nombreuses compétences. Comme Hugo, élève à La Neuville, qui peine sur les cours du CNED, mais est apprécié pour son investissement à l'atelier cuisine et est l'un des meilleurs footballeurs de l'équipe. Dans ces écoles, aucun élève n'est jamais étiqueté « bon » ou « mauvais », « en retard » ou « en avance » : chacun réussit quelque part et avance à son rythme.

Le risque posé par un fonctionnement de ce type est que les enseignants peuvent n'avoir qu'une vision morcelée du parcours des élèves et ne puissent pas suivre leurs progrès, puisque les groupes sont sans cesse remaniés. Ce problème ne se pose pas dans les établissements concernés, les effectifs étant très faibles (une centaine d'élèves dans les collèges Anne-Frank ou au CLEF, quarante à La Neuville), ce qui permet à chaque enseignant de bien connaître tous les élèves.

Une pédagogie active

Dans les établissements étudiés, la pédagogie mise en œuvre fait souvent appel à **l'activité de l'élève** et très peu aux cours magistraux. C'est le cas dans un cours de mathématiques auquel j'assiste au collège Anne-Frank. Les élèves rassemblés constituent le groupe le plus faible dans cette matière (niveau CM2-sixième). Ils arrivent, s'installent autour des tables, qui sont groupées en carrés et non alignées face au tableau.

« Vous devez mesurer quelle distance (en mètres) un élève parcourt dans l'école en une semaine, annoncent les deux enseignants présents. Essayez de chercher une solution individuellement ou en petits groupes, et à la fin de la séance, nous mettrons les résultats en commun. »

Les élèves se mettent assez rapidement au travail après avoir demandé quelques précisions. Certains travaillent seuls, d'autres préfèrent réfléchir en petit groupe, ce qui est manifestement encouragé par les enseignants. Deux élèves arpentent la salle avec un mètre en bois, réalisent une approximation puis essaient, à l'aide de l'emploi du temps, de calculer combien de fois l'élève parcourt ce trajet dans la semaine. Un autre, debout sur une table, mesure la longueur d'une des dalles du plafond puis compte le nombre de dalles pour connaître la taille de la pièce. Beaucoup quittent la salle de classe. Deux élèves arpentent le couloir en essayant de mesurer la distance parcourue en calculant la longueur d'un pas puis le nombre de pas nécessaires. D'autres, installés dans l'escalier, comptent les marches pour mesurer combien de mètres on parcourt en montant ou en descendant un étage et se lancent dans des opérations compliquées. Certains peinent sur des multiplications, d'autres font des calculs beaucoup plus complexes. Les enseignants vont de l'un à l'autre et les aident en fonction de leurs besoins. Quelques élèves sont découragés par la complexité du travail, mais, dans l'ensemble, ils sont réellement en situation de recherche, de tâtonnement et travaillent à leur rythme. Manifestement, le défi proposé les motive. Au bout d'une heure, chaque petit groupe expose très rapidement les résultats auxquels il est parvenu, puis les recherches continuent.

LA FIN DES DEVOIRS À LA MAISON

« Ici, on fait les devoirs en tutorat. Certains parents me disent : " Ben, je ne sais pas ce qu'il fait ! Il ne me dit rien ! Je sais pas où il en est ! " Avant, ils prenaient l'agenda : " Qu'est-ce que t'as fait, passe-moi tes devoirs, je vais voir si t'as appris ", et tout ça. Maintenant, ils sont perdus, parce qu'ils avaient l'impression de construire la communication avec leur gamin là-dessus. Ils ne savent plus comment parler de l'école sans passer par les devoirs. Et puis, il y a des parents qui disent : " Ça y est, on ne se prend plus la tête le soir à la maison, c'est moins tendu que l'année dernière, c'est bien . »"

Mathias, enseignant au collège Anne-Frank.

La gestion de l'école

À La Neuville, petit internat au taux d'encadrement très faible (huit adultes pour quarante enfants), la participation des élèves à la gestion quotidienne de l'école est indispensable pour assurer son fonctionnement. Les élèves préparent le déjeuner, servent et débarrassent tous les repas, font une partie du ménage ainsi que de nombreux travaux de réparation et d'amélioration de l'école (peinture, maçonnerie...), reçoivent les invités extérieurs et leur font visiter l'établissement. Les titulaires des ceintures les plus « foncées » encadrent les plus jeunes entre l'heure du dîner et celle du petit déjeuner (soirée et nuit en internat).

Les élèves de RECREES participent eux aussi aux tâches de gestion et d'organisation de leur classe : préparation des repas, achat des fournitures, entretien des locaux...

Ces activités ont une vocation pédagogique. Il ne s'agit pas de balayer sa salle de classe en sachant que, de toute façon, une équipe de femmes de service passera le soir, mais d'effectuer un « vrai » travail, indispensable à la collectivité : cela responsabilise les élèves, leur apprend à s'organiser, à mener jusqu'à leur terme des tâches qui ne sont pas toujours faciles. Cela permet aussi à des élèves en difficulté d'avoir des « occasions de réussite ». Les travaux réalisés sont formateurs en tant que tels : on apprend une quantité de choses en concevant un repas pour cinquante personnes, en rédigeant un courrier ou en discutant d'un budget.

Enfin, c'est l'occasion d'établir d'autres relations entre adultes et élèves : en épluchant des pommes de terre, on discute...

L'évaluation

Dans les collèges épanouissement, lorsque les enseignants remplacent ou complètent les notes par des appréciations ou des validations d'acquis, ils veulent surtout valoriser les réussites. En revanche, savoir avec une grande précision où un élève « en est » dans ses acquisitions ne paraît pas nécessaire, tant qu'il est présent et qu'il effectue, grosso modo, le travail demandé. En revanche, dans les collèges Freinet-PI, pour que les élèves puissent choisir judicieusement les cours auxquels ils s'inscrivent, ils doivent savoir exactement **ce qui est attendu en fin de scolarité au collège (savoirs, savoir-faire), ce qu'ils ont déjà acquis et ce qu'il leur reste à acquérir**. Ces établissements ont donc mis en place des modalités d'évaluation permettant à chacun de situer avec précision son niveau dans les différentes disciplines, comme dans les classes Freinet.

Les enseignants du collège Anne-Frank sont ceux qui ont effectué le travail le plus impressionnant dans ce domaine. Les élèves disposent d'une liste des savoirs et de savoir-faire à acquérir dans tous les domaines pendant leur séjour au collège (voir bulletin du collège Anne-Frank p.172). Ainsi, en mathématiques, ils ont quatre ans pour valider les compétences « calcul », « calcul littéral », « statistiques », «constructions géométriques», « repérage », « transformations », « triangle rectangle », « théorème de Thalès » et « aires et volumes ». Chaque compétence comprend trois niveaux : « Je découvre », « Je comprends », « Je réinvestis». À la fin de chaque séquence, les élèves passent des tests qui leur permettent de valider telle ou telle compétence. Les compétences acquises sont alors reportées sur leur bulletin – il s'agit d'un bulletin unique qui les suit pendant toute leur scolarité au collège, qui se remplit tout au long de l'année et que chaque élève peut consulter sur le réseau informatique du collège. Enfin, chaque compétence acquise donne un certain nombre de points, qui ne peuvent pas être retirés. Les points accumulés au cours des quatre années du collège produisent la note de contrôle continu prise en compte pour le brevet.

BULLETIN 20 décembre 2007 **Collège Anne Frank** *Tél: 02-43-86-86-35 Fax: 02-43-86-86-39* Année scolaire 2007-2008	*Nom et prénom de l'élève* X Y *Niveau scolaire de l'élève* 3 *Tuteur* Z

Matières *et brevets complexes*	**Niveau d'acquisition** *des compétences* Points acquis			**Commentaires** *Les points accumulés au cours des 4 années du collège produiront le total sur 220 du contrôle continu.*	**points acquis.**
B2I:			**ASSR:**		
Français *Ecriture*	Niveau 1 1 /1	Niveau 2 2 /2	Niveau 3 1 /1	Continue à écrire aussi régulièrement.Il serait intéressant que tu commences à travailler les questions du DNB.	
Français *Lecture*	Niveau 1 1 /1	Niveau 2 2 /2	Niveau 3 0 /1		
Français *Traitement de l'information*	Niveau 1 0,5 /0,5	Niveau 2 1 /1	Niveau 3 0 /0,5		
Français *progrès portant sur la forme de l'expression*	Niveau 1 1 /1	Niveau 2 1 /1	Niveau 3 1 /1	Toujours une aussi bonne maîtrise de la langue. Continue ce roman. Essaie maintenant de préparer la seconde.	
Français *progrès portant sur la réflexion exprimée*	Niveau 1 2 /2	Niveau 2 1 /1	Niveau 3 1 /1		
Français *progrès portant sur les exigences scolaires attendues*	Niveau 1 1 /1	Niveau 2 1 /1	Niveau 3 1 /1		
TOTAL DES POINTS OBTENUS EN FRANCAIS					18,5 points
Latin	Niveau 1 6 /6	Niveau 2 6 /8	Niveau 3 /6	Bon investissement et beaucoup d'intérêt	2 points
LV1 *Compréhension orale*	Niveau 1 1 /1	Niveau 2 1 /2	Niveau 3 0 /2	SEQ 1 rouge: X a participé et s'est investi. Malgré tout, son devoir ne lui a pas permis de valider des brevets car il a toujours des difficultés sur la grammaire et ne s'est pas concentré sur les exercices de niveau 3 en EE. Je lui propose de venir me voir en RDV pour travailler tout particulièrement la compétence de CO. +0,25 en EE. Exposé sport: +0,5 en EO. RDV du 03/12/07: +1 pt en CO.	11,75 points
LV1 *Compréhension écrite*	Niveau 1 1 /1	Niveau 2 1,5 /2	Niveau 3 0 /2		
LV1 *Expression orale en continu*	Niveau 1 0,5 /0,5	Niveau 2 1 /1	Niveau 3 0,5 /1		
LV1 *Expression orale en interaction*	Niveau 1 0,5 /0,5	Niveau 2 1 /1	Niveau 3 0,5 /1		
LV1 *Expression écrite*	Niveau 1 1 /1	Niveau 2 2 /2	Niveau 3 0,25 /2		

Madame, Monsieur, ce bulletin que vous tenez entre vos mains se veut être une photographie à un "temps T" de l'évaluation des apprentissages de l'élève.
Ce document est créé dès l'arrivée de l'élève en 6ème. Pendant toutes les années de sa scolarité, les enseignants mettront à jour ce bulletin faisant apparaître les nouvelles avancées.
Il liste toutes les compétences demandées pendant la totalité de la scolarité de l'élève.
Il a été demandé à l'élève de progresser le plus loin possible, dans le plus de compétences, mais en aucun cas d'obtenir le niveau 3 dans toutes les compétences.

Extrait d'un bulletin d'un élève de 3e du collège Anne-Frank.

À La Neuville, les élèves passent des « ceintures » de couleur (sur le principe des ceintures de judo) au fur et à mesure qu'ils progressent dans les différentes matières (voir p.117).

Au CLEF, l'évaluation prend plusieurs formes. Tout au long de l'année, les travaux donnent lieu à des appréciations sans note et à la validation d'items issus de référentiels construits par l'équipe et comprenant les compétences transversales dans les savoir-faire et savoir-être. Tous les quinze jours, l'élève présente à son enseignant tuteur un bilan de son travail individualisé, c'est-à-dire la somme de ses travaux et un texte disant ce qu'il pense de son travail. Le professeur rédige à son tour son bilan et dit à l'élève ce qu'il pense de son travail et ce qu'il pourrait faire pour s'améliorer, puis les parents prennent connaissance de ce document. Chaque fin de trimestre, ce sont les « semaines bilan » : les élèves rencontrent individuellement leurs enseignants, discutent avec eux de l'avancement de leur travail et décident ensemble d'une note qui fait office de moyenne et est inscrite sur le bulletin.

L'exercice de l'autorité

Les enfants qui fréquentent les collèges épanouissement sont souvent issus de familles qui leur ont donné l'habitude d'une autorité bienveillante fondée sur la discussion et la responsabilisation, telle qu'elle se pratique dans ces établissements : ils l'acceptent donc facilement. Mais une telle autorité ne pourrait pas fonctionner avec les élèves qui fréquentent le collège Anne-Frank ou La Neuville : d'une part, ils sont souvent issus de familles où l'on inculque davantage le respect de l'autorité du chef que la négociation et la démocratie, d'autre part, ils sont souvent révoltés contre le monde des adultes pour se conformer volontiers aux règles dictées par ceux-ci.

Les équipes des collèges Freinet réalisent avec leurs élèves un travail important sur la **résolution des conflits, l'élaboration et le respect des règles de vie en collectivité**.

1. Premier principe : les règles régissant le fonctionnement de l'école sont décidées par le groupe, ce qui leur donne une légitimité bien plus importante que si elles émanaient des enseignants. De plus, les discussions nécessaires à leur élaboration sont des occasions de prise de conscience, de réflexion et de responsabilisation.

À **La Neuville**, ces décisions sont prises par tous les membres de l'école, réunis chaque vendredi après-midi pour le « grand conseil » (voir chapitre PI, p. 113). Elles présentent la particularité de n'être jamais écrites, ce qui oblige les anciens à les transmettre oralement aux nouveaux, et donc, à cette occasion, à s'en souvenir, à expliquer leur raison d'être. Cela permet aussi d'abolir les règles devenues obsolètes et de rediscuter régulièrement de certaines questions.

Au **collège Anne-Frank**, les décisions sont prises par le conseil de collège, qui comprend des enseignants et des élèves délégués par chaque groupe de tutorat. Voici un exemple de discussion portant sur le refus d'assister à l'atelier de réparation pour les élèves convoqués.

Stéphane explique ce qu'est l'atelier de réparation : ce n'est pas un lieu de sanction, mais un lieu de parole et de réparation, d'abord pour le plaignant et, plus généralement, pour trouver des solutions afin d'éviter qu'une telle situation ne se reproduise.

Que faire lorsqu'un élève refuse de venir à l'atelier de réparation?
Proposition de Stéphane : Il n'est plus accepté au collège tant qu'il n'accepte pas d'assister à l'atelier de réparation auquel il a été convoqué.
Des élèves ne sont pas trop d'accord, pensant qu'il s'agit d'un renvoi.
Propositions d'élèves :
- Des heures de colle.
- Les obliger, ne pas leur donner le choix.
- Leur interdire les récrés.

Après discussion, on en arrive au consensus suivant : au bout du deuxième refus, on lui refuse l'accès au collège, jusqu'à ce qu'il accepte de venir à l'atelier, ce qui peut se faire très rapidement. Accord de tous. »

2. Deuxième principe : en cas d'infraction ou de problème, **il n'existe pas de punitions** du même type que dans les établissements ordinaires. Les problèmes sont rapportés au groupe ou à une délégation du groupe, qui analyse la situation et prend une décision.

Au collège Anne-Frank, c'est **l'atelier de réparation**, formé de deux adultes, d'élèves délégués de chaque groupe de tutorat, ainsi que d'élèves spectateurs, témoins ou mis en cause. Lors de la séance à laquelle j'assiste, c'est Éric, un élève, qui se plaint d'un enseignant, François. Il est énervé et sûr de son bon droit : « Lundi, à la cantine, François m'a bousculé, il m'a tiré violemment par les épaules. Ça m'a fait mal, il n'a pas le droit, il doit être sanctionné ! On sent dans le ton et dans les regards des élèves présents qu'ils partagent l'indignation de leur camarade : "Comment ça, bousculer un élève ?" Chacun s'exprime. Il apparaît que, tous les jours, en arrivant à la cantine, la centaine d'élèves du collège se presse contre les portes en attendant leur ouverture. C'est devenu un jeu : ils "poussent". Or, même si les élèves les plus éloignés – et qui sont ceux qui poussent le plus fort – ne s'en rendent pas compte, ceux qui sont collés contre la porte du self sont littéralement écrasés par le poids du groupe, au point que cela peut représenter un danger. C'est dans ce contexte que, lundi dernier, François a été amené à intervenir vigoureusement pour dégager les élèves et les empêcher de continuer à pousser. Il reconnaît avoir "bousculé" Éric, mais estime qu'il n'avait pas le choix. Un élève raconte qu'il a très mal vécu d'avoir été lui-même "compressé". Au fur et à mesure de la discussion, les présents adoptent une autre vision des choses. Éric perd son ton vindicatif. Au bout de vingt minutes, ce n'est plus l'enseignant qui se voit reprocher son comportement, mais l'élève qui l'avait mis en cause : "Tu n'aurais pas dû pousser." L'atelier a pleinement joué son rôle réparateur : l'élève énervé ne l'est plus, et il est probable que la discussion a permis à beaucoup de prendre conscience des risques suscités par leur comportement collectif à la cantine. »

À l'école de **La Neuville**, les problèmes sont réglés soit lors du grand conseil du vendredi qui réunit tous les élèves, soit dans des réunions réunissant un plus petit nombre de personnes.

La « réunion des filles », à laquelle j'assiste, traite des problèmes qui ont pu survenir dans les chambres. Ce jour-là, les présentes (une enseignante et les élèves) discutent d'un mot mis par Yolande : « Marre des histoires ! » a-t-elle écrit sur le carnet de « râlages ». Elle explique que « Dominique et Sabrina ne s'aiment pas et s'accusent de dire des choses dans le dos de l'autre ». Une longue discussion s'ensuit. "Il ne faut pas écouter ceux qui parlent derrière le dos", affirme une élève. "Ça met une mauvaise ambiance", ajoute une autre.

Le comportement de Dominique est mis en cause : “On ne peut pas s’entendre avec tout le monde, mais il faut vivre avec. Tu ne sais pas bien le faire, Dominique. Tu dois apprendre. Tu pèses sur le groupe de filles. Tu veux la ceinture orange, mais tu crées des incidents”, explique l’enseignante. “Maintenant, si j’ai quelque chose à dire à Sabrina, je vais le lui dire directement”, conclut Dominique. On passe au « râlage » suivant : Ida se plaint d’un vol de bonbons. Henda, Caroline et Dalila indiquent tout de suite qu’elles en sont responsables. Sanction : elles paieront chacune un « Mentos » à Ida et ne monteront plus dans les chambres des filles sans être accompagnées d’une élève ayant la ceinture verte en comportement.

Un tel règlement des conflits demande beaucoup de temps et d’énergie. Les enseignants le justifient en expliquant qu’ils effectuent là un travail de fond. Il s’agit d’apprendre à ces élèves, qui ne reconnaissent généralement que la loi du plus fort, que l’on peut régler les conflits par **le dialogue** et **la réparation** plutôt que par l’affrontement, si l’on accepte de prendre du temps et du recul pour analyser la situation, et qu’il n’y a pas forcément de gagnant et de perdant.

Les équipes éducatives privilégient les réparations (par exemple, « payer des Mentos » dans le cas rapporté ci-dessus) et les modifications de l’organisation collective de façon que le problème ne se reproduise plus. Il peut également y avoir des **sanctions symboliques** marquant la désapprobation du groupe. Ainsi, à La Neuville, pendant ma semaine d’observation, une des élèves m’avait menti à propos des règles de l’école et tenté de me faire croire que l’atelier que j’animais devait s’arrêter plus tôt que prévu. Elle avait dû, à titre de réparation, me mettre par écrit les dix règles de vie de l’école.

Enfin, à La Neuville, les droits, les devoirs et les responsabilités des élèves augmentent au fur et à mesure qu’ils atteignent des ceintures plus foncées (voir p. 118), ce qui les incite à progresser.

3. Troisième principe : dans deux de ces écoles, il existe un lieu destiné aux collégiens dont le comportement perturbe les activités du groupe. À La Neuville, le « coin des énervés » est simplement un endroit un peu isolé du jardin. Au collège Anne-Frank, le « sas » est une petite salle où un enseignant aide les élèves à mettre des mots, à avoir une réflexion et du recul sur la crise qui vient de se produire. Le fait de sortir ainsi un moment du cadre de la classe n'est pas vécu comme une sanction ou une exclusion, mais comme une possibilité offerte de diminuer la pression dans le groupe et de permettre à l'enseignant de se consacrer aux autres élèves. Il arrive d'ailleurs que les élèves choisissent d'eux-mêmes de quitter une activité pour se rendre au sas, lorsqu'ils se sentent incapables de maîtriser leur comportement.

Ainsi, lorsque j'assiste à une heure de sas au collège Anne-Frank, six élèves – uniquement des garçons – arrivent peu à peu. Ils doivent expliquer par écrit ce qui les a conduits ici, le principe étant que la médiation de l'écrit puisse les aider à prendre de la distance avec les événements et à en discuter ensuite plus calmement. Le garçon assis à ma droite écrit : « J'avais mal à la tête. » Je l'interroge : il m'explique qu'il n'a pas été exclu mais qu'il a préféré quitter le cours et qu'il aurait préféré trouver un lieu plus calme, plus tranquille (certains élèves du sas sont assez bruyants). Il semble content de parler et continue : « J'ai écrit "J'ai mal à la tête", mais je n'avais pas vraiment mal à la tête, en fait j'ai mal à l'intérieur de la tête, mal intérieurement. » Quelques minutes plus tard, je discute avec un autre garçon du même âge, Nacim, qui me raconte qu'il a déjà été exclu cinq fois :
« Pourquoi tu es exclu ?
– C'est à cause de ma naissance.
– À cause de ta naissance, c'est-à-dire ?
– Je suis nerveux parce qu'à la naissance j'ai failli mourir. »
Je suis estomaquée par les propos si forts de ces deux garçons. Qu'ont-ils senti de ce lieu, de l'écoute des adultes, pour s'y livrer ainsi ?

Résultats

Les collèges Anne-Frank et La Neuville accueillent des adolescents issus de milieux populaires, dont une partie est en difficulté scolaire. Ces établissements réussissent à réconcilier ces élèves avec l'école, à leur permettre d'arriver à la maîtrise de leurs comportements, à leur redonner le goût du savoir : c'est une réussite importante. Les élèves y acquièrent quantité de savoirs, de savoir-faire et de savoir-être qui n'ont pas de valeur « scolaire » : résoudre les conflits par le dialogue, travailler en groupe, s'entraider, aller au bout de ses projets... La Neuville a également permis à des élèves en grande difficulté psychologique de réaliser des progrès considérables : des exemples sont donnés dans le chapitre consacré à la pédagogie institutionnelle.

La réussite des élèves du CLEF au diplôme national du brevet (DNB) est particulièrement bonne : en juin 2011, le taux de réussite était de 81,22 %, alors qu'à titre de comparaison il n'était que de 71 % pour le collège « standard » accueillant les classes CLEF. Pour les autres structures, on dispose de peu de données concernant les résultats au brevet et l'orientation ultérieure des élèves. La Neuville ne présente pas ses élèves au brevet. Au collège Anne-Frank, en juin 2002, vingt élèves se sont présentés au brevet des collèges, dont dix pouvaient le réussir selon l'équipe éducative, et sept l'ont obtenu. Sur ces vingt élèves sortant de troisième, sept ont été orientés en lycée général et treize en BEP. Mais beaucoup d'entre eux sont arrivés avec un niveau faible (le collège a ouvert avec 75 % d'élèves en difficulté) et n'ont fréquenté l'école qu'un an : ces chiffres ne sont donc pas significatifs.

i INFORMATIONS PRATIQUES

L'école de La Neuville, à Chalmaison (77). Internat privé hors contrat, recevant quarante élèves du CP à la troisième. Pas d'inscriptions au-delà de l'âge de 12 ans. « La première démarche des familles consiste à adresser un courrier à l'école pour demander si une inscription est possible. Cette demande peut être effectuée par les parents ou par un service social. En fonction de la disponibilité de places, un rendez-vous est organisé, rassemblant l'enfant, ses parents ou responsables, et la directrice de l'école. C'est au cours de cette rencontre que peut s'élaborer un projet d'inscription. Cependant, l'effectif de l'école est réduit et peu de places se libèrent chaque année. La journée Portes ouvertes, pour sa part, n'accueille pas des familles désirant inscrire un enfant : elle est réservée aux professionnels ou aux étudiants qui désirent mieux connaître les méthodes pédagogiques de La Neuville », précise l'équipe.

Collège de La Maronne, à Saint-Martin-Valmeroux (Cantal). Petit collège rural, accueillant de cinquante à soixante élèves. Trente-quatre élèves (vingt-quatre garçons et dix filles) sont hébergés dans un internat proche mais qui ne dépend pas du collège. L'établissement n'est pas sectorisé. Pour y inscrire un enfant, il faut d'abord obtenir l'accord de dérogation à l'affectation de son secteur de l'inspecteur d'académie. L'affectation au collège La Maronne est ensuite décidée par une commission d'affectation présidée par l'inspection d'académie du Cantal.

Collège Anne-Frank, Le Mans. Ce collège reçoit une centaine d'élèves dans les locaux qu'il partage (difficilement) avec le collège du Ronceray. L'établissement n'est pas sectorisé. Pour y inscrire un enfant, il faut d'abord obtenir l'accord de dérogation à l'affectation de son secteur de l'inspecteur d'académie. L'affectation est ensuite décidée par une commission d'affectation présidée par l'inspection d'académie.

Collège-lycée expérimental Freinet, La Ciotat. Le secteur de recrutement est celui du collège d'accueil (collège Élie-Faure) et correspond donc au centre-ville de La Ciotat. Les enfants de CM2 intéressés effectuent une journée de stage en sixième au mois de février, à l'issue de laquelle ils rédigent un compte rendu avec avis et motivation. La priorité est donnée aux enfants les plus motivés, aux fratries et à l'hétérogénéité. Quelques places sont réservées aux enfants d'une école primaire Freinet (école Ceyreste).

Collège RECREES, Lubéron. Classe unique d'une dizaine d'adolescents, de tous niveaux (de la sixième à la troisième). Établissement privé hors contrat. Coût : de 350 à 525 euros par mois, selon les revenus de la famille.

Il n'est pas question dans ce livre des **écoles itinérantes**. Le principe est séduisant : un petit groupe d'enfants et d'adolescents, encadré par quelques adultes, part voyager pour la durée de l'année scolaire, souvent sur un bateau ou avec des ânes. Les apprentissages ne prennent pas une forme scolaire : les langues vivantes s'acquièrent par la pratique quotidienne, les mathématiques en convertissant les devises, en utilisant le sextant ou en calculant l'heure des marées, l'expression écrite via l'écriture d'un journal de bord, l'histoire et la géographie par le biais des visites de sites... Malheureusement, plusieurs responsables ou initiateurs de ces écoles ont été condamnés pour viols et pédophilie : **la plus grande méfiance s'impose** donc vis-à-vis de ces structures.

Un petit nombre d'enseignants de collèges et lycées travaillent en pédagogie Freinet dans des **établissements ordinaires**. Ils sont généralement isolés : il paraît donc peu envisageable d'inscrire son enfant dans tel ou tel établissement pour qu'il bénéficie d'un enseignement Freinet dans une discipline donnée, soit deux ou trois heures par semaine. Il est possible d'obtenir davantage d'informations sur le site du « secteur second degré » du mouvement Freinet : www.icem-pedagogie-freinet.org/travail-cooperatif/secteurs/sd-degre. On peut notamment consulter à cette adresse le bulletin *Second degré liaison*, où l'on trouvera de nombreux exemples de pratiques.

DOCUMENTATION

- Amram M., d'Ortoli F., L'École avec Françoise Dolto. *Le Rôle du désir dans l'éducation*, Paris, Hatier, 1990.

EN IMAGES, C'EST MIEUX !

Parole, l'héritage Dolto, film documentaire (97 min) de Vincent Blanchet retraçant une année de scolarité à La Neuville. Diffusion MK2.

CHAPITRE 4

Les lycées

Les lycées différents sont peu nombreux, mais les élèves de cet âge peuvent envisager de se rendre dans un établissement éloigné de leur domicile.

On peut, schématiquement, diviser les établissements existants en trois catégories : les lycées « épanouissement », qui préparent efficacement au baccalauréat dans une ambiance agréable (tutorat, aide au travail, pluridisciplinarité, nombreuses activités artistiques et culturelles, etc.) ; les lycées « bac-responsabilisation », fondés sur la responsabilisation des élèves et l'individualisation du parcours ; les lycées autogérés, qui offrent une liberté importante à leurs élèves.

1. Les « lycées épanouissement »

Ces lycées partagent **un certain nombre de points communs avec les collèges épanouissement** (cf. p. 144). Comme eux, ils considèrent qu'il est essentiel que l'école s'adapte à chaque élève, à ses particularités, à ses rythmes, porte une grande attention à chacun, donne une place importante aux pratiques artistiques et culturelles, sans pour autant remettre en cause le respect des programmes de chaque classe ou l'autorité des adultes.

Ce sont donc des lycées **où la majorité du temps est consacrée, comme dans un établissement classique, à des cours disciplinaires en français, mathématiques, langues, mais où il existe aussi, pour une fraction de 10 à 30 % du temps, d'autres activités du type ateliers, options ou projets.**

Ainsi, au **CLE**, les élèves bénéficient, comme dans les classes de collège, de temps d'aide au travail individualisé, de la possibilité de choisir librement des options (séquences d'enseignement portant sur un thème précis, d'une durée de cinq semaines), du suivi de leur scolarité par un tuteur, du droit de décider librement de leur orientation si leur contrat est respecté.

Le Lycée Expérimental Freinet de la Ciotat

Le Collège Lycée Expérimental Freinet (CLEF) de la Ciotat, ouvert en 2008, est constitué, pour sa partie « lycée », de trois classes de seconde, première et terminale (séries L, Es et S) intégrées au sein du lycée Auguste et Louis Lumière. C'est le seul lycée en France à s'appuyer sur les principes de la pédagogie Freinet : l'expression, la coopération et le tâtonnement expérimental.

La journée commence donc par une demi-heure d'entretien libre, en français ou en anglais.

Les matinées sont consacrées à des cours disciplinaires en classe entière, pendant lesquels les enseignants s'efforcent de partir des intérêts des élèves et d'expliquer les objectifs de la séances. Une demi-journée par semaine est consacrée à la mise en œuvre de projets choisis par les lycéens : exposition, vidéo, etc. Une ou deux heures par jour sont réservées pour les temps de « travail individualisé », qui se déroulent en groupe de niveau mélangé et avec un enseignant tuteur. L'élève fait ses « devoirs », mais il réalise aussi des travaux de son choix : recherches documentaires, textes libres, préparation d'exposés... Les plus réussis d'entre eux sont présentés lors des « expositions des réussites » qui se déroulent plusieurs fois par an.

Enfin, une fois par semaine, la « réunion de coopérative » permet de prendre des décisions ou de résoudre des problèmes liés à la vie de la classe. L'évaluation est fondée sur les bilans bi-mensuels et trimestriels réalisés conjointement par les enseignants et les élèves, et non sur des notes.

Le Lycée pilote innovant : nouvelles technologies et pédagogie active

Situé au sein du Futuroscope de Poitiers, le Lycée pilote innovant (LPI) a ouvert en même temps que ce dernier, en 1987. **Conçu pour expérimenter la mise en œuvre des nouvelles technologies dans l'enseignement, il est aussi précurseur dans le domaine pédagogique :** en effet, comment initier les élèves au maniement du matériel audiovisuel ou informatique sans mettre en œuvre une pédagogie active ?

Le lycée occupe un bâtiment magnifique et son équipement fait rêver : deux cent quarante ordinateurs en réseau pour six cents utilisateurs, une radio avec un studio, un équipement vidéonumérique (montage et prise de vue), des équipements de vidéoprojection pour toutes les disciplines, cinq salles informatiques ainsi que plusieurs salles équipées de matériel informatique dédiées à certaines disciplines en particulier (SVT, sciences physiques, physique appliquée...).

Néanmoins, « le LPI tire son originalité non pas de son niveau d'équipements mais de la capacité qu'a eue l'équipe éducative à les intégrer dans sa pratique de tous les jours au service d'un fonctionnement pédagogique différent », expliquent les enseignants[82]. **Les technologies de l'information et de la communication dans l'enseignement (TICE) « sont présentes**

82. *Vous avez dit innovant ? Le lycée pilote Jaunay-Clan entre contraintes et libertés*, CRDP Poitou-Charentes, 2005, p. 131.

dans toutes les disciplines, intégrées dans la pratique des enseignants au quotidien », relève Anne-Marie Bardi, inspectrice chargée de mission TICE[83]. L'établissement a conçu un site Web très utilisé. Chaque discipline dispose de nombreuses pages, sur lesquelles on peut, par exemple, trouver des quiz d'anglais, des énigmes mathématiques, les consignes et les réalisations de l'atelier d'écriture.

L'équipe a mis au point un logiciel permettant aux enseignants de remplir un cahier de textes en ligne. Ils consignent le contenu des séances en y ajoutant éventuellement des pièces jointes : préparations, corrigés, documents complémentaires. Les élèves et leurs parents peuvent y accéder depuis l'établissement, l'internat ou leur domicile.

Les élèves consacrent plusieurs heures hebdomadaires à la réalisation d'un projet personnel sur lequel ils travaillent en petits groupes, aidés par des professeurs et des intervenants extérieurs. Les sujets choisis sont très variés et nécessitent tous l'utilisation des nouvelles technologies, un important travail de recherche et des ouvertures sur le monde extérieur : réalisation d'une vidéo numérique, d'une émission de radio ou d'un site Internet. Ces activités complémentaires de formation (ACF) ont une place centrale dans le fonctionnement pédagogique du lycée. Les anciens élèves disent tous s'être fortement impliqués dans ces projets, et c'est souvent ce qui les a le plus marqués dans leur scolarité. Selon les enseignants, ce travail permet « la maîtrise des outils de communication, le développement de l'autonomie, de la responsabilité et de la créativité des élèves[84] ».

Le lycée ne se contente pas d'être à la pointe des nouvelles technologies : l'équipe a également mis en place **plusieurs pratiques permettant de s'adapter au niveau et aux besoins scolaires des lycéens**.

Chaque semaine, une demi-journée est consacrée à des activités de soutien ou d'approfondissement appelées BAS (besoins, approfondissement, suivi). Les professeurs de toutes les disciplines proposent des activités en lien avec leur enseignement où les élèves s'inscrivent librement. Leurs choix sont guidés par des objectifs qu'ils se sont fixés avec leur

---

83. Cité in *Vous avez dit innovant ? op. cit.*
84. http://www.lp2i-poitiers.fr

enseignant tuteur (besoins du moment, difficultés dans une discipline, annonce d'une évaluation sommative) ou leur envie d'approfondir tel ou tel aspect dans une discipline.

QUELQUES EXEMPLES DE PROJETS ACF EN 2007-2008

Anana's Brothers : « Notre but sera de réaliser une pièce de théâtre reprenant le film plus que cultissime *The Blues Brothers*, remis dans une époque et un contexte différents : Paris dans les années 1900. Ce changement impliquera une réécriture des dialogues et une adaptation des personnages. Dans ce but, nous allons étudier le contexte choisi dont les informations seront présentées lors d'une exposition au cours de la journée portes ouvertes. Pour finir, il sera indispensable d'étudier le mouvement musical blues. »

Gimme Hope : « L'ACF Gimme Hope traitera du sujet du commerce équitable, qui s'inclut lui-même dans l'idée du développement durable. Notre ACF est internationale : elle s'appuie sur la collaboration franco-allemande. Notre production finale se présentera sous forme d'émission radio, dans laquelle nous présenterons le sujet. Nous projetons un voyage en Allemagne, à Regen, pour que nous puissions directement échanger avec nos correspondants et travailler efficacement pour enregistrer l'émission à l'occasion de leur venue, durant la Semaine internationale. »

Ap'an-Hime : « Notre projet consiste en l'étude du Japon et plus précisément de la langue japonaise. Nous avons pour but de traduire en partie un manga en français, de produire un fascicule éducatif permettant la découverte du japon et de sa langue – qui comportera une partie manga et une partie explicative de ce dernier – et de faire un site Internet qui exposera tous nos travaux. Lors de la journée portes ouvertes, nous ferons un atelier calligraphie avec une initiation à cet art japonais, mais ce projet n'est pas encore très précis. »

Dans plusieurs disciplines (langues, mathématiques et SVT), les élèves sont répartis en groupes de compétences. Les cours des trois langues vivantes ont lieu durant les mêmes créneaux horaires. En mathématiques, les élèves sont divisés en six groupes pour quatre classes, et le travail est toujours effectué en sous-groupes. De plus, un élève qui a besoin d'une aide ponctuelle peut se rendre au laboratoire de mathématiques, rebaptisé SAMU (service aide mathématique d'urgence), où il peut trouver à n'importe quel moment un enseignant pour l'aider.

Enfin, en seconde, les heures de module et d'aide individualisée aux élèves (AIE) de français et d'histoire-géographie sont groupées durant le même créneau horaire afin de permettre des enseignements interdisciplinaires.

Les lycées Steiner

Cinq écoles Steiner comportent une section lycée. On y retrouve les principales particularités de l'enseignement Steiner : maintien d'un groupe classe unique du CP à la terminale, absence de redoublement, importance des pratiques artistiques et manuelles, des fêtes liées aux saisons, pratique de l'eurythmie... Tous les matins, de 8 heures à 10 heures, **la journée commence par l'étude d'une dominante :** se succèdent ainsi, toutes les trois semaines, des périodes intensives consacrées à la chimie, au français, aux mathématiques, à l'histoire, à la physique, à la biologie ou au théâtre. Plusieurs heures hebdomadaires (de cinq à six en seconde, une heure et demie en terminale) sont consacrées à un temps d'atelier : modelage, peinture, informatique, cartonnage, dessin, théâtre[85]... Trois langues vivantes sont enseignées, et de nombreux échanges sont organisés avec des écoles Steiner situées à l'étranger. Le reste de la semaine, l'emploi du temps est assez semblable à celui d'un lycée classique : une heure de mathématiques, suivie d'une heure de français, puis d'une heure de langues...

Comme au collège, certains thèmes sont traités à certains âges précis : « En dixième (16 ans), l'élève est invité à s'interroger sur son origine. Il est rendu attentif au fait que des lois idéelles sont à l'œuvre partout dans le monde et il apprend à se situer dans sa liberté par rapport à elles, grâce notamment à la poésie. En onzième classe (17 ans), l'élève est amené à répondre à l'interrogation qui le touche le plus intimement : “ Qui suis-je ? ” Puisque sa pensée s'est affinée, il est en mesure d'analyser et de

85. Delannoy C., *op. cit.*, p. 73.

chercher à mettre en cohérence son être intérieur et sa position dans la vie et dans l'action. L'étude du mythe de Perceval est l'un des contenus d'étude typique de cette classe. En douzième classe (18 ans), on va chercher dans l'ensemble des matières à amorcer un geste de synthèse conduisant à un vécu intense de la cohérence idéelle du monde et de la place centrale de l'homme au sein de l'univers. L'étude du mythe de Faust est souvent utilisée dans ce sens[86]. »

L'année est rythmée par des stages. Par exemple, à l'école Perceval, les élèves de seconde découvrent le monde agricole ; en première, ils font un stage dans le monde industriel (fabrication, commercialisation, fonctionnement de l'entreprise) et dans le monde social (aider, soutenir, assister un tiers aux différents âges de la vie)[87].

À la fin de leur scolarité (fin de première ou de terminale, selon les établissements), les élèves, comme à la fin de la troisième, **réalisent un chef-d'œuvre,** c'est-à-dire un projet de leur choix qu'ils devront présenter publiquement. Les réalisations sont très diverses et de grande qualité : ainsi, lors des journées portes ouvertes 2008 du lycée Perceval, on pouvait admirer une collection de vêtements, des très beaux bijoux en métal, une bande dessinée, une vidéo...

En raison des particularités de l'enseignement Waldorf, les lycées (sauf celui de Chatou) ne conduisent pas leurs élèves au baccalauréat : ils effectuent une année de terminale dans un établissement classique pour préparer cet examen. Ils entrent généralement dans l'enseignement supérieur avec deux années de retard : une année car ils sont entrés en primaire à 7 ans et non à 6, et une année consacrée à la préparation ultérieure du baccalauréat dans un établissement standard.

Des classes expérimentales dans des lycées de banlieue

À l'automne 2005, après les émeutes de banlieue de novembre, Richard Descoings, le directeur de Sciences-Po, propose à des proviseurs, des éducateurs et des responsables associatifs de se réunir pour mettre en commun leurs connaissances des initiatives de terrain « qui marchent » et

86. Article Wikipédia sur les écoles Steiner.
87. http://www.ecoleperceval.com

imaginer le fonctionnement d'un lycée « d'excellence » en Seine-Saint-Denis.

En septembre 2006, ils obtiennent l'ouverture de 17 classes expérimentales de seconde générale et BEP dans quatre lycées de Seine-Saint-Denis (Jean-Renoir à Bondy, Alfred-Nobel à Clichy-sous-Bois, Jacques-Feyder à Épinay et Auguste-Blanqui à Saint-Ouen). Les enseignants (une centaine) sont volontaires et près de 500 élèves sont concernés. À la rentrée 2007, des classes de première ouvrent, multipliant par deux le nombre d'élèves participant à l'expérience.

Les premières années, ces classes ont bénéficié de nombreux partenariats avec des établissements d'enseignement supérieur et de moyens particuliers accordés par la Région et le fonds mécénat de Sciences-Po. Des sorties culturelles (théâtres, musées) et des conférences ont été organisées. La mise au « pot commun » d'heures disciplinaires a permis de libérer cinq à six heures par semaine pour des cours interdisciplinaires sur un thème donné et la réalisation de travaux personnels encadrés, des cours de méthodologie, des rencontres avec des professionnels et une exploration du projet personnel de chaque élève.

Sept ans plus tard, que reste-t-il de ce projet ? Une dizaine de lycées ont ouvert des classes expérimentales semblables mais il est difficile de savoir précisément quelles expériences ont perduré et à quelle échelle, dans un contexte où le soutien financier de Sciences-Po et des collectivités locales, très important au début, a nettement diminué.

Bien d'autres établissements ont mis en place des dispositifs innovants à l'échelle d'une ou plusieurs classes. On peut en prendre connaissance par le biais des « missions académiques "Innovation et expérimentation"»: il existe une mission dans chaque département et la plupart d'entre elles disposent d'un site Internet où ces initiatives sont présentées. Toutes ces classes ont aussi un point commun : elles sont réservées aux élèves de l'établissement mais l'inscription dans l'un de ces lycées ne garantit pas la fréquentation d'une classe expérimentale.

Écoles « différentes » ou écoles privées « sympas » ?

Plusieurs écoles privées se présentent comme des écoles différentes ou innovantes. Ainsi, le lycée Sophia (Ablon-sur-Seine, Val-de-Marne, hors contrat, de la sixième à la terminale), l'institut Leschi (Marseille, hors contrat, de la sixième à la terminale), le collège Les Chemins (Aix-en-Provence, hors contrat, de la sixième à la terminale), l'école Jacques-Prévert (Bordeaux, hors contrat, de la sixième à la terminale)... revendiquent une pédagogie active, des effectifs limités, des pratiques interdisciplinaires. On voit aussi apparaître sur certaines listes d'écoles différentes l'école Saint-John-Perse (Paris, hors contrat, classes de lycée, de 400 à 500 euros par mois), l'École alsacienne (Paris, sous contrat, de la sixième à la terminale) ou les écoles actives bilingues (école active bilingue J.-Manuel, école active bilingue Étoile, Paris).

Je ne me suis pas rendue dans la plupart de ces établissements. D'après les informations que j'ai pu recueillir, ils **proposent surtout une scolarité plus agréable, avec des petits effectifs, un suivi plus personnalisé, plus attentif, des contacts plus soutenus avec les parents.** Mais s'agit-il vraiment d'écoles différentes ? Il faudrait étudier chaque cas individuellement.

J'ai assisté à une journée portes ouvertes, réalisé des entretiens avec le directeur et des élèves et participé à une journée de cours dans l'une de ces structures, **le lycée Sophia**, qui accueille une centaine d'élèves de la sixième à la terminale. La matinée, que j'ai passée dans la classe double niveau de quatrième-troisième, a d'abord été consacrée à l'étude du pluriel des noms composés : distribution d'une photocopie de cours rappelant les règles grammaticales, puis réalisation d'exercices tirés du manuel. L'heure suivante, l'enseignante de biologie a réalisé avec eux la correction d'un devoir à la maison, essentiellement sous la forme d'un corrigé écrit au tableau que les élèves recopiaient dans leurs classeurs. Trois élèves n'ayant pas rendu leur travail ont été avertis qu'ils seraient collés trois heures le mercredi suivant. Les élèves volontaires se sont ensuite rendus à un atelier de danse animé par une élève de terminale, afin de préparer une chorégraphie en vue d'un spectacle. J'ai ensuite suivi trois cours de seconde et de terminale. Animés par des enseignants très différents (deux d'entre eux étaient très chaleureux, l'un m'a paru sec et froid), ils prenaient tous la forme de l'enseignement frontal : pour l'essentiel, les enseignants parlaient, les élèves prenaient des notes. Au final, que ce soit en collège ou en lycée, **aucune des séquences d'enseignement que j'ai observées ne différait profondément de ce que l'on peut observer dans un établissement traditionnel**.

Pourtant, plusieurs éléments distinguent le lycée Sophia d'une école privée classique. Le lycée fait preuve d'une grande souplesse et d'une adaptation aux besoins des élèves. « On a eu une jeune fille qui avait accepté de venir au lycée uniquement si elle venait aux cours de son choix. On lui a dit : "OK, si elle vient aux contrôles" », explique Philippe Ackerman, le fondateur et directeur. Une mère raconte que sa fille « se sent ici chez elle » et que le directeur « lui a fait faire un double des clefs du lycée pour qu'elle puisse venir travailler le week-end[88] ». **Les effectifs sont faibles** (entre neuf et seize présents dans les cours auxquels j'ai participé), **les enseignants sont tutoyés, appelés par leur prénom, et établissent des relations de confiance avec les élèves :** « Les cours, c'est classique, c'est des cours, quoi. Mais ce qui est bien, c'est de tutoyer les profs. On a une bonne relation, c'est cool, c'est un lycée pas stressant, avec des petits effectifs », m'explique une lycéenne.

Par ailleurs, le directeur, très chaleureux et très souriant, a le don de communiquer avec les adolescents. Dans le couloir, le matin, le soir, à l'heure du déjeuner ou pendant les pauses, il est très présent. Il parle avec l'un, demande des nouvelles d'un autre, lance une boutade. « Quand je me suis inscrite, avec Ackerman, ça a tout de suite accroché, me raconte une élève. Si on a un problème, on trouve toujours un adulte à qui en parler. » « Une fois, je voulais fuguer, je suis allée le voir, on en a beaucoup parlé, finalement je n'ai pas fugué », affirme une autre. Alors qu'il passe dans le café où je suis en train de réaliser l'entretien, elles l'interpellent : « Tu viens boire un café avec nous ? Allez, tu nous paies le café comme l'autre jour, Philippe ? »

Ainsi, si cette école ne propose pas vraiment un enseignement différent, elle offre en revanche un état d'esprit différent des boîtes à bac ou des lycées privés classiques.

Cécile Delannoy, qui a enquêté auprès du lycée Saint-John-Perse, arrive à des conclusions similaires. « Parler de lycée différent paraît excessif, écrit-elle, mais la différence tient à beaucoup de petites choses qui,

88. Journée portes ouvertes, 19 mai 2001.

cumulées, créent un autre état d'esprit et permettent la réussite d'élèves en échec auparavant[89]. » « Il y a d'abord la petite structure : [...] les élèves peuvent parler et être écoutés. [...] La seconde différence, c'est l'attention portée aux questions que se posent les jeunes, aux problèmes du sens. La philosophie figure au programme à partir de la classe de seconde. [...] La réussite tient en grande partie à la sélection des enseignants, à leur personnalité. » Les élèves de seconde sont suivis par un tuteur. À partir de la Toussaint, ceux qui en ont besoin bénéficient d'un soutien en français et en mathématiques le mercredi après-midi.

Les résultats

Comme les « collèges épanouissement », les lycées de cette logique affichent de bons résultats sur le plan scolaire. Le Lycée international Montessori annonce sur son site un taux de réussite de 92,5 % (moyenne sur quatre années : de 2004 à 2007). Les lycées Steiner ont calculé que le taux de réussite au baccalauréat de leurs élèves un an après leur sortie en fin de première[90] de l'école Steiner serait de 85 % (données recueillies de 1995 à 1998)[91]. Les taux de réussite au bac annoncés par le ministère de l'Éducation nationale, calculés sur les cinq dernières années (de 2002 à 2006), étaient de 64,6 % au collège-lycée d'Hérouville qui reçoit un pourcentage important d'élèves mal à l'aise dans le système scolaire traditionnel, de 90,6 % à La Source, de 82,8 % au Lycée pilote innovant. Le CLEF de la Ciotat, ouvert en 2008, a présenté pour la première fois des élèves au baccalauréat en 2011. Il s'agissait essentiellement d'élèves en difficultés. Sur 28 élèves, 24 ont été reçus, soit un taux de réussite de 85,7 %.

Ces résultats doivent néanmoins être considérés avec précaution : tout dépend du niveau des élèves à leur arrivée dans l'établissement et de celui des élèves présentés à l'examen. Ainsi, explique Philippe Ackerman, « au lycée Sophia, on a 50 % de réussite au bac, sans redoublement. On laisse passer en terminale des élèves dont on sait qu'ils ne l'auront pas, parce que ça les mobilise, et tous les ans, on a un ou deux élèves qui nous

89. Delannoy C., *op. cit.*, p. 74.
90. Les lycées Steiner, à l'exception de l'école de Perceval, s'arrêtent à la fin de la première.
91. http://www.steiner-waldorf.org

surprennent. Et la meilleure classe à redoubler, c'est la terminale, parce qu'ils ont affronté une semaine d'examens : l'année suivante, ça marche très très bien. C'est notre stratégie, elle privilégie les individus plutôt que l'image de marque du lycée[92] ».

Il est intéressant de calculer **le taux d'accès au baccalauréat :** cet indicateur évalue, pour un élève de seconde, la probabilité qu'il obtienne le baccalauréat à l'issue d'une scolarité entièrement effectuée dans le lycée, quel que soit le nombre d'années nécessaire. Je ne dispose pourtant pas de ces données pour la plupart des établissements concernés. En 2005, avec un taux d'accès de la seconde au bac de 81 %, le LPI est arrivé en tête des lycées de la Vienne, *ex aequo* avec le lycée Camille-Guérin de Poitiers[93]. Selon la Fédération des écoles Steiner, « une étude menée en 1997 sur les six premières promotions d'élèves issues d'un établissement Steiner-Waldorf venant de se doter des classes de lycée a montré que 63 % des élèves repérés au niveau d'une classe équivalente de sixième de collège ont poursuivi leur scolarité jusqu'à obtenir le baccalauréat. La moyenne enregistrée dans l'Éducation nationale était de 49 % en 1997[94]. »

Certains parents ou novateurs reprochent à ces lycées de ne pas mettre en œuvre des innovations plus ambitieuses. Ici, les notes, les conseils de classe, les sanctions et les programmes... demeurent d'actualité. Tous ces établissements évoquent la responsabilisation des adolescents dans leurs documents de présentation mais, dans les faits, **l'autonomie et les responsabilités accordées aux élèves sont nettement moins importantes que dans les lycées autogérés ou bac-responsabilisation.** Ils proposent néanmoins une meilleure ambiance, un suivi plus attentif et des adultes plus à l'écoute.

i INFORMATIONS PRATIQUES

– **Collège-lycée expérimental d'Hérouville,** près de Caen (Calvados). Accueille de cent trente à cent quarante lycéens. Les critères de recrutement en seconde sont les suivants : « équilibre des sections et des options ; résidence : priorité à Hérouville ; fratrie ; hétérogénéité

92. Source : journées portes ouvertes, 19 mai 2001. Selon une autre source, les résultats au bac de ce lycée seraient bien plus faibles (de l'ordre de 20 %).
93. http://www.lp2i-poitiers.fr
94. Auffrand Roger, *op. cit.*, p. 238.

de la population scolaire ». Préparation des bacs L, S et ES avec possibilité de choisir l'option cinéma-audiovisuel (CAV).

- **Cinq écoles Steiner** possèdent une section lycée : l'école Mickaël dans le Haut-Rhin (hors contrat, de 87 à 426 euros par mois selon les revenus), l'école Perceval à Chatou, dans les Yvelines (hors contrat, 3 273 euros par an), l'école libre Rudolf-Steiner de Verrières, dans l'Essonne (sous contrat, 3 070 euros par an), l'école Rudolf-Steiner de Saint-Genis-Laval, dans la banlieue ouest de Lyon (hors contrat, 2 040 euros par an), l'école Mathias-Grünewald de Colmar (hors contrat, coût variable selon les revenus). Seule l'école Perceval possède une classe de terminale. Les autres s'arrêtent à la première : les élèves rejoignent d'autres établissements pour préparer le baccalauréat.

- **Lycée pilote innovant Jaunay-Clan**, sur le site du Futuroscope près de Poitiers. Lycée à recrutement national et international. Les candidats doivent remplir un dossier de motivation. Chaque année, le lycée reçoit de deux cents à deux cent vingt demandes pour cent quarante places et « sélectionne les élèves qui lui semblent le mieux connaître les dispositifs en usage au LPI, être susceptibles de prendre des responsabilités et de s'engager dans un projet, être les moins rétifs à l'informatique et à l'usage des médias[95] ». Sur les cinq cents élèves, une centaine sont hébergés à l'internat (de 350 à 450 euros par trimestre). Préparation des bacs L, S, ES et STI.

- **Lycée international Montessori** à Bailly (Yvelines). Hors contrat, environ 5 000 euros par an. Préparation des bacs S et ES, ainsi que des diplômes internationaux de langue anglaise, les International General Certificate of Secondary Education (IGCSE). On trouvera des informations sur cet établissement au chapitre « Collèges ».

95. *Vous avez dit innovant ? op. cit.*, p. 31.

- **Lycée Sophia** à Ablon (Val-de-Marne). Hors contrat, de la sixième à la terminale. Préparation des bacs L, ES, S et STG. Frais de scolarité : de 250 à 305 euros par mois.

- **La Source** à Meudon (Hauts-de-Seine) École privée sous contrat. Préparation des bacs ES, S et L (option CAV). Deux cent quatre-vingt-onze élèves de la troisième à la terminale. Coût : 1 725 euros par an.

- **Le CLEF (collège-lycée expérimental Freinet) de la Ciotat.** Les trois classes (seconde, première, terminale), intégrées au lycée Lumière, reçoivent essentiellement les collégiens du CLEF. Elles sont théoriquement ouvertes à tous mais les demandes sont bien plus nombreuses que les places disponibles.

DOCUMENTATION

- *Vous avez dit innovant ? Le lycée pilote de Jaunay-Clan entre contraintes et libertés, op. cit.*
- Rey Françoise, Sirota André, *Des clés pour réussir au collège et au lycée, op. cit.*
- Delhay C., Reverdy Th. , *Le Lycée de nos rêves,* Paris, Hachette, 2008. Sur les classes expérimentales Sciences-Po.

2. Les lycées « bac-responsabilisation »

À partir de la fin des années 1980, le problème de l'inadaptation de certains jeunes au système scolaire (ou celle du système scolaire à ces jeunes...) a conduit quelques novateurs à créer **des structures[96] destinées à des jeunes lycéens mal adaptés au système standard, souvent décrocheurs ou en échec, un peu plus âgés que la moyenne et désireux de s'investir dans la préparation d'un bac général.**

Le Lycée du temps choisi (LDTC), qui s'adresse aux décrocheurs de niveau terminale est le premier à avoir ouvert en 1994. Deux autres ont vu le jour en 2000 : le **Micro-Lycée** de Sénart et le Collège lycée élitaire pour tous (CLEPT) à Grenoble. Depuis 2008, la réussite de l'expérience de Sénart a conduit à l'ouverture de nouveaux micro lycées à **Vitry-sur-Seine** (2008), **la Courneuve** (2009), et **Menton** (2010). Le nouveau Lycée de la nouvelle chance, ouvert en 2012 à **Cergy**, fonctionne sur les mêmes bases. Quant au **Cepmo**, il s'agissait à l'origine d'un établissement autogéré non directif, fondé sur la libre fréquentation des élèves, et comprenant une branche professionnelle axée sur l'aquaculture. Il a peu à peu évolué : aujourd'hui, il prépare aux bacs généraux selon le modèle décrit ci-dessous et reçoit de fait une majorité d'élèves en difficulté, même s'il ne s'adresse pas explicitement aux décrocheurs. Tous ces lycées ont adopté en quelques années un fonctionnement relativement similaire.

Responsabiliser les lycéens

Ces lycées s'appuient d'abord sur un premier principe : **traiter d'emblée les lycéens en jeunes adultes responsables et leur donner, autant que possible, du pouvoir sur leur propre scolarité, tout en mettant en œuvre des pratiques visant à les responsabiliser.**

Les élèves, en moyenne un peu plus âgés que dans les lycées classiques, sont tous **volontaires** et **établissent généralement un contrat** avec l'école précisant leurs objectifs et les moyens qu'ils se donnent pour y parvenir.

96. Il ne s'agit pas à proprement parler d'établissements, mais de structures de petite taille rattachées à un établissement standard.

Les modalités d'évaluation et d'orientation sont responsabilisantes. Les élèves sont mis en situation de devoir demander leur évaluation au lieu de la recevoir, tout comme ils ont dû demander à être élèves dans cet établissement au lieu de subir leur scolarité. Ainsi, au Cepmo, les élèves reçoivent des bulletins trimestriels vierges et doivent demander à chacun de leurs enseignants de le remplir (cf. page suivante). Dans tous les lycées de cette logique, les conseils de classe ou de progrès ont lieu toutes les six semaines (et non tous les trimestres) et rassemblent les membres de l'équipe éducative, les élèves et les parents qui le souhaitent. Les élèves présentent eux-mêmes leurs résultats et en discutent avec l'ensemble des participants. Dans les deux conseils auxquels j'ai assisté, au Cepmo et au LDTC, l'ambiance était très différente de ce qui peut être observé dans un établissement classique. Les enseignants, au lieu de pointer les faiblesses, insistaient au contraire sur les progrès, les éléments de réussite. Ils ne cherchaient pas à juger l'élève, mais à faire le point avec lui, aussi objectivement que possible.

Au Cepmo, l'évaluation des élèves a fait l'objet d'une réflexion approfondie. Dans chaque discipline, les enseignants évaluent le niveau de compétence atteint dans quatre compétences principales. Par exemple, m'explique une élève, « en restitution des connaissances, niveau 1, ça veut dire que tu balances tes connaissances mais tu n'arrives pas à les réutiliser, tu as appris ta leçon et voilà. Niveau 2 : tu arrives à restituer tes connaissances et à les utiliser un petit peu. Et niveaux 3, 4, c'est avoir appris parfaitement sa leçon et pouvoir utiliser les définitions, les formules ». Des grilles très précises indiquent aux élèves quel niveau il faut avoir atteint dans chaque discipline pour la préparation de tel ou tel baccalauréat. Par exemple, pour envisager un passage de seconde en première L LV1, il faut avoir atteint le niveau 3 en « Maîtrise de l'expression écrite » en français, mais on peut se contenter du niveau 2 pour la compétence de mathématiques « Élaborer une stratégie ». On trouve également les indications du nombre d'absences, de retards sur la présence aux évaluations.

LE JOUR DES BILANS AU CEPMO

Cette journée est consacrée aux bilans. Chaque enseignant se trouve dans une salle, et les élèves vont d'une salle à l'autre, leur bulletin à la main, pour les remplir avec leurs enseignants de chaque matière. Des files d'attente se forment devant les portes.

L'enseignante de mathématiques reçoit une élève de première :
– Aurélie, qu'est-ce que tu penses de ta période ?
Toutes deux discutent des résultats des évaluations. L'enseignante coche les cases suivant les niveaux atteints (de 1 à 4), puis, avant de remplir l'appréciation, elle demande :
– Et après, qu'est-ce que je mets ?
– C'est toi, la prof.
– Il faut que tu sois d'accord.
Le bilan est positif. Aurélie parle de son souhait de faire une première S ; l'enseignante note : « Continuer comme ça en cinquième période. »
C'est le tour d'une autre élève, Agnès, dont les résultats sont nettement moins bons.
– Est-ce que tu trouves que tu travailles assez ? demande l'enseignante.
– Non.
– Donc je note : « Manque de travail. »
Elles regardent le pourcentage d'absences de la période, comparent avec ce qu'il en était les mois précédents, discutent posément : on a le sentiment d'une discussion entre deux experts étudiant un problème neutre, sans que personne ne soit jugé.

Au LDTC, les enseignants ne notent pas les élèves en début d'année, se contentant d'annotations sur les copies. Ensuite, souvent à la demande des élèves, ils appliquent la notation « bac » : les notes n'ont alors pas pour fonction de juger l'élève, mais ce qu'il a rendu par rapport à ce qui est attendu à l'examen[97].

L'individualisation des cursus

Dans la majorité de ces établissements, **les élèves peuvent établir un contrat avec l'école précisant qu'ils ne suivront que certains enseignements, par exemple lorsqu'ils possèdent déjà des acquis dans certaines disciplines.** Ils signent parfois un contrat précisant ces données : « Je ne participe pas à trois cours sur quatre en anglais, mais je m'engage à rendre les exercices en échange. Je participe au cours du vendredi et assiste aux évaluations

97. « Étude d'un dispositif expérimental : le LDTC », rapport rédigé par l'équipe éducative, mission académique Innovation et Expérimentation de l'académie de Paris, avril 2007.

en classe. Je ne participe pas aux cours d'histoire, mais je travaille en autonomie sur les types bac que Z. (enseignante d'histoire-géographie) me donne », indique ainsi un élève du Cepmo dans son contrat personnalisé. Au LDTC, les élèves redoublants peuvent s'inscrire au baccalauréat en candidats libres de façon à conserver les notes qu'ils ont obtenues si elles sont égales ou supérieures à la moyenne : ils n'ont donc que certaines matières à préparer.

Au LDTC, dans les micro lycées ou au Cepmo, il arrive que les élèves puissent également **ajuster leur contrat de présence en fonction des besoins de leur vie privée,** par exemple afin d'exercer un travail rémunéré ou de vivre une maternité. Le rattrapage des cours auxquels ils n'ont pas pu assister est alors généralement possible. « Il y avait un contrat de signé dès l'entrée [...], le contrat était rempli avec l'élève, indiquant quel était son niveau théorique – la dernière classe fréquentée –, quels jours il pouvait venir, parce que certains travaillaient, donc on aménageait en fonction du travail. [...] Donc ce contrat disait : " L'élève est là tel jour, tel jour, tel jour, il n'est pas là tel jour parce qu'il travaille, ou parce qu'il a une autre activité ", et on pointait les absences uniquement à partir de l'emploi du temps de l'élève », rapporte une enseignante du Micro-lycée. « Les élèves ont la possibilité de suspendre ou d'adapter leur temps de fréquentation pour des raisons qui leur sont propres : engagements professionnels, sportifs ou artistiques, problèmes de santé, etc. », écrit l'équipe éducative du LDTC[98].

Ce dernier lycée est d'ailleurs formé de deux structures. L'une, « de jour », comprend le même nombre d'heures de cours que dans un établissement classique, mais l'emploi du temps est conçu pour laisser aux élèves trois demi-journées libres par semaine. L'autre structure, dite « du soir », s'adresse particulièrement aux jeunes salariés ou aux élèves du LDTC ayant échoué au bac l'année précédente. Elle offre des enseignements concentrés sur un temps beaucoup plus réduit. De plus, « le calendrier scolaire peut être modifié. Cours éventuels pendant les vacances, mixage cours du jour, cours du soir sont autant de solutions qui apportent une certaine souplesse et permettent à chacun d'organiser sa vie », écrit l'équipe. Il s'agit davantage d'un lien et d'un soutien approfondi, les élèves devant fournir un important travail personnel.

98. *Ibid.*

CAPACITES	NIVEAUX 1	2	3	4	Evaluation du professeür	vie scolaire
Histoire géographie					DM = 4,5/10 – DS = 7/20 . 10,5/20 . 08,5/20 – Un léger fléchissement – cette période. – Ne te décourage pas !	A = 1,5/18 R = 0/18 E = 4/4
Se situer dans l'espace et dans le temps		α				
Restituer des connaissances		α				
Analyser et traiter l'information		α				
S'exprimer à l'écrit			α			
Philosophie					12/20 type Bac (dissert.) De gros progrès à l'écrit. Élève très sérieuse. Encourageant.	A = 0/30 R = 0/30 E = 1/1
Analyser le sujet			X			
Analyser des notions				X		
Elaborer la problématique			X			
Citer des références			X			
Lettres					Absente au TYPE BAC. Comportement sérieux en cours. Travail perso ?	A = R = E = 1/2
Restituer des connaissances						
Maîtriser l'expression écrite						
Analyser et argumenter						
Maîtriser l'expression orale						
Langue vivante 1					14/20 11/20 Travail sérieux. De l'intérêt pour la matière. Continue !	A = 0/10 R = 0/10 E = 2/2
Restituer des connaissances			X			
S'exprimer à l'oral			X			
S'exprimer à l'écrit			X			
Comprendre l'écrit			X			
Langue vivante 2					Période positive. Assidue et attentive. Continue ! 10/20.	A = 0/90 R = E =
Restituer des connaissances						
S'exprimer à l'oral		X				
S'exprimer à l'écrit			X			
Comprendre l'écrit				X		
EPS					inévaluable en natation	A = 2/10 R = E = 0/1
Maîtriser les techniques						
Réaliser une performance						
S'investir pour progresser						
Coopérer						
Restituer des connaissances						
ens. scientifique					pm	A = R = E =
Biologie,physique,math.						
Restituer des connaissances						
Analyser des situations et des documents						
Exploiter des notions et des résultats						
Mettre en oeuvre une technique mathématique						

Bulletin d'évaluation, classe de terminale, Cepmo.

Les élèves de tous ces lycées affirment que le fait que leur vie extérieure soit reconnue est essentiel. Cela leur donne, disent-ils, le sentiment d'être considérés dans leur totalité, comme des personnes à part entière et non comme de seuls élèves.

L'adaptation de ces lycées aux besoins des élèves prend aussi la forme de temps de travail personnel pendant lequel les enseignants sont présents pour fournir des aides individualisées. Ainsi, au Cepmo, tous les mardis matin, une heure est consacrée au soutien. Les enseignants, réunis

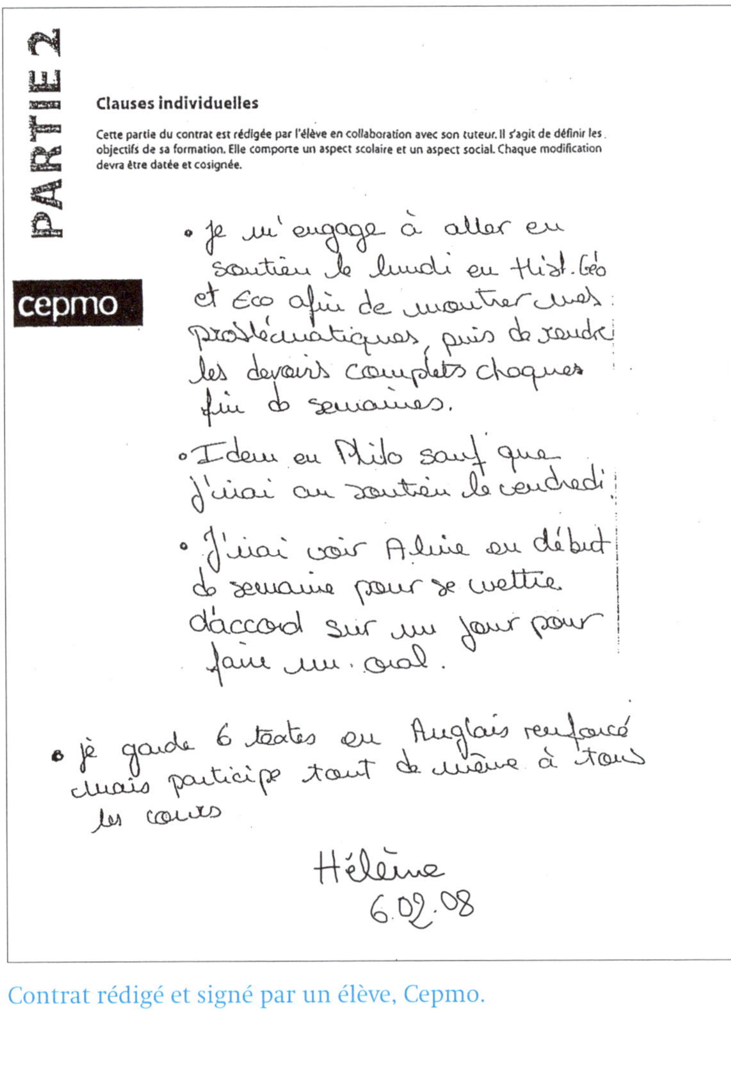
PARTIE 2

cepmo

Clauses individuelles

Cette partie du contrat est rédigée par l'élève en collaboration avec son tuteur. Il s'agit de définir les objectifs de sa formation. Elle comporte un aspect scolaire et un aspect social. Chaque modification devra être datée et cosignée.

- je m'engage à aller en soutien le lundi en Hist.Géo et Eco afin de montrer mes problématiques, puis de rendre les devoirs complets chaques fin de semaines.
- Idem en Philo sauf que j'irai au soutien le vendredi.
- J'irai voir Aline en début de semaine pour se mettre d'accord sur un jour pour faire un oral.
- je garde 6 textes en Anglais renforcé mais participe tout de même à tous les cours

Hélène
6.02.08

Contrat rédigé et signé par un élève, Cepmo.

par pôles (sciences, langues, sciences humaines...), sont à la disposition des élèves qui souhaitent obtenir une aide sur un point précis. L'entraide entre élèves est favorisée.

Enfin, dans tous les établissements, **les élèves bénéficient d'un suivi personnalisé :** ils ont un tuteur qu'ils rencontrent régulièrement pour faire le point sur leur parcours. L'effectif réduit des structures permet aussi à l'ensemble de l'équipe éducative de bien connaître chaque élève.

Une organisation du temps scolaire au service d'un objectif majeur : l'examen

« Le but, c'est le bac, quand même, et tout ce qui est à côté, c'est bien, mais ce n'est pas sur le même plan », explique une élève du Cepmo. Les lycées de cette logique **conçoivent leur organisation pédagogique avec une priorité : favoriser la réussite au baccalauréat**.

Ainsi, dès la seconde ou la première, beaucoup d'enseignants ne traitent que les points utiles pour la réussite de l'examen et abandonnent les autres parties du programme. Au Micro-Lycée de Sénart, il n'existe d'ailleurs que deux niveaux : l'un consiste en quelque sorte en une année préparatoire de niveau seconde-première, l'autre correspond à la terminale.

Comme dans un lycée classique, **la majorité du temps est occupée par des cours disciplinaires pendant lesquels l'enseignant parle et les élèves prennent des notes :** ils estiment, surtout en terminale, que c'est la pratique la plus efficace pour une préparation rapide à des épreuves demandant l'acquisition d'un grand nombre de connaissances. « Comme dans un lycée classique », vraiment ? **La différence est presque insensible, et pourtant, elle change tout : ici, les enseignants sont plus attentifs aux élèves (et ce d'autant plus facilement que les effectifs sont faibles), soucieux de les faire participer, de les valoriser, d'établir des liens entre les disciplines.** Au Micro-Lycée, lors de l'année scolaire 2003-2004, des séances de cours prises au hasard et dans des disciplines différentes ont été filmées puis analysées avec l'aide de Jean Biarnès, professeur en sciences de l'éducation à l'université Paris-XIII. Cela a permis aux enseignants de dégager cet ensemble de petites choses qui font que, même si le découpage des cours reste disciplinaire, que le programme est suivi, que l'élève n'est pas forcément actif, que le cours est frontal (apport de connaissances par l'enseignant, plutôt que pratiques actives)... il y a bien ici une autre façon d'enseigner :

« **1.** La disposition des tables en carré ne met pas l'enseignant et les élèves en face à face frontal : en carré, l'enseignant circule facilement d'un élève à l'autre, est en contact direct avec chacun des élèves, sans que celui-ci puisse se cacher.
2. L'enseignant ne reste pas au tableau, il va au contact de ses élèves, s'agenouille, passe derrière eux, s'assoit à côté d'eux [...].
4. Le professeur prend son temps, en organisant des pauses, des silences : le temps du raisonnement, celui de la prise de notes, celui de l'émergence des questions.
5. Le cours est construit avec les élèves : les interventions des élèves sont fréquentes, aussi bien par rapport à l'enseignant que par rapport aux autres élèves [...].
6. Les connaissances apportées sont " mises en résonance ", connectées soit avec une autre discipline (français-philosophie), soit avec un autre exemple, en comparaison, avec un souci de donner plus de sens à ce qui est dit [...].
7. L'enseignant utilise des mots ("bien", "très bien ") qui portent toujours à l'encouragement ; aucun terme négatif n'est utilisé [...].
9. L'enseignant essaie, durant le temps de la séance, de solliciter chaque élève, le contraignant à la réaction, à l'implication[99]. »

Il arrive aussi, plus souvent que dans les établissements standards, que d'autres formes d'enseignement soient mises en œuvre : interdisciplinarité, monitorat d'élève à élève... Au LDTC, l'équipe a fait le choix de plages horaires longues (blocs de deux à quatre heures sur la même matière) qui favorisent une pédagogie plus interactive.

---

99. Une aventure pédagogique : « le Micro-Lycée de Sénart », CRDP de Créteil, *Les Cahiers Innover et réussir*, n°8, février 2005, p. 35.

Entre enseignants et élèves, des relations de confiance

Les relations entre enseignants et élèves sont excellentes. On sent qu'il y a un **réel partenariat**, une coopération en vue d'un projet commun. Les élèves qui sont présents sont motivés par le passage du baccalauréat : ils font preuve de sérieux, de bonne volonté. **Les enseignants sont très attentifs aux besoins de chacun et soucieux de les aider au mieux, ce que les jeunes apprécient fortement.** « J'aime leur gentillesse, leur ouverture d'esprit et surtout le temps qu'ils nous donnent. Ils n'ont aucun a priori, tout est dans l'humour. » « J'ai vraiment le sentiment que les gens sont là derrière moi, qu'ils sont là pour te soutenir, t'épauler, essayer de te comprendre… Tu sens que les profs sont là pour toi », disent les élèves du LDTC[100]. « Ce que je reprochais au système normal, c'est que les profs font leur cours, et il n'y a rien à côté. Ceux qui ne suivent pas, tant pis pour eux. Ici… c'est des heures en plus. C'est : être plus proche des élèves, s'en occuper, aider ceux qui sont en difficulté. Et puis aider aussi ceux qui ont des facilités, qui y arrivent, en leur proposant des devoirs en plus et tout. Enfin, aménager les cours à chaque élève », explique un élève du Cepmo.

En conséquence, **il règne en cours une atmosphère agréable et chaleureuse**. Les effectifs sont faibles, les uns ou les autres lancent parfois des plaisanteries. **L'ambiance est détendue :** il arrive qu'un élève sorte quelques minutes et revienne sans faire de bruit ; après le déjeuner, élèves et enseignants viennent parfois en classe avec leur gobelet de café, comme à l'université. « Ils ont une grande liberté de mouvement, peuvent se déplacer librement dans et hors de la salle dans laquelle le cours a lieu », écrit l'équipe du LDTC. Il en est de même au Micro-Lycée : « Lorsqu'une attitude individuelle ne dérange pas le cours, chewing-gum discret ou casquette sur la tête, rires ou coudes sur la table, l'enseignant n'intervient pas. Il ne le fait que lorsqu'il y voit du sens par rapport au groupe et à la scolarité et non par rapport à un ordre social extérieur[101]. »

Pour les élèves, cette bonne ambiance est essentielle et explique largement la réussite de ces lycées : « Moi, ce que j'apprécie dans ce lycée, c'est que je suis proche des profs. On est presque amis. J'aime bien déconner un peu en cours, mettre de l'ambiance. Si je ne bouge pas et que je ne fais que regarder le tableau en prenant des notes, ça ne me va

100. « Étude d'un dispositif expérimental », *op. cit.*
101. « Une aventure pédagogique… », *op. cit.*, p. 35.

pas. Ici, on tutoie les profs, parfois on les charrie en cours, on leur envoie des boutades, et eux nous renvoient des boutades, c'est une ambiance agréable » (Kévin, élève du Cepmo). « Les cours, je trouve que c'est à peu près pareil qu'ailleurs, sauf qu'on n'a pas la même relation avec les profs, et ça, ça joue beaucoup » (Lucile, élève du Cepmo).

L'existence d'activités extrascolaires favorise l'établissement de ces bonnes relations. Dans tous les établissements, les élèves des différents niveaux se retrouvent chaque semaine pour quelques heures d'ateliers sportifs, culturels, artistiques. « Chaque prof avait une spécialité entre guillemets, la prof de lettres faisait de la relaxation, la prof de philo faisait de la gestion du stress, donc il y avait des ateliers " relaxation", " gestion du stress " », raconte une enseignante du Micro-Lycée de Sénart. Au CLEPT de Grenoble, on peut choisir entre les ateliers « fouilles archéologiques », « théâtre », « filmer le réel », « le son de l'ombre », « maths à modeler », « l'invisible » (photographie) et « traversée de l'image ». À Oléron, un groupe travaille sur un concours de photos européen, un autre prépare un documentaire sur le lycée, un troisième découvre la voile. Partout, les activités d'expression et de création proposées sont plus nombreuses que dans les établissements classiques. Dans les ateliers que j'ai observés, les élèves se montraient peu investis et cela semblait normal à tout le monde : ce ne sont pas des temps d'apprentissage, mais des moments **dont la fonction est de renforcer le sentiment d'appartenance des élèves et de leur permettre d'établir avec les enseignants des relations qui dépassent le cadre pédagogique classique** (relations de confiance, d'entraide...).

Le fait que les élèves et les enseignants discutent des règles de vie collectives, s'occupent ensemble de l'entretien et de l'aménagement des locaux et que des sorties ou des voyages soient régulièrement organisés participe du même principe. Par exemple, au Cepmo, trois enseignants accompagnent une fois par semaine, en soirée, des élèves à la piscine, dans la camionnette du lycée ou dans leurs véhicules personnels : c'est un moment de discussion informelle.

Résultats

Les résultats au baccalauréat sont bons au regard du public accueilli, puisque ces lycées reçoivent essentiellement des élèves en grande difficulté et/ou décrocheurs. Bien que les résultats varient selon les promotions et que la petite taille des effectifs rende les statistiques très aléatoires, on peut considérer qu'environ **les deux tiers des élèves de terminale obtiennent le baccalauréat.**

- Au CLEPT, les résultats (2002-2007) oscillent entre 68% et 80% de réussite.
- Au Micro-Lycée de Sénart[102], les chiffres sont les suivants : 2003 : 65 %, 2004 : 63 %, 2005 : 45 %, 2006 : 63 %, 2007 : 65 % (taux moyen 60 %).
- Au Cepmo. 2002 : 65 %, 2003 : 57 %, 2004 : 55 %, 2005 : 46 %, 2006 : 64 % (taux moyen : 57, 4 %).
- Au LDTC, selon l'équipe, « les résultats au baccalauréat ne peuvent faire l'objet de statistiques. D'une part, les informations ne sont pas toujours connues de la structure. D'autre part, le parcours des élèves peut s'étendre de un à parfois trois ans[103] ».

Une étude sur le devenir des élèves du Micro-Lycée de Sénart a été menée[104] sur les trois premières cohortes d'élèves inscrits, afin de savoir ce qu'ils étaient devenus trois à cinq ans après avoir quitté la structure. Sur les cinquante élèves qui ont pu être contactés, 60 % occupent un emploi (dont 66 % en CDI, ce qui est proche du taux national de 69 %), 22 % font des études supérieures (moitié études longues, moitié études courtes) et 8 % sont au chômage (contre 14 à 41 % au niveau national selon le niveau de diplôme obtenu).

Partout, les élèves sont motivés et apprécient beaucoup ces établissements où ils se sentent respectés, traités en adultes et préparés efficacement au baccalauréat.

On peut donc affirmer que les établissements de cette logique, même s'ils ne modifient pas fondamentalement le mode de transmission du savoir, ont inventé un véritable modèle de fonctionnement alternatif pour le lycée.

Les « lycées du soir » : un certain nombre de lycées proposent des cours du soir destinés aux jeunes adultes désireux de préparer le bacca-

102. « Une aventure pédagogique... » *op. cit.*, p. 88.
103. « Étude d'un dispositif expérimental », *op. cit.*
104. Étude de M.-C. Noireaud, laboratoire Experice, Sciences de l'éducation, Paris-XII, mars 2008.

lauréat tout en exerçant une activité à temps partiel. Les cours ont lieu l'après-midi ou en soirée, les effectifs sont faibles (rarement plus de 15 élèves) et les élèves bénéficient d'un suivi personnalisé. Tarifs : 80 euros au Lycée municipal d'adultes de Paris et jusqu'à 1 000 euros dans des établissements privés hors contrat.

DOCUMENTATION

- *Une aventure pédagogique : le Micro-Lycée de Sénart, op. cit.*
- Plusieurs rapports sur le LDTC et le Lycée intégral peuvent être consultés sur le site de la mission académique Innovation et Expérimentation de l'académie de Paris (http://innovalo.scola.ac-paris.fr).
- Goeme Philippe, Hugon Anne-Marie, Taburet Philippe, *Le Décrochage scolaire : des pistes pédagogiques pour agir,* éditions SCEREN, 2012. Un ouvrage clair et détaillé avec beaucoup d'exemples et de documents concrets.
- Bloch M.-C., *Alors, on la fait cette école pour tous ?* Chronique sociale, sur le CLEPT, 2012.
- La Bouture, *Réussir à l'école, certes, mais y réussir quoi ?* Chronique sociale, sur le CLEPT, 2012.

INFORMATIONS PRATIQUES

- **Cepmo,** Centre expérimental polyvalent maritime en Oléron. Classes de seconde, première et terminale L, S et Es. Le lycée est public, mais les élèves dont les familles ne vivent pas sur l'île, c'est-à-dire la majorité, louent des chambres chez l'habitant : cela entraîne un coût relativement important pour les parents.

- **CLEPT** Collège lycée élitaire pour tous (Grenoble)., 90 à 100 élèves. Accueille des décrocheurs de 14 à 22 ans dans une classe de remise au niveau fin de collège et des classes de niveau lycée. Filières L, ES et S.

- **LDTC,** Lycée du temps choisi (Paris). Classes de terminale. Cours du jour : environ soixante-dix inscrits. Prépa des bacs L et STG (mercatique). Cours du soir : environ 25 inscrits, qui peuvent être en activité professionnelle, redoublants du cours du jour, sans lycée (n'ayant pas été pris aux cours du jour faute de place), et/ou des jeunes des cours du jour qui souhaitent bénéficier d'un soutien supplémentaire. Préparation des bacs L, ES et S.

- **Micro lycées**, Pour être candidat, il faut être autorisé à passer en seconde ou avoir obtenu son BEP et, dans tous les cas, avoir eu une interruption totale de scolarité.

- **Lycées du soir**

Lycée municipal d'adultes, 75014 Paris. www.lyceedadultes.fr
Lycée Saint-Sulpice, 75006 Paris. www.st-sulpice.fr/classe-soir.php
7 établissements dans toute la France se sont regroupés au sein du réseau Lycées du soir. www.lyceesdusoir.org

3. Les lycées autogérés

En 1918-1919, dans une Allemagne secouée par des mouvements révolutionnaires, des communautés scolaires libres sont fondées dans plusieurs écoles de Hambourg. Ces structures autogérées, anti-autoritaires et libertaires, sont fondées sur l'abolition du rapport autoritaire, l'absence de programmes, d'horaires, de classes et la très grande liberté des élèves. Elles inspirent Alexander Sutherland Neill qui ouvre, en 1921, en Allemagne puis en Angleterre, un internat fondé sur des principes similaires. Dans son école, Summerhill, toutes les décisions sont prises par l'assemblée générale, où enseignants comme élèves disposent chacun d'une voix. Les élèves ne sont en aucun cas contraints d'assister aux cours. Ils peuvent passer plusieurs années à jouer, à bricoler ou à construire des cabanes plutôt que d'apprendre à lire et à écrire. Cette expérience, relatée dans le célèbre ouvrage *Libres enfants de Summerhill*, traduit en 1971, marque profondément les innovateurs français. Les années 1970 voient la naissance de multiples expériences non directives, presque toutes disparues aujourd'hui. En 1982, Alain Savary, ministre de l'Éducation nationale, permet l'ouverture de cinq établissements autogérés publics. Deux d'entre eux fonctionnent toujours selon ces principes : le Lycée expérimental de Saint-Nazaire (LE) et le Lycée autogéré de Paris (LAP).

Ces deux établissements se fondent, depuis leur ouverture, sur des principes similaires : la gestion de l'école par ses usagers, une grande liberté et le refus des pratiques infantilisantes.

La gestion du lycée par ses usagers

Au LE comme au LAP, **toutes les décisions qui concernent les institutions du lycée ou son fonctionnement** (règles de vie, choix budgétaires, choix pédagogiques[105]...) **sont prises de façon démocratique par l'ensemble des usagers** de l'établissement.

Le Lycée expérimental de Saint-Nazaire est géré par un conseil d'école (CE) composé de deux enseignants et de six délégués des élèves, désignés

105. Le choix des enseignants reste du ressort de l'équipe éducative.

pour deux mois. Ce CE se réunit tous les mercredis et examine les questions qui, ailleurs, relèveraient du proviseur. Tout membre du lycée peut saisir le CE en lui adressant une lettre, qu'il s'agisse d'une demande de débat sur le fonctionnement du lycée, d'une demande d'aménagement de l'emploi du temps, d'une demande de subvention pour un projet ou de toute autre question. Le CE tranche sur les points mineurs et met les questions importantes à l'ordre du jour des collèges, c'est-à-dire des réunions réunissant tous les quinze jours l'ensemble des membres du lycée. Les enseignants se réunissent d'un côté, les élèves de l'autre (dans plusieurs salles si nécessaire), leurs délégués animent les réunions et prennent des notes sur les arguments avancés et sur les propositions faites. Ils les rapportent la semaine suivante au CE, qui prend alors une décision. Lorsque des votes ont lieu, enseignants et élèves disposent chacun de 50 % des voix, indépendamment du nombre de représentants effectivement présents.

Un conseil d'école auquel j'ai assisté traitait, parmi d'autres questions, du problème des téléphones portables qui sonnent pendant les temps d'enseignement. La discussion a été rapide :

« En collège, les élèves ont dit être d'accord pour les éteindre en cours, mais pas dans le lycée en dehors des cours, rapporte Léa, une des délégués des élèves.
– On a pensé qu'il ne fallait pas qu'il y ait d'interdiction, mais une responsabilisation de chacun, ajoute un autre délégué.
– Dans l'équipe éducative, on est d'accord avec vous, déclare l'un des deux enseignants présents. On passe au point suivant ? »

Aucune décision n'a été votée. En effet, l'équipe considère que l'essentiel, c'est que tout le monde se soit penché sur la question : cela responsabilise et résout en grande partie le problème.

À L'ORDRE DU JOUR DU CONSEIL D'ÉCOLE DU LE DE SAINT-NAZAIRE...

1. Jérémie (et quelques autres) souhaite un débat sur la place laissée aux végétariens au lycée. Pouvons-nous exiger du groupe cuisine qu'il prévoie deux menus en parallèle ?

2. Demande d'achat de trois nouveaux postes informatiques pour l'apprentissage des langues.

3. Les fumeurs. L'ancien CE a décidé l'arrêt du « couloir de la mort » pour fumer, mais des demandes d'élèves nous sont parvenues pour relancer cette discussion.

Extraits des décisions du CE

1. Le groupe végétarien s'engage à fournir une série de recettes simples et peu onéreuses. [...] Les équipes de gestion s'efforceront de préparer deux repas, dans la mesure de leurs forces.

2. Accord pour l'achat des ordinateurs de langues. Mais ce nouvel achat, placé dans une salle spécialisée, doit entraîner une réflexion sur sa gestion : doit-on fermer la salle avec une clef au secrétariat ? Doit-on laisser cette salle libre d'accès en affichant les règles ? [...]

3. Les élèves seraient pour une tolérance dans le couloir de la mort les jours de mauvais temps. Chez les enseignants, les avis sont partagés : certains sont pour une forme de tolérance (mauvais temps ; réunion le soir en groupe de base), d'autres ne veulent pas que l'on fume dans les lieux fermés. Il est envisageable d'organiser un abri extérieur : pourquoi pas des parasols pliants ? [...] Le CE n'a pas tranché.

Extraits de l'ordre du jour des collèges (15 janvier 2008)

Le Lycée autogéré de Paris fonctionne sur un schéma similaire : les questions concernant la vie du lycée sont discutées et votées, chaque semaine, par les huit groupes de base constitués de trois professeurs et d'une trentaine d'élèves. Ici, à la différence de ce qui se passe à Saint-Nazaire, chaque membre du lycée dispose d'une voix, qu'il soit élève ou professeur : les élèves disposent donc d'un nombre de voix infiniment plus important que leurs enseignants. Par ailleurs, chaque groupe de base désigne chaque semaine deux délégués : les élèves ainsi désignés ne disposent d'aucun pouvoir de décision, mais collectent les bilans des discussions, comptent les voix en cas de vote, publient les résultats et préparent l'ordre du jour des groupes de base de la semaine suivante.

La gestion de l'école par ses élèves n'est pas uniquement « politique ». Au LE comme au LAP[106], **il n'existe pas de personnel exerçant les tâches administratives ou de direction : pas de proviseur, d'intendant ou de bibliothécaire... Ces tâches sont assurées par les enseignants et les élèves.**

C'est à Saint-Nazaire que ce principe est appliqué avec le plus de détermination. Les membres du lycée sont partagés en six groupes de base composés de trois enseignants et d'environ vingt-cinq élèves. Chaque groupe est chargé, à tour de rôle et pendant deux semaines, de la maintenance de l'établissement. Pendant cette période, ils participent beaucoup moins aux activités d'enseignement à proprement parler, ce qui est possible du fait que celles-ci s'organisent en grande partie en cycles de deux semaines. Au lieu d'aller en cours, les élèves se chargent du secrétariat (tenir une permanence à l'accueil pour répondre au téléphone, répondre au courrier, accueillir et faire visiter le lycée aux personnes de l'extérieur), de la préparation des repas pour environ soixante-dix personnes (choix des menus, courses, préparation des plats, service), de la tenue de la bibliothèque et de la cafétéria ainsi que du ménage. Au LAP, ces charges sont réparties entre des commissions fixes sur l'année. Les élèves y participent à côté des enseignants, mais leur participation occupe une partie moins importante de leur temps scolaire qu'au LE.

Pour les fondateurs de ces écoles, le choix de ce fonctionnement est d'abord politique : pour eux, la démocratie s'apprend par la pratique et non par la théorie. Il a aussi d'autres vertus : selon les enseignants, se sentir responsable du lycée conduit à devenir responsable de sa propre scolarité, et préparer le budget de l'établissement, classer les dossiers du secrétariat, répondre au téléphone ou rédiger des courriers constituent des expériences formatrices.

Une grande liberté

Pour les partisans de l'autogestion, les obligations habituellement mises en œuvre dans les lycées ne sont pas respectueuses de la personne de l'élève parce qu'elles sont infantilisantes et fondées sur la contrainte : « Ce n'est pas l'obligation que nous avons abandonnée, mais la contrainte et la menace. » « Dans l'établissement traditionnel, tout est obligatoire. Pour être plus précis, ce n'est pas l'obligation qui règne, mais la contrainte. C'est la peur

106. Le LAP a néanmoins embauché une secrétaire.

de la punition qui fait que les élèves le fréquentent », écrit Bernard Elman, un des enseignants du LAP[107]. Au contraire, la liberté est responsabilisante et amène les jeunes à prendre en charge leur propre existence.

Les enseignants de ces lycées **n'exercent donc aucune contrainte dans les domaines qui, à leurs yeux, relèvent de la liberté individuelle de chaque élève.** Ils se considèrent comme leurs égaux en droit et non comme les représentants de l'autorité.

1. Première conséquence : « Les éléments infantilisants sont supprimés : notations, travaux imposés, conseils de classe, bulletins trimestriels, décisions d'orientation et de redoublement[108]. »

Quelles sont les modalités d'évaluation ? Au LE, elles prennent la forme de bilans, écrits ou oraux, individuels ou collectifs selon les cas, réalisés à la fin de chaque activité, et de discussions entre élèves et enseignants : « Là, tu as bien réussi ; en revanche, sur l'argumentation, tu dois encore progresser... » **Au LAP, elles sont plus formalisées.** Chaque élève dispose d'un carnet de bord.

Il y décrit le contenu de ses activités, puis l'enseignant signe et valide (ou non) le travail décrit[109]. La participation aux activités permet de valider des UV. Ainsi, la participation à deux stages donne une UV, la participation à un thème pendant une séquence (six semaines) en donne une autre, etc. Chaque élève de seconde rencontre en décembre et en juin deux enseignants de l'équipe pour faire un point d'ensemble (rendez-vous individuel, rédaction d'une fiche d'entretien). À la fin de la seconde, les élèves qui ont validé douze UV obtiennent un diplôme de fin de seconde. Bien que ce diplôme ne conditionne pas le passage en première, les élèves de seconde n'ayant pas acquis certaines UV importantes peuvent être soumis à des évaluations plus scolaires pour pouvoir accéder à la classe suivante. En revanche, au LE, les décisions de passage ou de redoublement n'ont pas lieu d'être puisque l'organisation scolaire permet à chacun de travailler à son niveau réel dans chaque discipline : il n'existe pas de classes.

Ainsi, dans ces deux lycées, **les évaluations ne se fondent pas sur des éléments quantifiables** (ni notes comme dans les établissements standards,

---

107. Elman Bernard, « Le lycée autogéré et la libre fréquentation », in Boumard P. et Lamihi A., *Les Pédagogies autogestionnaires*, Paris, Ivan Davy éd., 1995.
108. *Ibid.*
109. *Projet d'établissement du LAP*, 2004-2005, p. 105.

ni évaluation par objectifs ou brevets comme dans les classes Freinet). Dans leurs appréciations, les enseignants **valorisent le positif** plutôt que d'insister sur les points faibles, pour encourager l'élève dans ses succès, lui redonner confiance en lui et enclencher une spirale de la réussite. *A contrario*, ils estiment qu'il faut éviter de confronter trop brutalement l'élève à l'échec ou à ses manques, de crainte de le décourager. Cela permet aux élèves de reprendre confiance en eux, mais certains ont du mal à savoir vraiment où ils en sont et se sentent parfois leurrés quant à leur niveau réel.

2. Deuxième conséquence : **les élèves choisissent librement les activités auxquelles ils souhaitent participer,** la durée de l'engagement variant de quelques jours à quelques mois. S'ils ne choisissent aucune activité, ou uniquement des activités de type théâtre, photo ou vidéo, ou s'ils ne viennent pas aux cours ou ateliers auxquels ils se sont inscrits, ils ne font l'objet d'aucune sanction. Pour les enseignants, ce principe de la libre fréquentation est essentiel : ils considèrent que c'est uniquement en laissant les élèves libres de venir ou non en cours qu'ils pourront retrouver le désir d'apprendre et de savoir, venir pour eux et non par crainte d'une sanction. « La libre fréquentation a un avantage énorme pour les élèves, ils savent pourquoi ils viennent [...] et à la fois c'est très angoissant pour les enseignants », dit Anne, une enseignante.

La participation aux réunions de son groupe de suivi ou de base est obligatoire. Au LE, ce groupe se réunit une fois par semaine et fait le point sur l'avancement des projets de chacun. Il n'y a ni appel ni relevés des présences, mais **chaque enseignant sait, dans les grandes lignes, qui est présent et qui est absent,** et où sont les absents. Par exemple, lorsque je pose la question à Laurent, qui suit neuf élèves en tutorat, il réfléchit, compte à voix haute : « François, Guillaume... », recompte : « Cinq qui sont là, c'est sûr, trois qui ne sont pas là, que je vais voir demain, qui viennent participer à la gestion de l'école, et un que je ne vois plus, je ne sais pas. » La réponse est la même lorsque je pose la question à d'autres enseignants. Lorsqu'un élève n'a pas été vu au lycée depuis plusieurs jours, ce sont les autres élèves membres de son groupe qui lui téléphonent pour prendre de ses nouvelles. « Quand j'entendais "Allez, viens, Xavier, il y a quelque chose demain", par exemple philo, j'essayais d'y aller, et je remercie d'ailleurs les gens, tout le groupe de ce soutien », raconte un ancien élève[110].

110. Textes de deux élèves produits dans le cadre des bilans rédigés par les élèves dans l'école, LE, milieu des années 1980.

En revanche, il n'y a pas dans ces lycées de tutorat individuel tel qu'il est pratiqué dans la grande majorité des écoles différentes : pour les enseignants fondateurs de ces écoles, c'est un instrument de contrôle des élèves qu'ils refusent.

Dans ces conditions, **quel est le taux de présence des élèves ?** Il est impossible de donner des chiffres précis puisqu'il n'existe pas de relevé de présence. Au LE, les évaluateurs de l'INRP rapportent que, pendant les deux premières années (1982-1984), sur cent vingt inscrits, de quarante à soixante participent régulièrement aux activités[111]. Les inspecteurs de l'Éducation nationale chargés en 1989 d'un rapport sur ce lycée affirment, en se fondant sur une étude statistique de la fréquentation portant sur vingt-huit semaines, que « les présences décroissent après la rentrée jusqu'aux vacances de la Toussaint, date à partir de laquelle les effectifs se stabilisent à quatre-vingt-dix/cent élèves » pour cent quarante inscrits[112]. Lorsque je me suis rendue dans cet établissement pendant deux semaines, il y avait en moyenne chaque jour une cinquantaine d'élèves sur cent quatre-vingts inscrits, mais cet absentéisme particulièrement fort avait justement suscité des débats et était le principal sujet de discussion des élèves et des enseignants. Au vu de ce que mes interlocuteurs m'ont affirmé et de ce que j'ai observé, **on peut estimer qu'au moins la moitié des inscrits du LE et du LAP sont présents régulièrement.**

Certains élèves sont très peu assidus au début de leur scolarité dans l'école. Pour les enseignants, c'est en quelque sorte un passage obligé en attendant que leur désir d'école revienne : « Il y a tout le passé derrière, toute la représentation de ce qu'est l'école, le lycée, les exigences qui sont demandées... et je sais qu'ils ont du mal à franchir le cap, passer le cap du lycée. Ce qui fait que beaucoup d'élèves font un an comme ça, en zone un peu autour, ils viennent un peu, ils ne sont pas là pendant quinze jours, ils reviennent... et l'année d'après, c'est complètement parti », raconte Béatrice (LE).

Enfin, les élèves qui ne viennent presque jamais (en particulier aux tâches de gestion collective) et refusent de travailler sur cette question sont désinscrits ou non réinscrits l'année suivante.

111. Gall Y.-O., Quelard J., « Évaluation intermédiaire de Saint-Nazaire », rapport INRP, 1984.
112. Le Brun Claude (IGAEN), Rancurel Marc IGEN, rapport sur le LE de Saint-Nazaire, juin 1989, p. 92.

L'organisation du temps scolaire

Ces écoles autogérées appartiennent clairement au monde des écoles intégrales : elles ne donnent pas la priorité au passage du baccalauréat, mais à la formation de l'individu dans son intégralité. Néanmoins, l'organisation du temps scolaire est assez différente dans les deux établissements.

Le LE de Saint-Nazaire présente une originalité forte : c'est, en France, le seul lycée à mettre en œuvre à cette échelle des techniques Freinet.

8 heures : les premiers arrivés se précipitent à la « Casbah » pour un café ou une tranche de gâteau, vendus à prix coûtant. Comme toutes les autres instances de l'école, cette cafétéria est tenue par les élèves et par les enseignants, par roulement. On discute, on s'y retrouve : la Casbah joue en quelque sorte le rôle du « Quoi de neuf ? » des classes primaires Freinet : « Et ton rhume ? Ça va mieux ? » « Regarde, j'ai développé les photos du voyage à Sarajevo » « Finalement, tu as été au théâtre, hier ? » Ceux qui souhaitent déjeuner s'inscrivent auprès de la gestion et paient le prix de leur repas.

8 h 30 – 12 heures : les matinées sont consacrées aux ateliers. Chaque atelier dure deux semaines, pendant lesquelles il occupe l'essentiel des matinées, soit vingt-trois heures au total. Le principe est que chaque atelier est consacré à l'étude d'un thème pluridisciplinaire et accueille des élèves des trois niveaux (seconde, première, terminale). Les thèmes sont décidés conjointement par les élèves et par les enseignants toutes les six semaines : l'idée, très fortement inspirée de la pédagogie Freinet, est que, pour donner du sens au savoir, il faut étudier des sujets correspondant aux intérêts et aux interrogations des élèves. Cependant, la nécessité de préparer les élèves qui le souhaitent au baccalauréat conduit aussi à la programmation d'ateliers spécifiques. Ainsi, au programme des ateliers proposés cette quinzaine, on trouve :
- différents scénarios pour la fin du monde ;
- la marée noire ;
- Victor Hugo ;
- l'existentialisme ;
- atelier graph' ;
- les Tsiganes.

À l'intérieur des ateliers, la pédagogie est active : l'enseignant ne déverse pas un cours tout fait (d'autant plus qu'il doit sans cesse traiter de nouveaux thèmes, les ateliers ne se répétant pas), mais construit le savoir avec les élèves en partant de leurs interrogations et en donnant une grande part à leurs travaux de recherche et aux échanges.

Ainsi, les participants à l'atelier « Différents scénarios pour la fin du monde » ont formé cinq sous-groupes. L'un se penche sur les conséquences de l'effet de serre et du réchauffement qui en résulte, un autre opte pour la guerre nucléaire, un troisième entre dans le sujet avec l'apparition de virus destructeurs, le quatrième prévoit une catastrophe astronomique... Chacun apporte des documents ou en cherche à la documentation. Au bout d'une semaine, chacun devra présenter l'état de ses recherches et soumettre son travail aux critiques du reste du groupe[113]. Et, à la fin des quinze jours impartis à l'atelier, le travail réalisé sera présenté devant tout le lycée.

12 heures : le groupe de gestion a fait les courses et préparé le déjeuner. Enseignants et élèves déjeunent ensemble dans une ambiance très conviviale.

13 heures-17 heures : les après-midi sont essentiellement consacrés à des activités plus axées sur l'apprentissage de savoirs et de savoir-faire formels et sur la préparation aux examens. Cela ressemble davantage à des cours, même si la pédagogie y est souvent très individualisée, du fait des petits effectifs et de la volonté des enseignants de s'adapter au niveau de chacun. De 13 heures à 14 heures : tous les élèves participent à une heure de cours de langues en groupes de niveau.

Pendant trois séances hebdomadaires d'une heure et demie, les élèves se répartissent en groupes de niveau fixes sur l'année (seconde, première, terminale) pour travailler les « codes » propres à ces niveaux de formation. Quatre séances hebdomadaires d'une heure et demie sont consacrées à l'apprentissage de savoir-faire (lire, écrire, débattre, argumenter, produire) groupent des élèves de niveaux de formation différents.

Le fonctionnement pédagogique du LAP se rapproche davantage de celui des lycées bac-responsabilisation. Les élèves appartiennent à

113. Cette description est reprise in Bernard Régis, Closquinet Jean-Paul, Morice François, *Chronique ordinaire d'un lycée différent*, éd. Closquinet, 2000, p. 37-38.

des groupes fixes d'une classe donnée (seconde, première, terminale). La majorité de leur temps scolaire est consacrée à des heures d'enseignement disciplinaire : sciences, français, mathématiques... Quelques heures hebdomadaires sont consacrées à l'étude de thèmes pluridisciplinaires : ainsi, en 2003-2004, le groupe des secondes A a étudié « les grands voyages », « autour de la cuisine » et « le dessin animé »[114]. Les élèves participent également à un projet sur l'année – par exemple, en 2004-2005 : court-métrage, musique acoustique, ethnographie, architecture... Les lundis, mercredis et vendredis de 16 heures à 18 heures, les ateliers groupent des élèves de tous les niveaux sur une même plage horaire pour du football, du basket, de la natation, des arts plastiques, de la photographie, de la philosophie, etc. Des stages intensifs ponctuent l'année : stage de présentation du fonctionnement du lycée en début d'année ou temps de travail intensif sur un thème en février. Enfin, l'enseignement est organisé en séquences de six semaines, dont la validation permet d'obtenir des UV.

LE PARCOURS DE LOUIS

« J'ai eu un parcours un peu bâtard. J'ai arrêté l'école, j'ai repris, je suis parti aux États-Unis... Quand je suis revenu, je n'avais pas envie de retourner au lycée, je me voyais mal à 19 ans retourner dans des classes où il n'y avait que des jeunes de 16 ans [...]. J'avais arrêté en première. [...] J'habitais Paris, j'ai contacté le LAP, mais il n'y avait plus de place. Alors je suis venu ici, j'ai fait un stage de deux semaines, et à l'issue du stage, je suis resté. C'était en janvier. J'avais un projet bac. Il a fallu qu'en un an je rattrape le programme de première et de terminale en sciences. C'était un programme assez lourd et je l'ai fait dans un petit laps de temps. Les membres de l'équipe éducative (MEE) de sciences m'ont beaucoup aidé. Ce qui est bien, c'est que tu peux venir ici à la pause et demander à un MEE : " Bon, ben voilà, hier soir, j'ai bloqué sur ça, alors comment tu fais là, patati patata. " Donc la première année, j'ai fait mon projet bac. Je faisais un peu de musique, je m'intéressais un peu au théâtre, mais je me disais : " Je ne vais pas faire du théâtre alors que je passe le bac. " Et finalement je ne l'ai pas eu. Je pense que j'ai paniqué à l'examen. Mon père est venu – il n'était jamais venu voir le lycée avant, vu que j'étais

114. *Projet d'établissement du LAP*, 2004-2005, p. 78.

majeur – et il m'a dit : " Je comprends que tu l'aies raté, parce que ce lycée, ça donne plus envie d'y rester que d'en partir. "

L'année d'après, je me suis dit : " Bon, on va retenter le bac, on a des acquis maintenant, ça va être plus facile." Et puis : " Les deux premiers mois, je vais quand même faire un peu de théâtre, parce que, la première année, finalement, je n'ai pas du tout profité de ce qu'on peut faire ici. " Et en fait, toute l'année, j'ai fait tout, sauf le bac. J'ai fait de la photo, du théâtre, de la musique, pendant dix mois. Je n'ai pas eu le bac. Mais ça m'a fait évoluer artistiquement parlant, humainement parlant. J'ai beaucoup appris au niveau artistique. Ça m'a beaucoup aidé de pouvoir m'extérioriser dans ces domaines-là. Ça m'a permis de mettre les choses au clair dans ma tête. Et à avoir une certaine confiance en moi. Le lycée expé, ça m'a aussi permis d'avoir une ouverture d'esprit bien plus large.

Ce lycée ne peut pas convenir à tout le monde. Il y a des gens qui, pour étudier, ont besoin qu'on leur tienne la main. Ici, on ne te tient pas la main. On te soutient, on t'aide, on discute… Bon, on viendra pas te chercher. »

Louis, ancien élève du LE.

Résultats

Au Lycée expérimental de Saint-Nazaire, le taux moyen de réussite au bac sur les cinq dernières années (de 2002 à 2006) est de 15,8 %. Au LAP, il est de 24,5 % pour la même période. C'est peu, même si beaucoup d'anciens élèves n'ayant pas obtenu le bac réussissent, quelques années plus tard, le diplôme d'accès aux études universitaires (DAEU) permettant d'entrer à l'université. Comment l'expliquer ? Ces lycées accueillent un grand nombre d'élèves en difficulté, déscolarisés ou n'ayant pas obtenu un avis favorable de leur conseil de classe pour passer en seconde. De plus, beaucoup passent le baccalauréat « pour voir », sans l'avoir réellement préparé : « Chacun est libre de s'y inscrire, et ce choix est souvent influencé par la famille et la société », explique un enseignant (LE). Certes, les lycées bac-épanouissement, qui accueillent un public similaire, ont des résultats bien meilleurs aux examens, mais ils donnent la priorité à la préparation du baccalauréat. Les lycées autogérés privilégient un travail sur le long terme : épanouissement, savoir faire…

Et c'est dans ces domaines que se situe la principale réussite de ces lycées. Les élèves disent qu'ils ont pu y acquérir beaucoup de maturité, d'autonomie, s'épanouir, prendre confiance en eux. En discutant chaque semaine des problèmes de gestion de leur établissement, ils apprennent à confronter des opinions, à écouter les autres, à argumenter et à parler en public. Les inspecteurs de l'Éducation nationale chargés d'évaluer le LE écrivent eux-mêmes que « la participation de tous les élèves à la vie matérielle les rend plus responsables : il n'y a pas de dégradations, peu de vols, bien qu'une clé soit à leur disposition ; l'attitude de consommateur critique se perd après avoir fait l'expérience de la confection des repas... L'habitude de communiquer en public s'acquiert en tenant le téléphone du centre expérimental, en assurant le secrétariat, en présentant les travaux d'atelier, en présentant le centre à des visiteurs ou au cours de séances à l'extérieur... Les capacités de prise de parole, d'argumentation, la prise de décisions en équipe sont cultivées dans les groupes de base, les ateliers, les groupes de projet et les autres instances de direction du centre[115] ».

L'épanouissement des élèves dans le domaine artistique est très important. Le théâtre, la photographie, les arts plastiques, la vidéo et la musique occupent une grande place dans les deux lycées. Beaucoup d'élèves s'y investissent fortement, et certains réussissent à en faire leur métier.

Ces lycées sont-ils adaptés à tous les élèves ?

Cette question suscite une controverse.

Certains (enseignants et anciens enseignants, élèves et anciens élèves) considèrent que le fait que les lycées autogérés offrent aux élèves une très grande liberté sans pour autant leur proposer un cadre très structuré (à la différence, par exemple, des classes Freinet ou Pédagogie institutionnelle) est, au moins partiellement, responsable de leur taux d'absentéisme important et de leur faible taux de réussite aux examens. Par conséquent, affirment-ils, **la liberté offerte au LE, au LAP, ainsi qu'au Cepmo** (où beaucoup d'élèves vivent loin de leurs parents, dans des chambres chez l'habitant) ne peut convenir qu'à deux types d'élèves :

115. Le Brun Claude (IGAEN), Rancurel Marc (IGEN), *op. cit.*, p. 94.

– **des élèves suffisamment mûrs, autonomes et responsables,** pour pouvoir se passer d'un cadre extérieur fort ;
– **des élèves qui acceptent de se donner le temps de le devenir,** par exemple en arrivant en seconde avec pour projet de passer au moins trois ans dans l'école.

En revanche, affirment-ils, **cette logique de fonctionnement convient mal à des élèves trop jeunes ou déstructurés** qui ressentent l'absence de cadre et de repères comme insécurisante.

L'expérience peut même se révéler dangereuse pour des élèves très fragiles ou en difficulté psychologique : il est arrivé que certains se renferment sur eux-mêmes, sur la pratique intensive de jeux vidéo ou de consommations de stupéfiants, ou fassent des dépressions. « D'un côté, pour certains élèves, la vie en autonomie est vraiment formatrice à tout point de vue. On arrive à repositiver des gens qui étaient psychologiquement très fragiles. On arrive à ce qu'ils se découvrent, qu'ils construisent un projet, qu'ils reprennent confiance en eux. Et pour d'autres, je trouve ça destructeur. C'est quand même une possibilité dans notre fonctionnement : que la personne se déstructure plus qu'elle ne se construise. Là, on les jette dans la fosse aux lions. Certains vont s'en sortir très bien, même s'ils n'ont que 16 ou 17 ans. Et puis d'autres… Le danger, c'est qu'il y a aussi des élèves très fragiles pour qui on a été un détonateur », explique Olivier, enseignant au Cepmo.

D'autres novateurs ne partagent pas ce point de vue. Ainsi, l'équipe de Saint-Nazaire considère que tout élève adhérant ou au moins s'intéressant au projet d'établissement est susceptible de s'intégrer dans ce lycée, exception faite de ceux qui seraient en même temps scolairement en grande difficulté, dans un contexte familial déstructuré et avec une vie sociale également déstructurée. En effet, ils considèrent que leur fonctionnement est justement conçu pour rendre les élèves progressivement plus responsables et autonomes : « Il y a des personnes qui, selon toute apparence, n'arrivent pas à s'adapter au lycée la première année, ne venant que peu souvent ou ne s'investissant que peu dans les activités ou dans la gestion, et qui, dès la seconde année, s'investissent », explique Yann, un lycéen. De plus, grâce aux institutions de confrontation comme les groupes de suivi et les groupes de base, les élèves en difficulté trouvent plus d'attention, d'écoute et de soutien qu'ailleurs.

DOCUMENTATION

– Bernard Régis, Closquinet Jean-Paul, Morice François, *Chronique ordinaire d'un lycée différent*, *op. cit.*
– Plusieurs ouvrages sur le LE sont autoédités aux Éditions Closquinet (http://pagesperso-orange.fr/jean-paul.closquinet).

EN IMAGES, C'EST MIEUX !

– *L'École, un monde à construire ! Le lycée expérimental de Saint-Nazaire*, documentaire de Patrick Le Ray, 2007 (distribution : http://artscenicproduction.free.fr).

INFORMATIONS PRATIQUES

– **Lycée expérimental** (Saint-Nazaire, Loire-Atlantique). Cent cinquante élèves. Préparation des bacs L, S et ES, avec les spécialités théâtre, musique, arts plastiques, cinéma.
Modalités d'inscription : il faut soit avoir fait une troisième, soit avoir plus de 16 ans et être sorti du circuit scolaire traditionnel. Les inscriptions se font au cas par cas à la suite d'un entretien en présence des parents (pour les moins de 18 ans) et/ou d'un stage permettant de mieux comprendre le fonctionnement du lycée.
Il n'y a pas d'internat, mais beaucoup d'élèves venus d'autres départements vivent en colocation dans des appartements proches du lycée.

– **Lycée autogéré de Paris** (LAP) (Paris XVe). Deux cent cinquante élèves répartis dans trois classes de chaque niveau. Préparation des bacs L, S et ES.
Modalités d'inscription : assister à une commission accueil (une par mois, d'octobre à avril), poser sa candidature, puis accomplir un stage de deux jours (en mai ou en juin) comprenant une demi-journée de travaux individuels (rédaction d'une lettre de motivation, tests dans différentes disciplines). Une commission d'élèves et d'enseignants ayant encadré les stages se réunit ensuite pour délibérer sur l'ensemble des candidatures.

CHAPITRE 5

Des structures pour les élèves en difficulté dans l'enseignement général

Les élèves qui ne s'adaptent pas au collège ou au lycée et décrochent sont de plus en plus nombreux. Pendant plusieurs mois, voire plusieurs années, ils ont renoncé à fréquenter leur établissement, parfois bien avant la fin de la scolarité obligatoire.

Ceux d'entre eux qui souhaitent s'investir dans la préparation du baccalauréat trouvent dans les « micro lycées » et autres établissements du même type des structures adaptées à leurs besoins.

D'autres, souvent plus jeunes ou en plus grande difficulté, n'ont pas trouvé leur voie. C'est à eux que s'adressent les structures décrites dans ces pages qui ont été conçues pour les aider à reconstruire un projet scolaire.

Certaines formations professionnelles inspirées de l'éducation nouvelle, comme les Maisons familiales et rurales, peuvent aussi constituer des solutions.

1. Des écoles pour trouver sa voie et reprendre pied dans la scolarité

Aider des jeunes décrocheurs de plus de 16 ans, déscolarisés depuis plus de trois mois, à reconstruire un projet de formation et à reprendre l'année suivante **un parcours scolaire dans de bonnes conditions** : c'est l'objectif de plusieurs structures originales apparues depuis une quinzaine d'années. Il s'agit de la section « fin de collège » du Collège lycée élitaire pour tous de Grenoble (CLEPT), du lycée La Ville pour école de Paris (LVPE) et des différents lycées du Pôle innovant lycéen (PIL).

Chacune de ces structures accueille **un petit nombre d'élèves**, généralement l'équivalent d'une classe à faible effectif. La scolarité y dure un **temps limité** : un an, la plupart du temps. Il ne s'agit pas de former les jeunes comme le ferait un lycée au sens traditionnel du terme, mais de leur donner les moyens de poursuivre une scolarité ailleurs : de « définir un projet personnel réellement choisi et réaliste, et de se donner les moyens de le lancer », comme l'explique l'équipe de LVPE.

La Ville pour école : des stages pour découvrir le monde... et les différents métiers

Au lycée La Ville pour école, qui accueille des élèves de 16 à 20 ans, **la scolarité s'articule autour de stages** réalisés dans des milieux professionnels ou associatifs. Ces stages, d'une durée de cinq à six semaines, choisis en fonction des intérêts des élèves, sont très différents : animation auprès de jeunes enfants dans une crèche, vente dans une boutique de prêt-à-porter, technique du son dans un studio d'enregistrement, stage dans les métiers de la plomberie... Ils sont suivis par les élèves trois jours sur cinq.

Ces stages permettent aux jeunes de faire des expériences enrichissantes dans un travail valorisant, de prendre conscience de la complexité du tissu social et du monde du travail et, surtout, de se rendre compte concrètement de ce que représente le fait d'exercer tel ou tel métier, afin qu'ils puissent mieux déterminer ce qu'ils souhaitent.

De retour au lycée, les jeunes analysent leurs expériences et mènent, avec leur tuteur, un travail de fond sur leurs choix et leur futur parcours de formation. Ils complètent aussi leurs compétences en français, en mathématiques et en anglais, participent à des ateliers d'expression créative et effectuent des apprentissages en français, mathématiques, langues..., fondés sur une pédagogie active. Les enseignements sont largement individualisés, notamment grâce à l'utilisation d'outils pédagogiques (fichiers auto-correctifs, logiciels de travail autonome) et aux nouvelles technologies. Cela permet à chacun de travailler à son niveau réel et d'obtenir le niveau nécessaire pour suivre la formation qu'il/elle envisage dans l'avenir.

Le pôle innovant lycéen

Le Pôle innovant lycéen, qui groupe treize adultes et cent quinze jeunes, est composé de quatre structures pédagogiques qui partagent les mêmes locaux et les mêmes ressources, mais constituent autant de réponses particulières, destinées à des élèves aux besoins différents : le Lycée de la solidarité internationale (LSI), le Lycée des futurs, le Lycée intégral (LI), et le Lycée au long cours (LALC).

Le Lycée de la solidarité internationale propose, comme LVPE, une formule fondée sur des « allers-retours » entre des stages enrichissants et valorisants, et la reconstruction par l'élève d'un projet d'avenir personnel. Il se distingue par son originalité, puisque les actions concrètes de solidarité en constituent le fil conducteur. Environ un tiers du temps est consacré à des stages individuels ou collectifs effectués par les élèves dans des associations d'aide aux autres (Secours populaire, aide aux devoirs...). Au second semestre, élèves et professeurs partent plusieurs semaines au Sénégal, pour aider au développement d'un village agricole. Ainsi, ils ont équipé une case de santé, planté des bananiers et posé des panneaux solaires sur le toit de l'école du village afin d'apporter, pour la première fois, l'électricité à Diara. Cela leur permet de retrouver une « utilité sociale » et suscite un sentiment d'appartenance à une collectivité.

Le reste de la scolarité (les deux tiers du temps) est consacré aux acquisitions scolaires habituelles, en partie à travers un travail sur des thèmes pluridisciplinaires liés à la solidarité internationale et au développement durable, comme l'étude des énergies renouvelables.

Le LSI 2 s'adresse à des jeunes plus âgés (19-22 ans) ayant arrêté un temps leur scolarité et à une partie des jeunes ayant effectué une année de LSI 1. Chaque élève construit un projet individuel de développement/solidarité internationale (écrire un projet, chercher des financements, mettre en œuvre le projet...) : environ la moitié du temps y est consacré. L'autre moitié est dévolue aux acquisitions pratiques, théoriques ou scolaires pour répondre au projet individuel de formation. Les débouchés sont la concrétisation de leur projet de formation préparé durant l'année: inscription en école spécialisée ou à l'université, poursuite de formation dans les carrières de l'animation...

Le Lycée des futurs

Il accueille plutôt des élèves assez jeunes en difficulté (niveau quatrième-troisième) et leur propose de reprendre pied dans l'école à travers des projets et des activités manuelles, afin de pouvoir reprendre l'année suivante une démarche de formation dans un lycée technologique ou professionnel ou en alternance. Ainsi, en 2011-2012, l'atelier a été consacré à la fabrication de la reproduction d'une école de brousse africaine, à la taille réelle. Cette construction a servi de support à une animation auprès des élèves d'écoles primaires (en lien avec le LSI). D'autres élèves ont conçu une exposition interactive sur l'environnement et le développement durable, elle aussi destinée à être présentée aux élèves du primaire. Cette expérience a permis aux élèves de prendre conscience de leurs talents et de leurs compétences non reconnus dans le cadre scolaire habituel, de faire appel à des savoirs scolaires (géométrie, calculs), d'apprendre à s'organiser collectivement. Et surtout, de se sentir valorisés et de reprendre confiance en eux.

À la différence des structures décrites ci-dessus, **le Lycée intégral** s'adresse à des élèves ayant obtenu leur passage en seconde générale ou scolarisés en BEP avant de décrocher et propose une scolarité davantage axée sur le fait de reprendre pied dans l'enseignement général et de préparer un baccalauréat (général, technologique ou professionnel). Au début de l'année, tous les élèves sont inscrits dans un module de détermination identique quelle que soit la dernière classe fréquentée avant le décrochage. À partir de janvier, ils se divisent en groupes présentant le même profil de projet pour l'année (préparation d'une seconde, d'une première STG...).

Le Lycée au long cours

Il accueille des jeunes de plus de 16 ans souffrant de fragilités psychologiques et déscolarisés, suivis par une institution où ils reçoivent des soins psychologiques et médicaux : « Il ne s'agit pas d'une proposition scolaire particulière, mais plutôt d'une modalité spécifique d'accompagnement dans un projet du Pôle innovant. Les élèves sont accueillis à leur rythme », la configuration des locaux « permettant un accueil progressif, personnalisé et individuel allant jusqu'à l'intégration en classe totale ou partielle ».

Les élèves sont inscrits dans l'une de ces structures, mais ils peuvent au besoin passer de l'une à l'autre, comme le montre le parcours de Pierre (encadré).

LE PARCOURS DE PIERRE

« Quand il se présente à la porte du Pôle innovant, Pierre vient de passer plusieurs mois dans sa chambre. Il a interrompu une troisième dans un collège où les professeurs lui répétaient qu'il perdait son temps à ne rien faire. Ensuite, enfermé entre ses quatre murs, il a vraiment perdu le temps, perdu la notion des jours, des mois. [...]

Il intègre d'abord **La Ville pour école**, dans l'idée d'écourter le temps d'étude. [...] Il se confirme vite que Pierre est passif. Il peut se faire oublier dans la classe, les heures glissent sur lui sans effet. Il rend peu de travaux. Quant à ses stages, il oppose une forte inertie à toute demande de recherche, met des semaines avant d'écrire une lettre de motivation. Les remarques des enseignants glissent sur lui comme le font les heures. Il n'est jamais agressif, tente même d'apaiser l'impatience de ses interlocuteurs d'un sourire. [...]

À la fin de cette première année scolaire, aucune orientation professionnelle ne peut être proposée. Pierre énonce alors qu'il voudrait… rester ! Si possible au **Lycée intégral**. Pierre ne le dit pas, mais l'équipe a l'impression que, s'il demande à rester au Lycée intégral, c'est simplement parce que là, il n'aura plus à sortir chercher des stages.

L'équipe décide alors de s'appuyer sur cette aspiration à l'inertie pour obliger Pierre à se bouger. S'il veut demeurer au Lycée intégral, il devra d'abord subir une période de probation. Ainsi est-il renvoyé dans sa chambre, pour y faire des devoirs qu'il viendra chercher au Pôle au minimum deux fois par semaine.

La deuxième année scolaire commence mollement. Pierre vient, mais plutôt une fois par semaine que deux, prétextant plusieurs fois qu'il n'a pas fini le travail donné. Ses devoirs sont bâclés. […] [On] lui répète sans impatience, mais sans défaillance, qu'il n'y aura pas d'intégration au Lycée intégral si le travail ne s'intensifie pas.

Et le miracle soudain s'annonce. Sans explication, mi-novembre, Pierre se met à venir de lui-même trois fois par semaine. Il fait ses devoirs, dont le contenu s'améliore. Fin décembre, il affiche le niveau d'un élève moyen de début de seconde. […] Réaliste, Pierre vise d'abord un niveau bac, et non un bac, puis se prenant au jeu, accélérant son investissement, envisage une première STI, demande du travail supplémentaire et finit l'année sur les chapeaux de roue en cherchant lui-même le meilleur établissement d'accueil pour cette filière où il réussit à être admis.
Pierre est parvenu à bouger, parce que, pendant près de quatre trimestres, des adultes ont accepté son surplace (pas toujours sereinement, mais là n'est pas l'important). Ils ont toléré qu'il rumine en lui-même l'inévitable déplacement qui finirait par se produire. »

Équipe éducative du Lycée intégral, « Temps des adolescents et temps scolaire », mission académique Innovation et expérimentation de l'académie de Paris, octobre 2007.

Points communs

Les lycées du Pôle innovant présentent chacun leurs particularités, mais leur fonctionnement est fondé sur des principes pédagogiques similaires – principes en grande partie partagés par LVPE et la section fin de collège du CLEPT.

Les équipes éducatives prennent appui sur la **motivation** des jeunes et mettent en œuvre des pratiques visant à les responsabiliser. Tous sont volontaires. À leur arrivée, ils signent généralement un engagement écrit ou un contrat précisant leurs objectifs et les moyens qu'ils se donnent pour y parvenir. En s'appuyant sur ce choix, l'équipe essaie d'instaurer avec eux une relation de type « partenariat », même si la dimension affective est également très présente. La discussion collective des règles de vie et une collaboration étroite avec les parents sont également de mise.

Tout au long de l'année, un travail important est réalisé avec les élèves pour les aider à construire **un projet personnel et scolaire**. D'une part, ils sont **suivis individuellement** par un enseignant-tuteur avec lequel ils peuvent s'entretenir de leurs problèmes tant pédagogiques que personnels. D'autre part, ils suivent, en petits groupes, un atelier de travail personnel hebdomadaire pendant lequel ils travaillent sur leurs représentations de l'école (ses fonctions, ses règles, ses codes), de leur parcours (notion d'échec, de réussite...), de la société et de la vie professionnelle (les métiers, l'argent, l'entreprise...). Par exemple, ils discutent des valeurs positives et négatives qu'ils accordent à différents emplois et à différents statuts sociaux, ou de ce que pourraient être des critères de réussite personnelle et professionnelle, à court, moyen et long terme.

L'enseignement est conçu pour **redonner du sens aux apprentissages**. Une partie importante du temps scolaire est consacrée à la réalisation de projets collectifs développés tout au long de l'année, et qui constituent des occasions d'apprentissage : préparation d'une exposition, par exemple (voir plus haut). Seul le français, les mathématiques et les langues font l'objet de cours disciplinaires. Dans les autres matières, les programmes ont été réorganisés pour **décloisonner les savoirs**. Ainsi, il y a des modules de sciences plutôt que des cours de SVT isolés de ceux de physique ou de chimie, et des modules de sciences humaines plutôt que des cours d'histoire, de géographie ou de sciences économiques.

Une partie des enseignements est réalisée dans le cadre de l'étude de thèmes pluridisciplinaires : ainsi, les élèves du Pôle innovant ont longuement travaillé sur « Mesurer le bonheur », en abordant cette question aussi bien en philosophie (Qu'est-ce que le bonheur ?), en sciences économiques (les indices permettant de « mesurer » le bonheur : produit national brut, PNB, indice de développement humain, IDH, bonheur national brut BNB, etc.), en histoire (les Trente Glorieuses) et en géographie (les inégalités de développement Nord-Sud). Les enseignants n'hésitent pas à aborder des problèmes philosophiques et des questions de société complexes en faisant largement appel à l'enseignement de la philosophie et des sciences économiques, et ce bien avant la classe de terminale. Ils considèrent en effet qu'avec des élèves en difficulté baisser les exigences intellectuelles et réduire l'enseignement à une série de « trucs » et de « fiches » n'est pas productif, car cela maintient une représentation de soi peu valorisante. Au contraire, travailler sur des questions ambitieuses est très valorisant. De plus, l'activité philosophie aide l'élève à s'autoriser à penser, à interroger ses représentations et à confronter sa pensée à celle des autres, permettant ainsi un « cheminement progressif de libération ».

Les élèves réalisent parfois des **démarches expérimentales** ou des recherches à l'extérieur de l'école pour construire des connaissances. Par exemple, lors d'une unité de formation consacrée au statut de l'enfant, un débat a été organisé sur le thème « Faut-il juger et condamner à la prison des enfants criminels comme on le fait des adultes ? » « L'idée est de démontrer qu'on n'apprend pas seulement à l'école ; l'effet miroir attendu est que chaque élève puisse prendre conscience des compétences autres que scolaires qu'il a déjà construites et amorcer ainsi un cercle vertueux d'apprentissage. »

Dans toutes les disciplines, le recours aux nouvelles technologies est fréquent et favorise l'individualisation des apprentissages. Les enseignements artistiques occupent également une place importante. L'évaluation prend rarement la forme de notes, au profit d'un travail d'autoanalyse individuelle et collective des productions. L'année est divisée en six séquences : à la fin de chacune, les élèves font le bilan de leur travail et de ce qu'ils doivent engager pour se rapprocher de leur objectif.

D'autres dispositifs

Seules ont été présentées ici les structures relevant, au moins en partie, de l'éducation nouvelle. Ce sont elles qui ont, les premières, imaginé des solutions pour les jeunes exclus du système scolaire, avec la fondation de l'Auto-École en 1992, une structure alors unique en son genre et destinée à l'accueil des jeunes collégiens volontaires, exclus de plusieurs établissements et sans solution scolaire.

Mais, depuis une dizaine d'années, la question des élèves en grande difficulté scolaire est devenue de plus en plus problématique, dans un contexte où, chaque année, cent vingt mille jeunes sortent du système scolaire sans diplôme ni qualification. Cela a conduit l'institution à mettre en place de nombreux dispositifs destinés à faire face au problème. On en trouvera ci-dessous une brève présentation.

Les **missions générales d'insertion**, destinées aux jeunes de plus de 16 ans sans solution scolaire et aux jeunes en risque de décrochage, proposent également diverses actions, qui comprennent un accueil des jeunes sans affectation (sur une courte durée, avec des enseignements personnalisés, la réalisation de bilans individuels et un travail sur leur projet) et d'autres à plus long terme.

Le **Fonds d'expérimentation pour la jeunesse** (FEJ), créé en 2009 pour « mettre l'expérimentation au service des politiques de jeunesse [...], favoriser la réussite scolaire des élèves et améliorer l'insertion sociale et professionnelle des jeunes », a financé quarante et une actions de lutte contre le décrochage, essentiellement mises en place par des établissements scolaires : tutorat, prise en charge des élèves exclus, professionnalisation des équipes éducatives, etc.

Quatre dispositifs « nouvelle chance » installés dans l'académie de Créteil s'adressent aux 16-18 ans. L'Auto-École à Saint-Denis (lycée Frédéric-Bartholdi), Second Cap à Gagny (lycée Jean-Baptiste-Clément) et Trait-d'union à Bobigny (lycée Alfred-Costes) accueillent essentiellement des décrocheurs de lycées professionnels. Nouvel Élan, implanté au Blanc-Mesnil (lycée Wolfgang-Amadeus-Mozart), consacre ses actions et ses expérimentations pédagogiques à des élèves issus de classes de seconde générale ou technologique.

Les écoles de la seconde chance s'adressent à des adultes de 18 à 25 ans (avec des dérogations possibles au-delà de cet âge) sortis depuis au moins deux ans du système scolaire sans diplôme ni qualification. La scolarité, qui dure une année, est fondée sur une **alternance école/entreprise**. La moitié du temps est consacrée à des stages en entreprise (stages de découverte de l'entreprise et des métiers dans un premier temps, puis stages de formation professionnelle). L'autre moitié, des enseignements en français, mathématiques, informatique, culture générale sont assurés de manière individualisée, chaque élève avançant à son rythme. L'accent est mis sur l'acquisition de savoir-faire : capacité à s'organiser, à monter des projets, à travailler avec d'autres... grâce à des activités sociales et culturelles diverses. L'objectif est de donner aux élèves les compétences nécessaires leur permettant d'exercer un emploi stable.

Le **Lycée de la nouvelle chance (LNC)** basé au lycée Magenta à Villeurbanne, destiné à la même tranche d'âge (jeunes de 18 à 25 ans qui ont quitté le système scolaire sans solution), veut leur permettre de reprendre une formation qualifiante et diplômante. L'enseignement dispensé est fondé sur une **alternance hebdomadaire forte** (trois jours de cours au lycée et deux jours de travail en entreprise). C'est là un fonctionnement très différent du Lycée de la nouvelle chance de Cergy, qui vise, comme les micro lycées, à préparer « autrement » les élèves à des baccalauréats généraux.

i INFORMATIONS PRATIQUES

- **Le Pôle innovant lycéen (PIL).** Situé à Paris, dans le 13e arrondissement, il comprend quatre «lycées»: le Lycée de la solidarité internationale (LSI), le Lycée des futurs (LDF), le Lycée intégral (LI), et le Lycée au long cours (LALC). Il accueille des jeunes décrocheurs volontaires de 15 à 20 ans.

- **Le lycée La Ville pour école (LVPE).** Situé à Paris, dans le 13e arrondissement, il accueille de quinze à vingt élèves, âgés de 16 à 20 ans, ayant fini leur troisième ou ayant un niveau proche, ayant abandonné un début de second cycle ou bien essayé de trouver un travail, ou bien encore ayant refusé de s'inscrire dans des filières qu'ils n'ont pas choisies.
La scolarité dure un an. Le recrutement se fait sur entretien à la suite

d'une démarche volontaire de l'élève candidat. À l'issue de son année à LVPE, l'élève peut intégrer une formation professionnalisante ou poursuivre sa scolarité au Lycée intégral.
LVPE a ouvert ses portes en septembre 1997, mais des structures similaires existaient depuis longtemps à l'étranger, comme la City as a School de New York (fondée en 1972), la Stadt als Schule de Berlin et d'autres « villes pour écoles » situées dans différents pays européens. Elles sont groupées au sein du réseau INEPS.

– **Le Collège lycée élitaire pour tous (CLEPT)** de Grenoble propose chaque année à une quinzaine d'élèves, âgés de 14 ans au moins et ayant rompu avec l'école depuis au moins six mois, d'intégrer une « section de fin de collège ». Cette année scolaire permet une remise à niveau de fin de collège, à l'issue de laquelle il est possible de passer le brevet des collèges et de poursuivre éventuellement un second cycle (soit au CLEPT, soit dans un autre établissement).

– **Les écoles de la deuxième chance,** beaucoup plus nombreuses (il existe une douzaine de ces écoles en France, localisées notamment en Île-de-France et dans l'Est) s'adressent à des adultes de 18 à 25 ans (avec des dérogations possibles au-delà de cet âge) sortis depuis au moins deux ans du système scolaire, sans diplôme ni qualification. La scolarité dure une année. La formation est gratuite, les élèves recevant même une petite rémunération (environ 300 euros, à l'issue de la période d'essai de un mois) au titre de stagiaires de la formation professionnelle.

DOCUMENTATION

- Goeme Philippe, Hugon Marie-Anne, Taburet Philippe, *Le Décrochage scolaire : des pistes pédagogiques pour agir*, éditions SCEREN, 2012, p. 130-132.

2. Des formations professionnelles inspirées de l'Éducation nouvelle : les Maisons familiales et rurales

Les Maisons familiales et rurales (MFR) sont des petits établissements (en moyenne cent cinquante élèves) qui **proposent des formations professionnelles dans différents domaines.** On peut y apprendre l'agriculture et l'élevage, mais aussi les métiers de l'horticulture, des soins aux animaux, de la protection de l'environnement, la mécanique, le commerce, le tourisme, la comptabilité ou les métiers du social, pour ne citer que quelques exemples.

Leurs principes s'inspirent fortement de l'Éducation nouvelle. Leur slogan est d'ailleurs explicite : « Réussir autrement. » En premier lieu, les MFR **se préoccupent de l'éducation des jeunes au sens large, en visant l'épanouissement de toutes les facettes de leur personnalité,** et non de leur seule scolarité.

Les enseignants sont appelés moniteurs, ce qui est révélateur du rôle éducatif global qui est le leur. Ils assurent les cours dans une ou plusieurs disciplines, suivent et visitent l'élève pendant son stage en entreprise et tiennent à tour de rôle une permanence en soirée dans les internats. Une grande attention est portée au fait que **tous les adultes responsables de la formation des jeunes s'impliquent et coopèrent :** formateurs de l'établissement, familles, maîtres de stage dans les entreprises accueillant les stagiaires. Les apprentissages des savoir-être (politesse, respect des horaires, travail bien fait...) sont valorisés.

Presque toutes les MFR sont des **internats :** cela leur permet de mettre en œuvre ce projet d'éducation globale. De plus, pour certains jeunes, la rupture avec la famille (et éventuellement avec la bande du quartier) est bénéfique. Le souci constant des Maisons familiales est de faire de l'internat un lieu éducatif. Les effectifs sont réduits et l'ambiance est familiale. Les jeunes participent à l'entretien des locaux : chaque semaine, ils sont chargés d'une tâche précise. Une attention particulière est accordée à l'animation des soirées. Ainsi, à la MFR de Conty, près d'Amiens, « à la fin de la journée, les jeunes se retrouvent en salle d'études, dînent ensemble et assistent à une veillée variable selon les jours. Veillée étude ou veillée animation, les soirées s'enchaînent : expression corporelle, improvisation théâtrale, initiation à des activités sportives ou culturelles, grand jeu, vidéo, préparation d'une sortie ou d'une soirée organisée au sein de la MFR[116] ».

Deuxième principe fondateur des MFR : **la scolarité y prend toujours la forme de l'alternance école/entreprise**. Cela permet de travailler à partir du vécu : « Dans le temps de travail au centre, nous n'avons avec ces jeunes ni programme ni référentiel, nous essayons de nous adapter à eux. Les enseignants sont peu nombreux et interviennent de façon polyvalente. [...] L'emploi du temps n'est pas structuré par une succession de disciplines, mais par des thèmes : la connaissance de l'entreprise, les questions qui se posent aux jeunes à partir de leur expérience de travail, et des sujets tirés de la vie sociale (sexualité, drogue, santé, sport, etc.) à partir desquels il est possible d'articuler un programme de français, de biologie, de législation », explique le directeur d'une MFR[117].

i INFORMATIONS PRATIQUES

La plupart des MFR sont implantées en milieu rural. Près de cinq cents maisons réparties dans toute la France accueillent soixante-cinq mille jeunes et jeunes adultes. Le coût est de 1 500 à 2 500 euros par an (aides possibles).
Si quelques-unes accueillent des jeunes dès la classe de cinquième, la plupart les reçoivent à partir de la quatrième technologique et au-delà. 70 % des élèves sont en situation d'échec ou de refus scolaire, mais ce sont rarement des jeunes difficiles au niveau du comportement[118].

DOCUMENTATION

« Réussir autrement sa formation dans les Maisons familiales et rurales », guide *L'Étudiant*, 2006.

116. *Le Lien*, août 2003, p. 6.
117. Cité in Delannoy C., *op. cit.*, p. 45.
118. Bourgeais Jo, « La formation en Maison familiale », *in* Delannoy, *op. cit.*, p. 54.

3. Des formations innovantes en lycée professionnel

Les MFR ne sont pas les seules à innover dans le domaine de la formation professionnelle. Il n'est pas possible de recenser ici toutes les pratiques : on se contentera d'en donner quelques exemples.

Les cent trente centres de ressources de l'enseignement agricole public sont des espaces d'innovation pédagogique : « Ils sont porteurs de démarches d'autoformation accompagnée et d'individualisation. Depuis deux ans, un cahier des charges a été mis en place pour entreprendre une labellisation des CDR », explique Monique Royer. Ainsi, « l'établissement public local Jean-Marie-Bouloux de Montmorillon en Poitou-Charentes est l'un des premiers établissements labellisés. Comprenant un lycée, un centre de formation professionnelle et de promotion agricole (CFPPA) et un centre de formation d'apprentis, il accueille près de sept cents apprenants, de la quatrième au BTS, pour des formations liées au monde agricole. La démarche de mise en place du centre de ressources, démarrée en 1999, s'est concrétisée dès la rentrée 2004 par la mise en œuvre d'un positionnement et d'un suivi individuels de tous les élèves. Plus qu'une évolution des pratiques, c'est une véritable révolution qui s'est opérée dans tout l'établissement, de la vie scolaire aux relations pédagogiques », explique Monique Royer[119].

Depuis septembre 1999, trente lycées professionnels de l'académie de Lille mettent en place, sous l'impulsion du rectorat et du conseil régional Nord-Pas-de-Calais, une opération baptisée le **Lycée de toutes les chances (LTC).** Dans chaque établissement, des enseignants volontaires définissent des actions permettant d'individualiser les parcours, d'élever le niveau de formation générale et d'assurer la réussite du plus grand nombre. Ils bénéficient pour cela de moyens supplémentaires. Par exemple, en 2007-2008, au LP Ile-Jeanty de Dunkerque, des tests de positionnement permettent de déceler les difficultés scolaires des élèves de CAP et BEP entrants et

119. Royer Monique, *Café pédagogique*, n° 73, 27 mai 2006 (http://www.cafepedagogique.org)

d'y remédier au centre de ressources ; quinze élèves du BEP habillement créent un défilé de mode présenté lors de la journée portes ouvertes : « Des Années folles à nos jours » ; quinze élèves de mention « retouche vente » créent et organisent une entreprise fictive ; quatre-vingts élèves hôteliers de terminale bénéficient d'une formation en langues sur l'argumentation commerciale... Selon Gilles Ferreol, professeur de sociologie à l'université de Poitiers, qui a dirigé une évaluation du LTC, ce dispositif a permis une incontestable plus-value éducative : « Diminution des exclusions, des retenues et du nombre de conseils de discipline ; progression, bien qu'irrégulière, des taux de pression à l'entrée ; meilleure réussite aux examens, beaucoup restant cependant à faire sur le front de l'absentéisme, des abandons (28 % en moyenne en 2003-2004) ou des sorties prématurées sans qualification[120]. »

Le lycée des Petits-Champs (privé sous contrat) prépare au bac sciences et technologie de la gestion (STG) et aux BTS négociation et relation clients, management des unités commerciales, comptabilité et gestion des organisations, informatique de gestion option réseaux (pour ces deux derniers : ouverture projetée en septembre 2008).

Enfin, les Orphelins apprentis d'Auteuil (OAA) proposent des formations professionnelles : CAP, BEP, bacs pro, et certaines de leurs maisons font des choix pédagogiques innovants. On peut se référer à l'ouvrage de Cécile Delannoy, *Élèves à problèmes, écoles à solutions ?, op. cit.*, qui leur consacre un long chapitre.

120. Ferreol Gilles, « Lycée de toutes les chances : une expérience pas comme les autres » (http://www.unsa-education.org)

CHAPITRE 6

Et après ? Les résultats de ces écoles…

Est-il possible de savoir si les écoles différentes réussissent ? Ce qu'elles apportent vraiment à leurs élèves ? Un élève qui fera sa scolarité dans une école primaire différente s'intégrera-t-il au collège ? Réussira-t-il moins bien, aussi bien… ou mieux que ses camarades ayant vécu une scolarité antérieure plus traditionnelle ? Ceux qui fréquentent des établissements secondaires différents s'intègrent-ils bien à l'université ? Qu'ont-ils acquis de plus ? Leur parcours scolaire aura-t-il une influence sur le type d'adultes qu'ils deviendront ?

Il est difficile de répondre à ces questions, et ce pour plusieurs raisons.

1. Premièrement, les élèves qui fréquentent ces écoles présentent des caractéristiques particulières qui rendent difficiles les comparaisons entre les résultats d'une école alternative et ceux d'une école traditionnelle. En particulier, beaucoup de ces écoles accueillent un nombre important d'élèves en difficulté pour lesquels les parents ont fait ce choix car ils ne s'adaptaient pas au système scolaire classique : comment, dans ces conditions, comparer leurs acquis avec ceux des autres établissements ?

2. Comment mesurer, dans les acquis des élèves, la part de l'école et celle de la famille dont ils sont issus ? Beaucoup d'écoles différentes accueillent des enfants de milieux plus intellectuels que la moyenne, puisque, pour y inscrire son enfant, il faut savoir que ces écoles existent et avoir les moyens (en termes de connaissances) de faire le choix de cette pédagogie plutôt que de celle de l'école du quartier[121]. On peut donc faire l'hypothèse que les parents qui effectuent une telle démarche sont plus attentifs que la moyenne à la scolarité de leur enfant... ce qui contribuerait à expliquer leur réussite. De même, des études montrent que les élèves ayant accompli leur scolarité dans certaines écoles différentes sont plus créatifs et ont davantage de pratiques culturelles que l'échantillon témoin : cela doit-il être attribué à l'école ou à la famille ?

3. Ces écoles donnent beaucoup d'importance aux acquis à long terme. Toutes affirment que leurs élèves acquièrent des capacités et des savoir-faire comme la capacité à être plus autonome, à s'exprimer, à construire un projet personnel solide, etc. **Mais comment mesurer des capacités comme le développement du sens critique, l'épanouissement, l'esprit d'initiative, la capacité à mener des projets ou à s'exprimer par des pratiques artistiques ?**

4. De façon générale, **il est très difficile d'évaluer ce qu'une innovation aussi ambitieuse qu'une école différente apporte parce que de nombreux résultats s'étendent sur une longue période et que les raisons des changements sont difficiles à isoler :** « Mesurer l'efficacité

121. Seules les écoles Freinet et quelques rares établissements différents, comme le collège Clisthène à Bordeaux, sont sectorisés et/ou implantés dans des quartiers populaires, ce qui leur permet de recevoir un public « tout venant ».

d'une innovation peut se révéler impossible. Nous devons savoir ce que l'élève est capable de faire, d'éprouver ou de penser, qu'il ne parvenait pas, ou qu'imparfaitement, à faire, éprouver ou penser avant le changement. Nous devons également pouvoir isoler ou déterminer le rôle joué par le nouveau dispositif indépendamment de l'influence du maître ou de la classe ou encore de l'état émotionnel de l'enfant », écrit Huberman[122].

5. En raison de ces difficultés méthodologiques, et parce que les écoles différentes scolarisent un très faible pourcentage des élèves français, **les chercheurs se sont très peu penchés jusqu'à présent sur leurs résultats**, alors que beaucoup de travaux portent sur les innovations de moindre ampleur menées au sein du système traditionnel. De plus, les enseignants des écoles différentes n'ont pas toujours été favorables à de telles investigations.

En dépit de ces difficultés, un certain nombre de recherches ont été menées. Nous examinerons successivement les données dont nous disposons concernant les résultats purement scolaires, puis les résultats dans les autres domaines (épanouissement, sens critique...) et enfin la question de l'intégration dans le système scolaire traditionnel.

122. Huberman A.-M., « Comment s'opèrent les changements en éducation : contribution à l'étude de l'innovation », *Expériences et innovations en éducation*, n° 4, Paris, Unesco/BIE, 1973, p. 96.

1. Les écoles différentes permettent-elles des acquis scolaires aussi bons que ceux obtenus dans les écoles standards ?

Pour répondre à cette question, plusieurs chercheurs ont fait passer des tests de connaissances similaires aux élèves d'écoles différentes et d'écoles standards.

Les excellents résultats de l'école Freinet

La recherche la plus ambitieuse menée en France dans ce domaine a été réalisée entre 2001 et 2006 et porte sur la **comparaison des résultats d'une école Freinet et de plusieurs écoles témoins** accueillant un public similaire. L'école étudiée est celle du groupe Concorde de Mons-en-Barœul, dans la banlieue lilloise, groupant l'école maternelle Anne-Frank et l'école élémentaire Hélène-Boucher. Située en réseau d'éducation prioritaire (REP), elle accueille des enfants de milieux populaires, souvent en grande précarité.

En 2001, en raison des difficultés de cette école « dont la réputation s'était cristallisée autour de résultats scolaires problématiques et d'un climat d'incivilités engendrant une baisse tendancielle des effectifs[123] », une expérience a été tentée : l'Éducation nationale a accepté que l'équipe, composée d'enseignants traditionnels (et qui étaient tous volontaires pour une mutation), **soit entièrement remplacée par des enseignants du mouvement Freinet.**

123. Toutes les citations sont extraites de Reuter Yves (dir.), *Une école Freinet. Fonctionnements et effets d'une pédagogie alternative en milieu populaire*, Paris, L'Harmattan, 2007.

Pendant les cinq années qui ont suivi, l'école a été **suivie par une équipe d'une dizaine de chercheurs** de l'université Lille-III et de l'IUFM du Nord-Pas-de-Calais, comprenant des sociologues, des pédagogues, des psychologues, des didacticiens du français, des mathématiques et des sciences. Chacun de ces chercheurs a mis au point, dans son domaine, un protocole de recherche appuyé sur une méthodologie rigoureuse. En particulier, les élèves de l'école Freinet et ceux de trois autres écoles de la banlieue lilloise accueillant des élèves d'origine sociale similaire ont été régulièrement soumis à des tests identiques visant à mesurer leurs acquis dans les différents domaines. Leurs résultats ont fait l'objet d'un livre publié en 2007.

En français, les élèves de l'école Freinet et des écoles témoins, de différents niveaux du CP au CM2, ont dû faire des rédactions à partir des mêmes consignes (« Raconte une soirée que tu as réellement vécue et qui t'a marqué », « Décris ton école »...). L'analyse du corpus, qui comprenait des centaines de devoirs, montre que « la comparaison des résultats des élèves d'Hélène-Boucher avec ceux de milieux équivalents travaillant selon un mode pédagogique classique est, sans conteste, à l'avantage des premiers » : « **Leurs écrits sont bien plus longs** (le double lors de la quatrième année de l'expérience). **Leurs performances sont meilleures en matière de langue** [...]. Ils développent et diversifient plus les éléments qui ont trait à l'imaginaire » et ils respectent mieux la consigne, affirment les chercheurs. En matière d'orthographe, « la supériorité est quasi constante du CP au CM2 [bien] qu'il faille attendre la cinquième année pour qu'elle se réalise au CM2 ». **Tous les tests menés en français montrent que les performances des élèves de l'école Freinet « dépassent sur la quasi-totalité des indicateurs retenus celles des élèves de milieux équivalents ».**

En mathématiques, les élèves des classes Freinet et de trois écoles témoins, du CP au CM2, ont été également soumis aux mêmes tests tout au long des cinq années du suivi universitaire. Cela a permis de constater que, **dans cette discipline, les apprentissages scolaires sont comparables quelles que soient les écoles :** « Les élèves de l'école Freinet sont susceptibles de connaître les mêmes types de dysfonctionnements et de réussite que les autres élèves interrogés. » Néanmoins, il apparaît que les élèves de l'école Freinet essaient plus souvent de faire le travail proposé, même lorsqu'ils ne sont pas sûrs d'eux : ils « semblent se démarquer par l'absence d'évitement des tâches proposées [...] et se refusent à la non-réponse », ce qui, selon le chercheur, est la trace « soit d'une absence de crainte face à l'erreur, soit d'une entrée consentie dans une démarche interrogative. Il semble que les dispositifs d'enseignement et d'apprentissage autorisent un rapport à l'erreur non traumatisant ». Par ailleurs, ils « ne sont pas figés dans une et une seule stratégie efficace : ainsi, ils multiplient les arguments pour prouver que deux traits sont symétriques et ils ont recours à des moyens diversifiés pour engendrer de nouvelles figures ». Enfin, lorsqu'ils sont amenés à rédiger des écrits mathématiques, les élèves de « deux des trois classes Freinet se distinguent significativement par la longueur des textes produits ».

Les travaux menés par l'équipe dans d'autres domaines, notamment sur la violence, le climat de l'école ou l'apprentissage des sciences, aboutissent également à des résultats très positifs pour l'école Freinet. Les seules réserves concernent le fait que les élèves rencontrent des difficultés dans « la maîtrise de la formalisation académique des pratiques : faiblesse dans le lexique ou les codages disciplinaires en grammaire, en mathématiques, en sciences ».

Une recherche de ce type est tout à fait inédite. C'est la première fois en France que l'Éducation nationale accepte que les enseignants d'une école en difficulté soient tous remplacés par des enseignants Freinet. C'est également la première fois qu'une telle expérience est suivie par un nombre aussi important de scientifiques, ces chercheurs étant par ailleurs neutres au sens où ils n'étaient pas, *a priori*, convaincus du bien-fondé des pratiques Freinet avant le début de l'enquête. Enfin, du fait que cette école est sectorisée et n'était pas étiquetée « différente » avant le début de l'expérience, elle accueille une population d'élèves ordinaires, et non des élèves par choix : les biais méthodologiques indiqués en introduction ne sont donc pas à prendre en compte. Les chercheurs se disent eux-mêmes impressionnés par les résultats obtenus, qui, écrivent-ils « pourraient paraître surprenants à un lecteur critique, tant il est rare, de fait, d'observer une telle convergence à partir d'autant de dimensions différentes ».

On peut rapprocher ces résultats de ceux obtenus par André Ouzoulias qui a montré que les élèves ayant appris à lire et à écrire par la méthode naturelle de lecture initiée par Freinet **mémorisent mieux l'orthographe**[124].

Vitruve : la réussite des enfants de milieux populaires

Les enseignants de l'école Vitruve[125] (Paris xxe) ont comparé les résultats de leurs élèves et ceux des écoles standards, à l'entrée en CE2 et en sixième.

Les évaluations à l'entrée en CE2[126] montrent que les élèves de l'école Vitruve réussissent **en français presque aussi bien que ceux de l'académie et mieux que la moyenne nationale** (75,6 % de réussite à Vitruve, contre 70 % au niveau national) ; **et en mathématiques, nettement mieux** (76,1 % de réussite à Vitruve, contre 68,4 % au niveau national).

	% de réussite en français			% de réussite en mathématiques		
Années	Vitruve	académique	national	Vitruve	académique	national
2006-07	71,4	73,3	70,6	78,2	71,1	69,9
2005-06	81,4	72,6	72,3	79,4	71,3	70,8
2004-05	82	81,7	73,5	77,4	75,8	69,5
2003-04	70,5	/	65,8	74,4		65,4
2002-03	72,8	/	68,2	71,3		66,7
Moyenne						

Évaluation à l'entrée en CE2.

124. Ouzoulias André, « La lecture et son apprentissage », *Le Nouvel Éducateur*, n° 114, décembre 1999, p. 18-21. Ces résultats sont présentés dans le chapitre consacré aux maternelles Freinet.
125. L'école Vitruve ne se réclame d'aucun mouvement pédagogique particulier, mais s'inspire fortement des techniques Freinet. Cf. p. 128.
126. Il s'agit de tests d'évaluation standards que tous les élèves des écoles françaises passent à l'entrée en CE2 et en sixième.

À l'entrée en sixième, leurs résultats sont globalement équivalents à ceux de leurs camarades issus de l'enseignement traditionnel, mais le nombre d'élèves ayant une ou plusieurs années de retard (en raison de redoublements) est bien inférieur. En effet, une autre enquête, menée en 1990-1991, montre que, sur deux cent vingt-sept enfants de Vitruve entrant en sixième, 79,9 % sont « en avance ou à l'heure » et 20,1 % ont de un à trois ans de retard. Si l'on considère uniquement les cent trente et un enfants ayant fait toute leur scolarité à Vitruve, 93,9 % sont à l'heure. Ces résultats sont meilleurs que la moyenne nationale, qui est de 65,7 % en avance ou à l'heure. Ces mêmes enfants sont suivis en cinquième et en quatrième, où ces résultats se confirment.

(Seuls les enfants ayant accompli toute leur scolarité à Vitruve sont pris en compte.)

1990-1991	% de réussite en français			% de réussite en mathématiques		
	Vitruve	académique	national	Vitruve	académique	national
	58,6	60,1	57,07	**66**	68,8	64

Évaluation à l'entrée en sixième.

Cette réussite ne peut pas être attribuée au fait qu'il s'agirait d'enfants issus de milieux sociaux favorisés. En effet, l'école Vitruve, située dans un quartier relativement populaire, accueille un public mélangé : aux enfants de « bobos » venus par choix et par dérogation se mêlent les enfants du quartier, l'école étant sectorisée : en 1990-1991[127], 26,9 % des enfants sont issus de catégories socioprofessionnelles (CSP) favorisées, 36,1 % de CSP moyennes et 37 % de CSP défavorisées.

127. À ma connaissance, il n'existe pas de chiffres plus récents. Les trois catégories retenues sont celles qui sont habituellement utilisées dans ce type d'enquête. CSP favorisées : cadres supérieurs, enseignants, industriels et gros commerçants, cadres moyens. CSP moyennes : employés, armée-police, artisans et petits commerçants, contremaîtres. CSP défavorisées : ouvriers, personnels de service, non-actifs et divers.

Écoles Montessori et Steiner : les résultats d'études étrangères

Aux États-Unis, où les écoles Montessori sont très nombreuses (plus de cinq mille), celles-ci ont suscité plusieurs travaux de recherche. Une étude menée par le département de psychologie de l'université de Virginie a consisté à comparer les résultats de cinquante-trois élèves de 3 à 12 ans d'une école Montessori du Wisconsin et de cinquante-neuf élèves d'écoles traditionnelles, issus de familles appartenant aux mêmes milieux sociaux, en leur faisant passer des tests identiques dans plusieurs disciplines. **Conclusion : les élèves de l'école Montessori obtiennent de meilleurs résultats dans toutes les disciplines[128].** D'autres chercheurs américains arrivent à des conclusions similaires : « La majorité des études auxquelles Boehlein (1997) fait référence montre que les résultats des élèves Montessori sont nettement supérieurs à ceux du système traditionnel » ; « Pour Lopata, Wallace et Finn (2005), les différences de performance aux tests de connaissance ne sont pas significatives, alors que, dans l'étude de Manner (2000), les performances des élèves de Montessori sont meilleures que celles des autres élèves[129]. »

Pour l'enseignement Steiner, on dispose d'études aux résultats divergents. D'après les chiffres fournis par la Fédération Steiner, les lycées Steiner français permettent de **conduire jusqu'au baccalauréat un nombre d'élèves plus important que l'enseignement traditionnel** (cf. pages suivantes pour le détail). La thèse de Shankland montre également qu'ils **réussissent mieux à l'université** (cf. *infra)*.

En revanche, trois études sur les élèves des écoles Steiner (deux étrangères et une française) relèvent que les acteurs de ces établissements regrettent un **manque de connaissances factuelles**, en dépit de leurs bons résultats généraux et en particulier dans les domaines artistiques. D'après une recherche sur les représentations des enseignants des écoles

128. Lillard Angeline et Else-Quest Nicole, « Evaluating Montessori Education », *Science*, vol. 113, 29 septembre 2006, p. 1893-1894.
129. Shankland Rebecca, « Adaptation des jeunes à l'enseignement supérieur. Les pédagogies nouvelles : aide à l'adaptation ou facteur de marginalisation ? », thèse de doctorat, université Paris-VIII, 2007, p. 43.

Steiner de trente et un pays, ceux-ci indiquent, parmi les points à améliorer « les problèmes d'orthographe, le manque de connaissances factuelles (en histoire notamment) et le manque de formation des enfants à l'outil informatique[130] ». Une autre étude indique que les anciens élèves des écoles Steiner interrogés « ont la sensation de posséder moins de connaissances que les anciens élèves du système traditionnel. Ils soulignent néanmoins que cela peut être surmonté grâce à la capacité d'apprendre ainsi que le goût de la découverte[131] ». D'après une troisième recherche portant sur les anciens élèves des écoles Steiner en France, 40 % indiquent « la présence de lacunes au niveau scolaire » : « Les principales lacunes scolaires se situent au niveau de l'orthographe, des sciences, de l'histoire et [...] des langues étrangères[132]. » Néanmoins, ces trois recherches portent sur les représentations des élèves et des enseignants (et non, comme les études citées plus haut, sur la comparaison de leurs résultats avec ceux d'élèves d'écoles standards) : il est possible que ceux-ci surestiment le niveau des écoles traditionnelles.

Les résultats au brevet et au baccalauréat

Les données concernant les résultats aux examens des collèges et lycées sont présentées de façon détaillée dans les chapitres correspondants. Elles montrent que les collèges et lycées épanouissement réussissent au moins aussi bien que les écoles standards dans ce domaine. Les lycées bac-responsabilisation, qui accueillent une majorité d'élèves décrocheurs ou en difficulté, amènent la plupart d'entre eux au baccalauréat, ce qui peut être considéré comme un excellent résultat au regard du public accueilli. On ne dispose pas de suffisamment d'éléments sur la réussite dans ce domaine des collèges Freinet-PI pour affirmer quoi que ce soit, même si les chiffres disparates en notre possession permettent de penser qu'ils ont également de bons résultats. En revanche, les lycées autogérés, qui se donnent d'autres priorités, ne conduisent qu'une minorité de leurs élèves jusqu'au seuil de l'université.

130. Ogletree E.J., « International survey of the status of Waldorf schools », 1998, non publié mais accessible sur la base de données ERIC. Cité par Shankland R., *op. cit.*
131. Dahlin B., Langmann E., Anderson C. (2004) : « Kunskaper i Svenska, Engelska och Matematik samt attityder till undervisninger. En jämförelse mellan Waldorfelever och elever i den kommunala skolan », Karlsatd, Institutionen för Utbildningsvetenskap, Karlsatds Universitet, 2004.
132. Finkelmeyer J. (2001) « L'École Waldorf en France vue et vécue par ses anciens élèves : devenir social et professionnel des anciens élèves Waldorf », mémoire de maîtrise pour l'obtention du diplôme des hautes études des pratiques sociales à l'université Marc-Bloch de Strasbourg. Cité par Shankland R. (2007), *op.cit.*, p. 51.

Que conclure de tout cela ? Les études menées jusqu'à présent sont trop peu nombreuses, surtout pour la France, et les écoles alternatives trop différentes pour permettre de généraliser à l'ensemble des écoles différentes les résultats obtenus dans les quelques écoles étudiées. Néanmoins, les données convergent sur le fait que **la majorité des écoles différentes permettent, en ce qui concerne les acquis scolaires, une réussite au moins aussi bonne que les écoles standards.**

2. Les écoles différentes apportent-elles réellement un plus en matière d'acquis à long terme ?

La mesure des acquis au long terme peut être établie soit par les déclarations des acteurs (élèves, anciens élèves, parents, enseignants...) sur leur ressenti, soit par des observations, soit enfin par l'étude du devenir d'anciens élèves : professions exercées, activités culturelles et associatives, etc.

Des écoles où l'on vient travailler avec plaisir, dans une bonne ambiance

Deux points peuvent être affirmés avec certitude :

–D'une part, **les écoles différentes parviennent à susciter chez leurs élèves un certain plaisir de venir dans ces établissements :** « Pour une fois, ça ne me saoule pas de me lever pour aller à l'école. » « On prend plaisir à venir ici. Moi, je sais que je prends plaisir à venir ici. Dans mon collège avant, le matin, on se levait, c'était par obligation. Tandis qu'ici, tu viens par plaisir de revoir les autres. » « Moi, j'adore l'école pour l'ambiance. Quand on va au lycée, c'est pour travailler, mais c'est aussi pour retrouver des gens avec qui tu es bien, aussi bien des profs que des élèves », affirment les élèves de différents établissements[133].

– D'autre part, **l'ambiance de ces écoles est excellente.** La violence scolaire est très largement inférieure à celle des établissements standards, les incivilités et les dégradations sont quasi inexistantes, enseignants et élèves se parlent sur un ton de respect mutuel et sans violence verbale, alors que les sanctions traditionnelles n'ont pas cours.

Ces affirmations s'appuient sur trois types de sources :

– Mes travaux sur les collèges et les lycées différents, fondés sur des observations longues et sur des entretiens menés dans une douzaine d'établissements avec des élèves, des anciens élèves, des enseignants et des anciens enseignants[134] montrent que tous les établissements réussissent dans ces deux domaines.

– Il existe une abondante littérature composée de témoignages d'enseignants, de parents ou d'anciens élèves des écoles différentes. Le dépouillement de ces documents pour quarante de ces établissements montre qu'à tous les niveaux (maternelle, primaire, secondaire), les acteurs convergent sur ces affirmations[135].

– Plusieurs études menées chez les anciens élèves[136] ainsi que l'étude déjà citée sur le groupe scolaire Concorde[137], confirment ces points.

---

133. Entretiens non directifs menés auprès des élèves de diverses écoles différentes.
134. Viaud M.-L. , *op.cit.*
135. *Ibid.*
136. Peyronie H., « Que sont devenus d'anciens élèves des classes Freinet ? », in *Freinet 70 ans après*, Presses universitaires de Caen, 1998 ; rapport d'étape de la commission « Devenir » de l'école Vitruve, automne 2005-printemps 2006
137. Les chercheurs étudiant le groupe scolaire Concorde ont observé que les changements pédagogiques ont entraîné une modification de l'ambiance : « Les actes de violence ont régressé très rapidement [...], les climats (de travail, éducatif et de justice) se sont également considérablement améliorés, devenant notablement supérieurs à ceux des autres écoles .»

Des acquis en matière d'autonomie, d'estime de soi et d'adaptation à des situations nouvelles

Une étude de Kendall (1992), menée aux États-Unis et portant sur la comparaison de trente élèves du système scolaire traditionnel et de trente élèves d'une école Montessori, montre « une autonomie bien plus développée de la population Montessori : indépendance, prise d'initiatives, régulation du comportement. En outre, ces enfants présentaient davantage de compétences en termes de relations sociales et de résolution de problèmes[138] ».

Rebecca Shankland a interrogé deux cent soixante-dix-sept anciens élèves français (cent issus du système traditionnel, cent issus d'écoles Steiner et soixante-dix-sept issus d'écoles nouvelles ou Montessori) pour savoir ce que ces pédagogies leur avaient apporté. 60% des anciens élèves des écoles Montessori et nouvelles déclarent que leur scolarité leur a permis d'acquérir de l'autonomie, alors que les élèves du traditionnel ne sont que 23 % à l'affirmer. 40% d'entre eux estiment avoir acquis de la confiance en soi, contre 13 % de l'échantillon témoin[139].

L'équipe étudiant le groupe scolaire Concorde a constaté que les élèves de l'école Freinet étaient « moins déstabilisés que d'autres face à des tâches, des situations ou des tests inhabituels auxquels nous avons pu les soumettre (ce qui semble témoigner d'une véritable souplesse adaptative) et plus sereins que d'autres dans leurs relations à des adultes qu'ils connaissent moins ».

Une enquête menée par l'école Vitruve auprès de ses anciens élèves montre que « cet enseignement a été pour eux source d'autonomie, a développé leur sens des responsabilités ». « 30% évoquent l'intérêt de la confiance accordée aux enfants par les adultes et la confiance en eux qu'ils ont pu acquérir ; d'autres insistent sur le fait que ces relations leur ont permis par la suite de mieux faire face aux difficultés, de se débrouiller

138. Shankland R., *op. cit.*, p. 43.
139. *Ibid.*, p. 189-190.

dans la vie, et que ces responsabilités ont été pour eux valorisantes. » Les propos des élèves rapportés en annexe de l'étude le montrent : ainsi, interrogés sur « le plus important des années passées dans cette école », ils répondent : « l'acquisition de l'autonomie pour le travail » ; « avoir appris à avoir confiance en soi » ; « l'apprentissage et l'autonomie » ; « le fait d'être autonome » ; « l'autonomie » ; « la liberté d'expression » ; « l'apprentissage de la solidarité, de l'autonomie, du respect de l'autre et des valeurs qui devraient guider tout citoyen »...

Ainsi, même si les travaux sur ces points restent disparates, il semble que **les écoles différentes permettent des acquis importants en termes de développement de la personne, notamment en matière d'autonomie, d'estime de soi et d'adaptation à des situations nouvelles.**

Le développement de la créativité

Plusieurs études convergent sur le fait que les écoles Steiner permettent un développement particulièrement important des capacités artistiques. Pour les chercheurs britanniques (Cox, Rowlands, 2000) qui ont comparé les effets des approches éducatives Montessori, Steiner et du système traditionnel, concernant l'habileté au dessin, « les résultats montrent que les dessins des enfants des écoles Steiner sont à la fois plus riches et plus imaginatifs, et à la fois plus exacts du point de vue des détails (proportions, perspectives, etc.)[140] ». Ogletree a mené deux études, en 1991 et 1996, « sur le développement de la créativité dans les écoles Steiner, en comparant ces élèves à ceux du système scolaire traditionnel en Angleterre, en Écosse et en Allemagne. Les résultats de ces études indiquent que le degré de créativité des élèves des écoles Steiner dans ces trois pays est supérieur à celui des élèves du système traditionnel pour l'habileté au dessin (1991) aussi bien que pour la pensée créative (1996)[141] ».

Trois recherches différentes montrent également que les élèves des écoles Steiner françaises sont nettement plus nombreux que la moyenne

140. *Ibid.*, p. 43.
141. *Ibid.*, p. 45.

à exercer des professions artistiques. Une étude menée en 1995 par l'école Steiner de Chatou et visant à recenser le secteur d'activités de deux cent trente-trois de ses anciens élèves affirme que trente-huit d'entre eux exercent dans le domaine de l'art[142]. En 2001, une étude plus générale sur les anciens élèves des écoles Steiner en France indique que 23 % d'entre eux se sont dirigés vers les métiers de l'art (et 23 % vers les professions sociales et médicales[143]). D'après l'enquête de Shankland, trente et un sur cent des anciens élèves de Steiner interrogés déclarent s'être s'orientés vers les métiers artistiques et créatifs[144].

Il n'existe pas, à notre connaissance, de travaux comparables concernant les autres types d'écoles différentes, à l'exception d'une étude menée aux États-Unis, Rose (1990), qui montre que « **le degré de créativité des élèves de Montessori est supérieur à celui des enfants du système traditionnel**[145] ».

D'autres acquis...

Deux études montrent que les élèves des écoles interrogées ont davantage de pratiques culturelles que ceux du système standard. Une étude de F. Bosse sur les anciens élèves des lycées expérimentaux de Saint-Nazaire et d'Oléron montre notamment que ceux-ci sont plus nombreux que la moyenne à fréquenter les lieux culturels comme le théâtre[146]. Par ailleurs, un sondage quantitatif, réalisé en Allemagne auprès d'anciens élèves d'écoles Steiner nés en 1940 et 1941, permet d'affirmer que, par rapport au groupe contrôle, ces personnes se distinguent de façon significative par une plus grande mobilité géographique et sociale, des activités de loisirs beaucoup plus orientées vers la culture, les manifestations artistiques et la pratique d'un instrument de musique[147].

142. *Ibid.*, p. 47.
143. *Ibid.*, p. 53.
144. *Ibid.*, p. 187-188.
145. *Ibid.*, p. 43.
146. Bosse F., « Étude statistique auprès des anciens élèves des lycées expérimentaux de Saint-Nazaire et d'Oléron », mémoire de DEA de sociologie, université de Nantes, 1989.
147. Ullrich H., « Steiner », in Houssaye J. (dir.), *Quinze pédagogues, leur influence aujourd'hui,* Paris, Armand Colin, 1994, p. 120.

Cette même étude montre qu'en Allemagne, en 1990, presque **deux fois plus d'élèves venant des écoles Steiner (57,5 %) que d'élèves issus des écoles d'État ont été admis à faire des études universitaires,** et ce malgré l'absence de sélection (cependant ces écoles accueillent surtout des enfants d'un milieu social aisé, ce qui conduit à relativiser ce résultat).

Les élèves de ces écoles sont-ils plus concernés par les questions sociales, comme le souhaitent les promoteurs des pédagogies Freinet, PI et nouvelles ? H. Peyronie a mené une étude auprès d'anciens élèves scolarisés de 1935 à 1985 dans des classes à pédagogie Freinet du primaire ou du secondaire «Que sont devenus d'anciens élèves des classes Freinet[148]» ? Ils revendiquent « une autre manière d'être au travail et dans la vie », « comme la parole et le fait d'aimer discuter [...], de ne pas avoir peur des oppositions et des confrontations. Avec mes collègues de travail, ce qui est le plus évident, c'est le sentiment de toujours vouloir former une équipe », dit l'un ; ça m'a « ouvert à des tas de choses, dit un autre. Henry Peyronie cite deux témoignages relatifs à une « initiation politique » : « J'ai découvert que, depuis des siècles, on se battait pour un monde meilleur et contre des gens qui n'en avaient rien à faire, et qu'il y en avait à l'époque où je vivais, c'est avec ceux-là que je voulais être. Et ça, je leur dois. Parce que comment j'aurais fait cette découverte ? Dans une école traditionnelle, ce n'est pas évident que je trouve ça toute seule. » « Je suis rebelle et c'est Freinet qui m'a appris ça, à être rebelle, à critiquer, à ne pas prendre tout cru ce que l'on me donne. »

L'étude menée sur le groupe Freinet Concorde montre que les capacités orales des enfants sont excellentes, et ce dès la maternelle, « avec des indicateurs intéressants quant à l'écoute et au respect de l'autre, à la longueur des productions, à l'élocution et à l'aisance, à la capacité à parler sans notes, à la prise de risques[149] ». C'est également un des acquis rapportés par des anciens élèves de l'école Vitruve : « J'ai eu des facilités à m'intégrer, à m'organiser, à prendre des initiatives, à m'exprimer facilement même face aux adultes et même devant du monde[150]. »

---

148. Peyronie H. « Que sont devenus d'anciens élèves des classes Freinet ? », in *Freinet, 70 ans après*, *op. cit.*
149. Reuter Y., *op. cit.*, p. 247.
150. Rapport d'étape de la commission « Devenir » de l'école Vitruve, automne 2005-printemps 2006.

3. Comment se passe la transition vers le système traditionnel ?

C'est l'une des grandes inquiétudes des parents.

Il est certain qu'une partie des élèves ressentent effectivement des difficultés d'adaptation. 40% des élèves des écoles nouvelles et Montessori, et 45 % des élèves des écoles Steiner interrogés par R. Shankland déclarent avoir eu des difficultés au moment de la transition vers le collège, contre 28 % des élèves du traditionnel[151]. 9% des élèves de l'école Vitruve déclarent que leur intégration au collège ne s'est pas bien passée, et 7 % qu'elle s'est « plus ou moins bien passée »[152].

Mais ces difficultés sont transitoires :

1. Les enseignants de l'école Freinet Ange-Guépin, à Nantes, ont suivi leurs élèves en sixième et ont comparé les moyennes des notes qu'ils ont obtenues avec celles des élèves issus d'écoles primaires standards[153]. Résultats : au premier semestre, les élèves d'Ange-Guépin présentent de légères difficultés d'adaptation dans les matières fondamentales : en français, mathématiques et LV1, leurs notes sont en moyenne inférieures d'un point à celles de leurs camarades issus d'autres écoles (en histoire-géo et SVT, elles sont équivalentes, et en EPS, musique et dessin, supérieures d'un point en moyenne). Cela s'explique par le fait que ces élèves n'ont jamais eu, en primaire, de notes,

151. Shankland R., *op. cit.*, p. 185-186.
152. La question posée est : « Comment s'est passée ton intégration au collège ? » Les réponses, fournies par une cinquantaine d'élèves scolarisés dans cette école entre 1987 et 2002, sont : très bien : 31 % ; bien : 44 % : normalement : 9 % ; plus ou moins bien : 7 % ; mal : 9 %. Source : rapport d'étape de la commission « Devenir » de l'école Vitruve, automne 2005-printemps 2006.
153. Descottes Pierrick, Blanchard Joël, Le Ménahèze François (coordination), *Travailler en équipe aujourd'hui : de l'utopie à la réalité. L'expérience des équipes Freinet*, éd. ICEM, n° 55, 2007.

de contrôles ou de cours magistraux. Au second semestre, leurs notes sont équivalentes à celles des élèves issus d'autres écoles. Au troisième trimestre, dans toutes les disciplines, les anciens élèves d'Ange-Guépin obtiennent des moyennes supérieures d'un à deux points. Ces résultats tiennent notamment à leurs acquis en termes d'organisation et d'autonomie dans le travail, et de savoirs et savoir-faire ancrés plus profondément. Il n'a pas été possible d'obtenir suffisamment de bulletins au-delà de l'année de sixième pour suivre sur un plus long terme le devenir de ces élèves.

2. Le travail mené auprès de l'école Freinet Concorde montre que « le passage en sixième ne s'avère pas particulièrement problématique. [...] Leur niveau ne s'effondre pas, il y a continuité dans leurs performances et dans leurs résultats et ils soutiennent la comparaison avec leurs pairs venus d'ailleurs. [...] On a l'impression que la construction [...] de sentiments de sécurité et d'estime de soi, ainsi que d'une autonomie dans le travail et dans le jugement, sans résoudre tous les problèmes, a fourni à nombre d'entre eux des atouts non négligeables pour surmonter certaines difficultés liées à cette transition scolaire[154] ».

3. L'étude de R. Shankland montre que les anciens élèves des écoles Montessori et Steiner s'adaptent mieux que les élèves standards à l'enseignement supérieur. Selon elle, cette adaptation « est positive et se manifeste par un bien-être psychologique plus important que les sujets du traditionnel (anxiété, dépression, satisfaction par rapport à sa vie d'étudiant), un bien-être physique satisfaisant et de meilleurs résultats scolaires que les sujets du traditionnel[155] ». Pour elle, cette bonne adaptation est due au fait qu'ils ont acquis « la capacité à être autonomes, le sentiment d'auto efficacité, la confiance en soi et en l'avenir » et qu'ils retrouvent un système d'enseignement responsabilisant[156]. Ils ont aussi effectué un choix d'orientation plus réfléchi : 70 % ont réellement choisi leur orientation, contre 40 % des étudiants ordinaires ; et ils sont plus nombreux à s'engager dans les études avec l'idée d'un métier bien défini : c'est le cas de 39 % des élèves des écoles nouvelles et Montessori, de 18 % de ceux issus des écoles Steiner, mais seulement de 10 % de ceux issus du traditionnel[157].

154. Reuter Yw
155. Shankland R., *op. cit.*, p. 183.
156. *Ibid.*, p. 205-208.
157. *Ibid.*, p. 213.

Ces différentes recherches montrent donc que, lorsque les élèves ont surmonté leurs difficultés initiales, leur adaptation à leur nouvel environnement est aussi bonne ou meilleure que celle de leurs camarades issus du système standard.

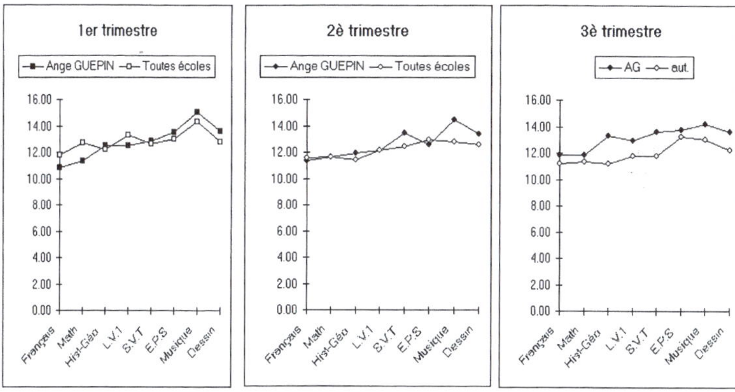

Suivi de scolarité des élèves de 6e [158] de l'école Freinet Ange-Guépin.

Il est probable que cela est dû, comme les travaux mentionnés plus haut le montrent, au fait que ces élèves, plus autonomes, ont une estime d'eux-mêmes plus forte, font preuve d'une grande ouverture d'esprit et de facultés importantes d'adaptation : cela leur permet, plus facilement qu'à des élèves issus du système standard, de surmonter les difficultés qu'ils rencontrent lors du passage dans le traditionnel.

LE DEVENIR DES ÉLÈVES DE L'ÉCOLE DES BOURSEAUX

Une recherche universitaire importante, achevée en 2009, s'est penchée sur l'adaptation des élèves de l'école ouverte des Bourseaux au collège, en la comparant avec celle des autres élèves scolarisés dans des établissements du même secteur.
Il en ressort que ces élèves arrivent au collège avec de meilleures bases et en sortent avec les meilleurs résultats. Ils obtiennent en moyenne de meilleurs résultats que leurs camarades en classe de 6e, et cette « avance » se maintient sur le long terme, puisqu'ils obtiennent toujours de meilleures performances scolaires une fois en classe de 3e.

158. *Ibid.*

De plus, les anciens élèves de l'école des Bourseaux ont une meilleure estime d'eux-mêmes, se sentent davantage capables de faire face à la violence entre pairs que leurs camarades provenant des autres écoles, et se sentent plus à l'aise dans leurs relations avec les adultes.

i DOCUMENTATION

Une journée d'étude sur la question de l'évaluation des établissements scolaires différents s'est tenue le 21 mars 2012.
De nombreux travaux de recherche récents portant sur ce thème y ont été présentés.
On peut consulter le programme et les communications à l'adresse : http://www.recherchespedagogiesdifferentes.net

Brito O. sous la direction de Jacques Pain, *Le Devenir des anciens élèves de l'école publique des Bourseaux* CREF, université Paris-Ouest Nanterre La Défense, décembre 2009.
Consultable en ligne : http://www.jacques-pain.fr/jacques-pain/Rech_Les_Bourseaux.html

CHAPITRE 7

Et à la maison ?

Des pratiques d'éducation alternative à l'école, mais aussi chez soi

Lorsque le mouvement de l'Éducation nouvelle, active et coopérative s'est développé à la fin du XIXe siècle et au début du XXe siècle, il n'a pas donné naissance seulement à des écoles alternatives, mais aussi à une réflexion plus générale sur l'éducation[159]. Plusieurs grands créateurs d'écoles différentes ont écrit des ouvrages destinés aux parents et aux éducateurs, comme *Conseils aux parents* (C. Freinet, 1946), *Libres enfants de Summerhill, La Liberté, pas l'anarchie* (A.-S. Neill, 1966). Inversement, les pédagogues, les philosophes ou les psychologues qui ont réfléchi sur l'éducation familiale ont souvent pris position sur la question de l'école : ainsi, Françoise Dolto défend le principe de l'école active dans plusieurs de ses ouvrages.

Ce qui rassemble ces pédagogues, c'est d'abord le fait de poser un autre regard sur l'enfance. Le titre de leurs ouvrages est explicite : en 1929, Janusz Korczak écrit *Le Droit de l'enfant au respect* ; un demi-siècle plus tard, Françoise Dolto intitule le sien *La Cause des enfants*[160]. Pour eux, l'enfant est une personne, capable de comprendre, dès les premiers jours de sa vie, les événements qu'il vit, les paroles qu'on lui adresse et les explications qu'on lui donne, et d'y réagir. Respecter l'enfant, c'est donc le traiter comme on aurait soi-même voulu être traité à son âge, en tenant compte de ses besoins, de ses spécificités, de ses rythmes ; le valoriser et l'encourager dans le développement de sa personnalité, dans son expression personnelle, dans ses initiatives ; lui permettre d'exercer son autonomie, de développer son sens critique, de prendre des responsabilités, et ce dès son plus jeune âge.

Vous dites :
C'est fatigant de fréquenter les enfants.
Vous avez raison.
Vous ajoutez :
Parce qu'il faut se mettre à leur niveau, se baisser, s'incliner, se courber, se faire petit.
Là, vous avez tort.
Ce n'est pas cela qui fatigue le plus. C'est plutôt le fait d'être obligé de s'élever

159 Ainsi qu'à d'autres institutions éducatives. Ainsi, le scoutisme, fondé en 1908, participe de cette mouvance : on y retrouve la confiance dans la nature et dans la valeur éducative du milieu naturel, la non-distinction entre le travail et le jeu, les projets, des « entreprises » concrètes qui satisfont des besoins réels, le « conseil de meute » qui régule la vie du groupe (Oury, Vasquez, *op. cit.*, p. 213-217).
160. Publié en 1985.

jusqu'à la hauteur de leurs sentiments,
De s'étirer, de s'allonger, de se hisser sur la pointe des pieds
Pour ne pas les blesser.

Janusz Korczak, ***Le Droit de l'enfant au respect***

Des parents alternatifs, conscients ou extraterrestres...

Qui sont aujourd'hui les parents différents ou qui s'inspirent de l'esprit des pédagogies nouvelles ? Il est difficile de répondre à cette question tant **ces termes ne désignent qu'un ensemble aux contours flous.** La plupart des parents alternatifs n'appartiennent à aucun mouvement. Néanmoins, **le développement d'Internet a permis à un certain nombre d'entre eux de se grouper en petites associations** pour échanger sur leurs pratiques via des rencontres régulières et des forums d'échanges sur le Web.

Beaucoup de ces groupes sont locaux et rassemblent un petit nombre de parents. Ainsi, à Paris, les parents « différents » de l'Est parisien échangent sur la liste de discussion « Ressources parents Paris » et se retrouvent deux fois par mois au Cafézoïde, le premier café culturel pour enfants[161]. Stéphanie Boudaille-Lorin, une jeune mère, a créé il y a quelques années, dans le XIIIe arrondissement de Paris, l'association des Parents extraterrestres qui groupe « tous ceux qui se sentent parfois extraterrestres de par leurs choix de parentage alternatif » : « Il y a bien des raisons pour lesquelles on peut se sentir un peu ou beaucoup extraterrestre, dès qu'on ne suit pas aveuglément les conseils des ouvrages de puériculture ou de sa belle-mère, par exemple », explique-t-elle. Deux mercredis après-midi par mois, les parents intéressés se retrouvent avec leurs enfants pour des papotages et un goûter, certaines rencontres étant précédées de la présentation d'une association : par exemple, en mai 2008, l'association Maman Blues qui traite de la difficulté maternelle ; en juin, l'association Les Enfants d'abord, consacrée à l'instruction en famille.

Le mouvement le plus dynamique et le plus connu en France est celui des Parents conscients. Ils échangent sur une liste de discussion où plusieurs milliers de messages sont envoyés chaque mois. On y aborde, en vrac, la question d'un enfant qui ne veut pas se coucher, d'un autre qui est jaloux de son frère, d'une petite fille qui se nourrirait volontiers de bananes et de

161. Le Cafézoïde, 92 *bis,* quai de la Loire, 75019 Paris, métro Laumière, http://www.cafezoide.asso.fr

compotes et d'une mère à bout... Les règles de fonctionnement invitent à ne pas porter de jugement, à ne pas donner de conseils non sollicités et à favoriser le partage d'expériences vécues. Les Parents conscients se rassemblent également en petits groupes locaux pour organiser des rencontres et des activités communes, que ce soit en Île-de-France, dans l'Ain, les Bouches-du-Rhône, les Hautes-Alpes, la Haute-Vienne, l'Isère, le Morbihan, le Vaucluse et le Var, ou encore à La Réunion.

Le maternage

Depuis une quinzaine d'années, on assiste au développement d'un mouvement éducatif alternatif visant à répondre au plus près aux besoins des bébés et des jeunes enfants et à leurs attentes de contacts physique et émotionnel : le maternage. « Materner, c'est répondre aux appels de nos enfants, qu'ils soient nourrissons (en ne les laissant pas pleurer dans leur lit jusqu'à ce qu'ils s'endorment) ou plus grands (quand ils nous sollicitent justement quand on est en train de repasser et qu'ils veulent un câlin. [...] Materner, c'est comprendre que, plus ils sont petits, plus leurs besoins doivent être comblés rapidement. La frustration, ils la connaîtront bien assez tôt. Pourquoi la leur imposer avant ? Certains diront que materner, c'est les faire grandir dans un cocon, et que, plus tard, ils ne sauront pas se débrouiller dans la vie. Au contraire [...]. Plus un enfant se sent en sécurité, plus il lui sera facile d'aller explorer le monde en sécurité », témoigne une mère.

Dès la conception, les mères maternantes entrent en contact avec leur bébé par **l'haptonomie**. Elles choisissent souvent un **accouchement peu médicalisé**. Par exemple, dans les cliniques des Lilas (Seine-Saint-Denis) ou des Bluets (Paris), l'accouchement n'est pas déclenché systématiquement si le terme est dépassé. Il est possible de mettre son enfant au monde dans la position de son choix et éventuellement dans l'eau, et le père peut être présent en cas de césarienne. À la naissance, le bébé voit le jour dans une lumière tamisée, éventuellement avec une musique douce ; seul le minimum de soins lui est apporté (par exemple, le bain n'est pas obligatoire, l'aspiration des bronches n'a lieu que lorsqu'elle est strictement nécessaire), l'enfant est posé sur le ventre de sa mère et y reste deux heures.

Les maternantes **s'efforcent de ne pas laisser pleurer leur bébé,** persuadées qu'un jeune enfant ne pleure jamais pour rien et que, même s'il est impossible de l'apaiser, il trouvera plus de réconfort dans leurs bras que dans son berceau. **Elles allaitent leur bébé longtemps** et à la demande, en raison de la proximité et de l'échange mère-enfant que cela permet et des bienfaits que le nourrisson en retire, et beaucoup sont favorables à un allaitement pendant plusieurs années. Pour elles, l'enfant a besoin d'un contact rapproché avec sa mère pendant ses premières années : **elles portent donc fréquemment leur bébé dans une écharpe de portage.** Collé contre la peau de sa mère, l'enfant retrouve sa chaleur, son odeur et son rythme, ce qui l'apaise. À partir du constat que les enfants arrivent à s'exprimer par gestes, comme en faisant « bravo » ou « au revoir », bien avant d'être capables d'articuler des mots, quelques-unes **apprennent à leurs enfants des gestes dérivés de la langue des signes.** Par exemple, un bébé de un an qui a appris les gestes correspondant à « téter », « boire », « encore » ou « banane » peut faire connaître ses besoins beaucoup plus efficacement qu'en pleurant.

D'autres pratiques du maternage ne font pas l'unanimité. Ainsi, les partisans du « cododo », ou sommeil partagé, partagent leur lit avec leur bébé et/ou leurs enfants. Ils voient deux avantages majeurs à cette pratique : d'une part, cela favorise l'allaitement puisqu'il est ainsi plus facile d'allaiter son bébé à la demande et sans fatigue, d'autre part, cela sécurise le jeune enfant et permet à toute la famille de mieux dormir – inutile de se lever si l'enfant se réveille la nuit. Ceux qui s'y opposent mettent en avant les risques d'asphyxie du nourrisson (bien que ce danger soit discuté et puisse être écarté si l'enfant dort sur son matelas collé à celui de ses parents) et considèrent que la psychanalyse a montré qu'il n'est pas bon pour un enfant de partager le lit de ses parents. L'hygiène naturelle infantile, qui consiste à décrypter les mimiques de son nourrisson lorsqu'il désire uriner ou aller à la selle pour lui permettre de se passer de couche, fait elle aussi débat.

Certaines mères militent activement en faveur de ces pratiques, notamment par le biais de manifestations originales. Ainsi, chaque année, La Grande Tétée rassemble des mères et leurs enfants pour une mise au sein collective, et la Balade des bébés portés promène à travers Paris des enfants portés en écharpe.

Favoriser l'autonomie

« Aide-moi à faire seul », aurait dit un jeune enfant à Maria Montessori. Comme Montessori, et souvent en se référant à ses travaux[162], **les parents alternatifs favorisent autant que faire se peut l'autonomie de l'enfant.**

Dès son plus jeune âge, ils l'encouragent à prendre en charge lui-même son alimentation, son sommeil ou sa propreté. Par exemple, ils engagent le bébé à se nourrir seul à la cuillère dès qu'il en manifeste le désir et ce même s'il se salit beaucoup, ou lui permettent de devenir propre à son rythme. Les enfants, pour devenir autonomes, estime Maria Montessori, ont d'abord besoin d'un environnement adapté. C'est elle qui, la première, a eu l'idée de concevoir des meubles à leurs dimensions – petites tables, petites chaises, étagères basses. Ces meubles sont aujourd'hui très répandus, mais, en référence à cet esprit, des parents imaginent d'autres aménagements : installer un lavabo à la hauteur de l'enfant, des patères assez basses pour lui permettre d'accrocher seul son manteau ou des rallonges pour lui permettre d'allumer ou d'éteindre les lumières seul. Certains remplacent le lit à barreaux par un futon au ras du sol : l'enfant ne peut pas se faire mal en tombant, et dès qu'il est en âge de ramper, il peut se coucher et se lever quand il le souhaite.

Ces parents considèrent également que le plus grand désir du jeune enfant est de s'exercer à toutes les activités de la maison, qu'il en est capable si on prend le temps de lui montrer comment faire et d'accepter quelques erreurs, et que cela lui permet bien plus d'apprentissages que beaucoup de jeux éducatifs. Pour eux, un grand nombre de conflits entre parents et enfants sont dus au fait que les adultes refusent, à tort, de satisfaire ce besoin primordial. Par exemple, dans la cuisine, ils installent un plan de travail à la hauteur de l'enfant, rangent la vaisselle dans des étagères basses et lui montrent dès l'âge de 2 ou 3 ans comment mettre le couvert, utiliser un couteau pour couper une banane, balayer, trier le linge sale ou remplir la machine à laver. « Installez une étagère à la hauteur de votre enfant dans votre réfrigérateur. Là, vous pouvez mettre des petits pichets, des fruits, des ingrédients pour faire des sandwichs. Utilisez des boîtes incassables dans lesquelles vous mettez du jambon, de la viande,

162. Et ce, bien que d'autres pédagogues aient également prôné ces pratiques.

des pâtes à tartiner. Un enfant de 2 ans peut ouvrir le réfrigérateur et prendre un en-cas ou verser une boisson froide dans une petite tasse. Un enfant un peu plus âgé peut se verser un jus de fruit et se préparer son repas du midi », suggère l'auteur du site Montessori en France. De nombreux parents fabriquent aussi du matériel Montessori, semblable à celui utilisé dans ces écoles, pour favoriser l'apprentissage de certains gestes.

Éduquer sans violence

« Frapper un enfant qui a fait une bêtise est, selon moi, un acte violent. Nous ne devons en aucun cas faire subir à un enfant ce que nous, adultes, n'accepterions jamais. La claque ou la fessée est un acte, même s'il n'est pas douloureux, extrêmement humiliant et dégradant pour un enfant[163] », affirme un père. **Les partisans des pédagogies différentes considèrent qu'il est indispensable d'éduquer les enfants sans violence**.

Leurs arguments sont nombreux. C'est d'abord, disent-ils, **une question de respect** de l'enfant. C'est aussi **un choix éducatif bénéfique sur le long terme :** les membres de l'association Ni claques ni fessées considèrent que de telles sanctions « détériorent la relation de l'enfant avec son parent [...], cassent l'image que l'enfant a de lui-même [...], détruisent la sensibilité et les aptitudes à la compassion envers les autres et envers soi-même ». Les claques et les fessées « interdisent l'expression des sentiments que l'enfant ressentait lorsqu'il a manifesté un comportement qui paraît inacceptable (colère, jalousie, désir de vengeance...). Ces sentiments, figés par les coups, seront alors refoulés, mais ressortiront forcément un jour ou l'autre sous une forme explosive[164] ». **Enfin, la question est aussi politique. Il s'agit d'apprendre aux enfants à régler les conflits par la négociation et non par l'affrontement.** En donnant ne serait-ce qu'une petite tape à un enfant, ou simplement en le menaçant d'une telle punition, l'adulte légitime l'idée que la violence physique peut être juste et justifiable. Ce faisant, il « donne l'exemple de la violence qui prend la place de la parole. L'enfant reproduira ce modèle chaque fois qu'il se trouvera en situation de conflit avec des plus faibles que lui, comme lui par rapport à ses parents[165] ». Former des adultes pacifiques, c'est montrer à ses enfants, par l'exemple, qu'il existe

163. http://interactes.wordpress.com/2007/04/26/a-propos-de-la-journee-sans-fessee-comment-eduquer-sans-violence/
164. http://www.niclaquesnifessees.org/arguments.html
165. *Ibid.*

d'autres moyens que la violence pour arriver à ses fins et que devenir grand, c'est savoir imposer des limites à sa colère et utiliser la parole et la non-violence pour résoudre les difficultés.

La violence éducative qu'ils veulent éviter n'est pas seulement physique : certains mots peuvent être tout aussi blessants. « La violence contre un enfant n'est pas forcément celle qui se voit. Je veux dire par là que frapper un enfant est une chose terrible, l'insulter ne l'est pas moins, mais il faut aussi penser que toutes les formes de pressions morales que nous infligeons à nos enfants sont des formes de violence. Je pense à la pression imposée par les normes de notre société. L'image : par exemple, pour un enfant obèse, lui répéter tous les jours " Arrête de manger, tu vas encore grossir" est une chose très violente, humiliante ou traumatisante pour lui-même », explique l'un d'eux.

En revanche, la question des punitions non corporelles et des récompenses fait débat : si une partie des parents différents les acceptent de façon exceptionnelle, d'autres s'y opposent par principe. Mais, pour tous, l'éducation passe d'abord par la parole et par l'exemple.

LES PRINCIPES D'UNE ÉDUCATION SANS VIOLENCE

« Le principe d'une éducation sans violence tient en trois mots : respecter l'enfant. La mise en pratique de ce respect est aussi très simple à définir : traiter l'enfant comme nous voudrions qu'il nous traite. L'essentiel de ce que l'enfant apprend, il l'apprend en miroir, par imitation non pas de ce qu'on veut lui faire apprendre, mais de ce qu'on lui fait. Nous voulons qu'il [...] respecte autrui ? Respectons-le. Qu'il soit patient et tolérant ? Soyons patients et tolérants avec lui. Que, devenu grand, il ne soit pas violent ? Ne lui infligeons aucune violence. Qu'il ait une personnalité autonome ? Respectons au maximum son autonomie. »

O. Maurel, *La Fessée*, La Plage, 2001, p. 61-62.

« Sans fessée, comment faire ? » se demandent les parents de la Maison de l'enfant qui ont donné ce titre à l'une de leurs brochures[166]. **Conscients du fait qu'il n'est pas facile d'éduquer ainsi ses enfants, les parents alternatifs réalisent un travail important de partage de leurs pratiques, notamment grâce à Internet, à la publication d'articles ou de livres ou à des stages** (la référence de quelques-uns de ces documents est donnée en fin de chapitre), et d'entraide, via les associations citées plus haut.

Par exemple, les méthodes de la « communication non violente » leur fournissent des outils utiles pour régler les désaccords sans gagnant ni perdant et favoriser une réelle attention à l'autre. Thomas Gordon, l'auteur de *Parents efficaces*, préconise ainsi une technique d'écoute qui consiste à décrypter les sentiments que ses enfants expriment (par exemple, « Je déteste mon école ») et les leur renvoyer. Cela leur montre qu'ils sont pleinement acceptés tels qu'ils sont, les encourage à s'exprimer davantage, les aide à découvrir ce qu'ils ressentent exactement et à trouver eux-mêmes une solution à leurs difficultés. En cas de difficulté face au comportement de son enfant, s'adresser à lui à la première personne en exprimant ses besoins et ses sentiments (« Je suis très inquiète quand tu t'enfuis dans un grand magasin ») est très efficace, écrit-il : « Un message-je communique à l'enfant que vous lui laissez la responsabilité, que vous avez confiance qu'il prendra la situation en main de façon constructive[167]. »

Chaque année, le 30 avril, la Journée de la non-violence éducative rassemble ses partisans pour de nombreuses manifestations : réunions, conférences, regroupements amicaux ou pique-niques.

Une autre attitude vis-à-vis des apprentissages scolaires

En ce qui concerne la scolarité, **les parents inspirés des pédagogies nouvelles s'efforcent de faire confiance à leur enfant et de le soutenir dans tous les cas, persuadés que c'est la meilleure façon de lui permettre de réussir sur le long terme.** « Les parents sont sans cesse en train de

166. http://www.grandirautrement.com
167. Gordon Thomas, *Parents efficaces*, Marabout, 1970, p. 137.

mettre la pression à leurs enfants pour qu'ils aient de bonnes notes et, en cas d'échec, se fâchent, les punissent ou les privent. Il faut bien comprendre que tout cela n'aide pas l'enfant et, au contraire, provoque chez lui un sentiment de honte ou d'infériorité », explique un père. « Ne tenez pas compte des évaluations. Les notes, bonnes ou mauvaises, ne sont en aucun cas le reflet de ce qu'est votre enfant et de ce que sera sa capacité à construire son avenir. Soyez à l'écoute de ses sentiments à propos de ses notes, mais ne le réprimandez pas. [...] Continuez à l'encourager, à le valoriser, en particulier s'il se sent en retard scolaire[168] », écrit Catherine Dumonteil-Kremer.

Cette dernière conseille aussi aux parents d'enfants inscrits dans des écoles traditionnelles d'organiser **la résistance aux devoirs**, sachant que ceux-ci sont interdits à l'école primaire et que les enfants ont besoin de vivre leur vie : « Prévenez l'enseignant que vous seriez ravis que les devoirs soient réduits au minimum, vous serez surpris de constater que c'est les parents qui les réclament parfois. [...] Manifestez-vous très clairement lors des réunions de rentrée : vous ferez sûrement des émules[169]. »

Une des idées-forces des écoles actives est que **les situations de « vie réelle » constituent des occasions d'apprentissage privilégiées et suscitent une forte motivation.** Beaucoup de parents font de même au quotidien : avec leurs enfants, ils se demandent comment concocter un gâteau pour six si la recette est donnée pour quatre, discutent du budget familial (Combien gagnons-nous ? Combien coûtent, chaque mois, le loyer, le gaz, l'électricité ? Que reste-t-il... ?), comparent les coûts de différentes formules de vacances ou la meilleure réduction possible pour acheter un billet de train... « Pour que ça marche, il faut que ce soit une activité réellement utile. Les enfants sentent très bien si on essaie de trouver des trucs pour leur faire faire des exercices scolaires », témoigne Claire. D'autres familles, prenant modèle sur le cahier de vie des classes Freinet, imaginent un cahier de vie familial, élaboré tout au long de l'année ou en vacances, qui constitue la mémoire collective. Chacun écrit ou dicte des textes, dessine, colle des souvenirs (un billet de train, une carte postale, mais aussi des grains de riz récoltés lors du mariage d'une tante ou des morceaux d'écorce...). « Il sera investi si vous prenez plaisir à le remplir.

168. Dumonteil-Kremer Catherine, *Élever son enfant autrement*, Éditions La Plage, 2003, p. 257-258.
169. *Ibid.*

Mais si c'est une corvée pour vous, ils vous imiteront aussi », prévient Claire. En revanche, ces parents refusent généralement d'utiliser les cahiers de vacances du commerce, car ils proposent des situations déconnectées de la vie, ce qui ne contribue pas à donner du sens aux apprentissages.

Développer la coopération et la créativité en jouant autrement

Les parents différents ont une réflexion originale vis-à-vis des activités de loisir qu'ils proposent à leurs enfants.

Pour les plus jeunes, une partie des parents différents refusent les jouets en plastique ou électroniques et **privilégient les jouets en matériaux naturels (bois, tissu...), peu élaborés, qui permettent aux enfants de développer leur imagination et leur sens du toucher.** « Évidemment, si on leur donne dès l'âge de 3 mois des jeux électroniques qui font des sons et des lumières incroyables dès qu'on presse un bouton, il ne faudra pas s'étonner qu'ils soient accros aux jeux vidéo quand ils auront 6 ans. Et ça, je voudrais l'éviter à tout prix », affirme Lionel.

Ils reprochent à la plupart des jeux de société de valoriser la compétition et la loi du plus fort, et leur préfèrent les **jeux coopératifs** fondés sur l'entraide entre joueurs, la communication et la concertation. Les joueurs doivent faire équipe pour réussir, ensemble, à relever un défi commun : éteindre l'incendie, se mesurer au dragon ou échapper aux pirates. Par exemple, dans le célèbre jeu du verger, qui se joue à partir de 3 ans, les joueurs doivent s'unir pour récolter les pommes, poires et cerises avant que la corneille n'ait tout mangé. Concrètement, le principe est que, lorsqu'un joueur avance un bateau ou déplace un pion, ses partenaires peuvent faire valoir d'autres propositions, ce qui oblige à expliquer son choix, voire à se rendre à d'autres arguments.

Les jeux favorisant le contact, la communication, le plaisir d'être ensemble et les interactions sont aussi valorisés. Dans son livre intitulé *On fait quoi aujourd'hui ?*, Anne Abile-Gal propose, par exemple, un concours de hurlements et de grimaces, ou le jeu de la panne de courant, qui consiste à couper le compteur d'électricité le temps d'une soirée, pour dîner aux bougies, sans réfrigérateur, micro-ondes, téléviseur ou ordinateur. Dans *Jouons ensemble autrement*, Catherine Dumonteil-Kremer invite à essayer le karaté-chaussettes dont la règle est simple : enlever les chaussettes des autres joueurs tout en gardant les siennes...

Beaucoup de coffrets d'**activités manuelles** ne favorisent pas la créativité, car ils offrent des possibilités trop limitées : avec le matériel proposé, il est rarement possible de réaliser plus de cinq ou six modèles assez stéréotypés. **Pour favoriser de véritables activités créatives, les parents différents préfèrent acheter du matériel brut :** un kilo de terre glaise, des bobines de laine, de grandes feuilles de papier Canson de toutes les couleurs, un gros pot de colle à reliure... Ils incitent leurs enfants à réaliser des productions issues de leur imagination et non à copier un modèle.

Enfin, **les ateliers d'activités périscolaires sont, comme les écoles, très différents les uns des autres :** l'un favorisera la créativité, tandis qu'un autre, au contraire, insistera sur la maîtrise d'un geste et sur l'imitation d'un modèle. **Par exemple, concernant l'enseignement de la musique, la pédagogie des conservatoires est proche de celle de l'école traditionnelle. En revanche, il existe des méthodes actives dans ce domaine :** ainsi, la méthode Orff « repose sur un apprentissage dynamique à partir de la danse, de l'expression et du mime [...], la méthode Martenot donne une grande importance au rythme et à la lecture des notes, mais en utilisant des jeux pour développer la mémoire auditive et l'oreille, [...] la méthode Willems est consacrée à l'étude du chant et des percussions par le jeu uniquement[170] ». Certains ateliers, comme celui de la Maison des enfants Montessori dans le sud de la France, proposent aussi des initiations ludiques à la musique[171].

Mais, pour beaucoup de parents différents, respecter l'enfant, ses rythmes, ses besoins, favoriser sa créativité, c'est aussi lui laisser des temps « vides », des moments où rien n'est prévu, loin de la tendance actuelle qui est de « remplir » les mercredis et les samedis.

170.. Rufo Marcel, Schilte Christine, *Élever bébé*, Hachette, 2005, p. 651.
171. http://www.maisondesenfants.net

INFORMATIONS ET DOCUMENTATION

1. Présentation générale des pratiques des parents alternatifs et du maternage

– Plusieurs sites très riches en documentation :
- la Maison de l'enfant : http://www.wmaker.net/maisonenfant/
- Parents autrement : etreparentsautrement.unblog.fr
- maternage.free.fr
- http://mama-luna.fr
- http://www.parentsconscients.com

– *Élever son enfant autrement,* de Catherine Dumonteil-Kremer, *op. cit.*, est un gros livre qui aborde toutes les questions d'éducation : naissance sans violence, soins des bébés, portage en écharpe, jeux… Même si certaines des pratiques présentées pourront paraître excessives à certains (accouchement à la maison, cosleeping, allaitement long), c'est le seul livre français qui présente un panorama aussi complet et aussi bien informé des différentes pratiques éducatives alternatives. On y trouve de très nombreuses références de livres, de sites Web et d'associations.

– *Planète maternage. Choisir d'élever ses enfants autrement,* de Catherine Piraud-Rouet (Marabout, 2008), est également très bien informé et a le mérite de présenter le pour et le contre des pratiques citées.

– La revue *Grandir autrement,* fondée par quelques-uns de ces parents, présente des informations que l'on ne trouve pas dans les revues parentales les plus distribuées. Ainsi, dans le n° 8 (novembre-décembre 2007), on peut lire la présentation de livres pour enfants basés sur la pédagogie Montessori, des articles critiques vis-à-vis de la surconsommation de Noël – le titre de la chronique est explicite : « Noël… quel gâchis ! » –, d'autres portant sur la reprise d'un allaitement interrompu, les manteaux adaptés au portage en écharpe des enfants et la place du père…

Six numéros par an : 27 euros. Abonnements et liste des distributeurs : http://www.grandirautrement.com

2. Les rencontres de parents alternatifs

– Les Parents extraterrestres :
https://sites.google.com/site/parentsextraterrestres/
Les coordonnées de certains groupes de province se trouvent sur le site de la Maison de l'enfant (cf. *supra*).
– Parents conscients : http://fr.groups.yahoo.com/group/Parents_conscients

3. Éduquer sans violence

Les ouvrages, les revues et les associations mentionnés plus haut s'intéressent presque tous à l'éducation non violente :

– Association Ni claques ni fessées !, 3, villa Quincy, 92170 Vanves. Tél./fax : 33 (0) 1 46 38 21 22. www.education-positive.pagesperso-orange.fr

– Plusieurs articles consultables en ligne proposent des alternatives concrètes pour une éducation non violente :
- « 20 alternatives à la punition » :
  http://www.awareparenting.com/vingt.htm
- « Sans fessée, comment faire ? » :
  http://www.grandirautrement.com/numeros/hs1/
- « Faut-il laisser tout faire à nos enfants », Jeannette Toulemonde, L'*Enfant et la vie*, n° 131, juillet-août 2002, téléchargeable sur le site : www.lenfantetlavie.fr
- « Comment élever ses enfants sans claques ni fessées », téléchargeable.
- Le numéro hors série n° 1 de la revue *Grandir autrement*, intitulé « L'éducation sans violence », présente de nombreux trucs pratiques.
- *La Fessée*, O. Maurel, *op. cit.*, présente les principaux arguments contre cette pratique ainsi qu'un chapitre proposant des solutions pour éduquer autrement.

– Communication non violente : Thomas Gordon, *Parents efficaces, op. cit.*

4. Pratiques Montessori à la maison

Trois sites Internet (au moins) proposent des idées de pratiques Montessori et de fabrication de matériel maison :
- http://www.montessori.fr
- http://www.ecole-en-pyjama.net
- http://aidalavie.blogspot.com

– Deux ouvrages récents proposent une description détaillée de la façon de mettre en œuvre les techniques Montessori à la maison :

• Toulemonde Jeannette, *Le Quotidien avec mon enfant*, éd. L'Instant présent, 2007.

• Seldin Tim, *Éveiller, épanouir, encourager son enfant : la pédagogie Montessori à la maison*, Nathan, 2007.

– La revue L'*Enfant et la vie*, directement inspirée des pratiques Montessori propose des articles intéressants téléchargeables sur son site : www.lenfantetlavie.fr

5. Jouer autrement

– Jeux coopératifs : on peut consulter le catalogue très complet du magasin belge Casse-noisette : http://www.casse-noisettes.be/catalogue.htm

• En région parisienne, certains jeux coopératifs sont en démonstration chez Artisans du monde, 20, rue Rochechouart, 75009 Paris (tél. : 01 48 78 55 54).

• Il est également possible d'en trouver chez Génération Médiateurs, 39, rue des Amandiers, 75020 Paris (tél. : 01 56 24 16 78), ou aux Nouveaux Robinsons à Montreuil, 49-51, rue Raspail, 93100 Montreuil (tél. : 01 49 88 70 44).

• En tapant « jeux coopératifs » dans un moteur de recherche, on trouvera également les règles de jeux coopératifs destinés à animer des groupes d'enfants, par exemple à l'adresse :
http://fr.ekopedia.org

– Dumonteil-Kremer Catherine, *Jouons ensemble autrement, op. cit.*

CHAPITRE 8

L'école à la maison

Quelques dizaines de milliers de parents choisissent d'instruire leur enfant à la maison. Pour certains, c'est un choix pragmatique : leur enfant ne s'adapte pas au système scolaire, refuse d'aller à l'école ou ne s'y plaît pas, et ils ne trouvent pas d'école différente qui leur convienne ou qui soit suffisamment proche de leur domicile. D'autres le font pour offrir à leurs enfants une expérience différente, avoir le plaisir de partager des moments forts avec eux et de les voir grandir.

Comment ces familles instruisent-elles leurs enfants ?

L'instruction à la maison recouvre plusieurs réalités.

Les vingt-sept mille enfants inscrits dans des établissements d'enseignement à distance reçoivent des cours et doivent renvoyer régulièrement des travaux écrits corrigés et notés par des enseignants. L'enseignement à distance public, assuré par le Centre national d'enseignement à distance (CNED), est essentiellement destiné aux jeunes qui ne peuvent pas être inscrits à l'école, en particulier parce qu'ils ont des problèmes de santé, qu'ils accompagnent leurs parents en voyage ou en déplacements ou qu'ils suivent des études artistiques ou sportives. Il donne lieu, à la fin de l'année, à une proposition d'orientation et/ou de passage dans la classe supérieure et permet de réintégrer à tout moment le système scolaire traditionnel. Le coût de la scolarité au CNED est modique, mais seuls les enfants qui ont obtenu l'autorisation de l'inspecteur d'académie peuvent en bénéficier. Les autres ont la possibilité de s'inscrire soit à certains cours du CNED choisis à la carte dans une ou plusieurs matières, soit dans un des établissements d'enseignement privés à distance, ces deux solutions étant de toute façon nettement plus coûteuses.

Quelques milliers de **familles inscrivent leur enfant dans aucun établissement,** qu'il soit traditionnel, différent ou d'enseignement à distance. En effet, selon la loi, ce n'est pas l'école qui est obligatoire, mais l'instruction : « L'instruction obligatoire peut être donnée soit dans les établissements ou écoles publics ou privés, soit dans les familles par les parents, ou l'un d'entre eux, ou toute personne de leur choix[172]. » Les familles qui font ce choix doivent effectuer une déclaration annuelle à la mairie et à l'inspection académique et se soumettre à des contrôles réguliers (au moins une fois par an). Le suivi des programmes scolaires n'est pas exigé, mais, pendant sa scolarité (6-16 ans), l'enfant doit apprendre à lire, à écrire, à maîtriser la langue française, les principaux éléments des mathématiques et une langue étrangère, acquérir une certaine culture générale (éléments de culture scientifique, littéraire, repères historiques et géographiques...), des savoir-faire (raisonner...), ainsi que « les principes, notions et connaissances qu'exige l'exercice de la citoyenneté[173] ».

172. Article L.131-2 du Code de l'éducation.
173. Décret n° 99-224 du 23 mars 1999.

Une partie de ces familles suivent les programmes scolaires, estimant que c'est rassurant et que cela pourra permettre à leurs enfants de réintégrer plus facilement le système scolaire classique s'ils le souhaitent. Elles les inscrivent à des cours par correspondance dans certaines disciplines, et/ou travaillent avec eux à partir de manuels scolaires et de cahiers d'exercices, comme les cahiers de vacances. La principale difficulté de ce choix réside dans le fait que de tels apprentissages scolaires peuvent être ennuyeux ou avoir peu de sens : il n'est pas facile de convaincre chaque jour ses enfants de s'y atteler. Pour palier cet inconvénient, certains utilisent les outils des écoles actives, comme le matériel Montessori ou les fichiers Freinet.

D'autres familles refusent toute méthode et tout programme. Elles considèrent qu'il est possible d'apprendre à leurs enfants à lire, à écrire et à compter et de leur permettre de découvrir le monde en répondant à leurs questions, à leur curiosité et à leurs demandes. Comme dans les classes Freinet, les apprentissages se font à partir des situations de la vie réelle. On parle alors d'unschooling ou d'apprentissage informel.

Beaucoup adoptent une formule mixte : un peu de travail scolaire le matin, en français, maths ou anglais, et des activités plus libres en fonction des intérêts des enfants, le reste du temps.

Quel que soit leur choix, les familles qui instruisent elles-mêmes leurs enfants considèrent que **le travail scolaire ne prend, au plus, que deux ou trois heures par jour**, pour des acquisitions équivalentes à celles de l'école, puisqu'ils s'adaptent au plus près aux besoins et au rythme de leurs enfants. Ce gain de temps leur permet de libérer une grande partie de la journée pour d'autres activités.

L'UNSCHOOLING : APPRENDRE SANS COURS ET SANS PROGRAMMES

« Laisser nos enfants participer à notre quotidien leur permet d'aborder de nombreux apprentissages : notre monde est rempli d'écrits et de chiffres ! Les laisser peser les fruits et légumes au supermarché, les laisser trouver le quai du train qu'on a à prendre (et ensuite la voiture et ensuite les places), les laisser faire le code de la carte bleue ou le code de l'immeuble où on va, etc. Cela ne demande pas d'effort particulier, juste de rester ouvert aux sollicitations des enfants qui ont envie de partager et d'apprendre notre monde. Savoir prendre le temps aussi, ne pas avoir des contraintes de temps répressives. » « La lecture est présente dans notre quotidien : on se lit des extraits de livres avec le papa, j'ai lu aux enfants de jolis albums presque chaque jour [...]. Auriane a commencé à repérer les lettres en majuscules par des jeux sur ordinateur (*Lapin malin maternelle 2*), un puzzle, son prénom, la rue (le P des parkings). Le b. a. ba est arrivé de façon évidente vers 6 ans chez elle. »

« Concernant l'histoire et la géographie qui me sont plus familières, l'exploration du monde et de la société peut se faire longtemps grâce aux découvertes et observations de la vie quotidienne : le plan de la ville lorsqu'on va quelque part, une carte routière sur laquelle on se repère, les histoires prenant place dans l'histoire racontée dans des livres, BD, films, dessins animés, le vocabulaire initié par la vie de tous les jours. J'ai seulement affiché une carte de France et de l'Île-de-France avec des mini photos des enfants en visite, et une carte du monde sur laquelle j'ai collé quelques vignettes des personnages vus dans les films et dessins animés (Kiki la Japonaise, Mowgli l'Indien, Laura l'Américaine des grandes plaines, Kirikou le Sénégalais, etc.), qui permettent d'initier un lien entre cartographie, modes de vie et images du paysage. J'ai repris ces vignettes (et d'autres personnages que nous avons rencontrés) sur une ligne du temps. »

Claudia Renau, « Notre non-sco expliquée à un journaliste », août 2007.

Des pratiques qui ont beaucoup changé depuis une dizaine d'années

Le nombre d'enfants concernés a au moins doublé depuis dix ans. Un rapport sénatorial de 1997-1998 estimait que « 1 263 enfants seraient instruits au sein de familles dépourvues de tout lien avec des sectes », indépendamment de la situation de Paris ; une autre enquête dénombrait, à la rentrée 1999, 978 enfants ayant fait l'objet d'une déclaration d'instruction dans la famille, et environ 7 000 enfants bénéficiant d'enseignement à distance[174].

174. Études citées par Terrillon Nicole, « L'instruction dans la famille comme alternative à l'école », mémoire en vue de l'obtention du DHEPS, collège coopératif Rhône-Alpes- université de Lyon II, Lyon, 2002, sous la direction de Bernard Laugier, p. 46.

Fin 2006, le ministère de l'Éducation nationale recensait 2 869 enfants éduqués dans les familles[175], et C. Renau[176] estimait à 27 000 enfants le nombre d'enfants inscrits dans des établissements d'enseignement à distance.

La révolution du multimédia a aussi considérablement changé la vie des familles déscolarisantes. Les logiciels éducatifs se sont multipliés et facilitent les apprentissages à la maison. L'enseignement à distance s'est adapté au multimédia : les photocopies de cours en noir et blanc ont cédé la place aux films éducatifs ou aux séquences interactives, ce qui les rendent plus attrayants et plus efficaces. Le Web a également permis aux familles non scolarisantes d'entrer en contact les unes avec les autres, d'échanger sur leurs pratiques, d'organiser beaucoup plus facilement des rencontres et des activités communes. Elles sont donc beaucoup moins isolées.

Enfin, depuis 1998-1999[177], les contrôles sont plus fréquents et plus stricts, avec une enquête sociale tous les deux ans et une vérification des connaissances des enfants au moins tous les ans, pour les familles non inscrites aux cours d'enseignement à distance.

La question de la socialisation

La principale critique faite aux familles déscolarisantes concerne la question de la socialisation. N'est-ce pas étouffant pour des enfants de passer leurs journées avec leurs parents ?

Les parents non scolarisants répondent que leurs enfants ne sont pas isolés. Ils fréquentent la plupart du temps de nombreuses activités extrascolaires et participent aux activités de leurs parents, en particulier à leur vie associative souvent intense, ce qui leur donne l'occasion de faire des rencontres riches et variées. En revanche, affirment-ils, dans les écoles standards, les enfants ont peu de véritables échanges en dehors des récréations (soit deux fois vingt minutes chaque jour…), et échanger uniquement avec un groupe d'enfants du même âge que soi, inchangé tout au long de l'année, n'est pas très enrichissant.

175. « Les écoles différentes », fiche du CIDJ, janvier 2008, p. 2.
176. Renau Claudia, « Ces familles qui choisissent de vivre sans école », 2007. 20 000 seraient inscrits au CNED et 7000 dans des établissements privés.
177. Loi du 18 décembre 1998 et décret du 23 mars 1999.

Certains s'organisent pour proposer des activités communes pour leurs enfants. Ainsi, les parents parisiens non scolarisants se retrouvent en moyenne trois après-midi par semaine pour animer des ateliers en fonction de leurs compétences et permettre à leurs enfants de se rencontrer[178]. On trouve, par exemple, en 2007-2008, une séance de découverte scientifique tous les jeudis, une séance d'anglais par les histoires et les chansons un mardi sur deux, des sorties au musée (les antiquités égyptiennes au Louvre, le musée d'Orsay...), des activités sportives et artistiques... Déjà, au début du XXe siècle, Pierre et Marie Curie et plusieurs de leurs amis, chercheurs ou scientifiques pour la plupart, avaient fait le choix de ne pas envoyer leurs enfants à l'école pendant la durée d'une année scolaire. Chacun d'entre eux recevait le groupe d'enfants pendant une demi-journée par semaine pour lui faire partager sa passion : ainsi, ils faisaient des expériences de physique avec Marie Curie dans son laboratoire ou se rendaient dans les musées avec un des parents du groupe, historien.

Il est cependant difficile, faute de travaux de recherche à ce sujet, de savoir ce qu'il en est concrètement de la socialisation des enfants. En province, les ateliers et/ou les rencontres régulières d'enfants organisés par les parents non scolarisants sont moins fréquents (une ou deux fois par mois). Beaucoup de familles vivent à la campagne pour des raisons financières (ne pas scolariser son enfant implique de vivre avec un seul salaire) et sont donc assez éloignées les unes des autres ; même si elles disposent de suffisamment d'espace pour s'inviter mutuellement. Néanmoins, « cette marginalité est une spécificité française. Aux États-Unis où les *homeschoolers* représentent 5 % des enfants (1,5 % en Grande-Bretagne), il y a toujours des voisins qui font ce choix, il est donc facile de constituer des petits groupes d'enfants afin de bénéficier de l'émulation du groupe. Ces 2 millions d'enfants non scolarisés constituent un marché : les supports sont nombreux et variés, il existe de multiples activités sportives et culturelles aux heures de l'école. Les grandes universités offrent même un cursus spécial d'entrée pour les *homeschoolers* », explique Claudia Renau[179].

La non-scolarisation est aussi un choix contraignant pour les parents. Cela suppose de jouir d'une grande disponibilité (au mieux, travailler à mi-temps) ; de disposer d'un certain nombre de ressources (livres, jeux éducatifs, ordinateur équipé de logiciels conçus pour l'apprentissage autonome,

178. Le planning peut être consulté à l'adresse :
http://www.parisbalades.com
179. Renau Claudia, *op. cit.*

connexion à Internet...), de la possibilité d'organiser des sorties fréquentes dans des lieux culturels (musées, bibliothèques, médiathèques...) ; ainsi que des connaissances en matière de pédagogie active et/ou la participation à un réseau de parents non scolarisants.

CRÉER SON ÉCOLE ?

Plusieurs petites écoles ont été initiées par des parents d'élèves désireux de proposer ce type de scolarité à leurs enfants.

Ils louent une maison à la campagne ou, en ville, un appartement (une grande pièce suffit pour une classe d'âges mélangés) ou un local commercial donnant sur la rue, ce qui permet d'utiliser un square voisin pour les récréations. Il n'y a pas de cantine : chaque enfant apporte un repas froid. Au jardin d'enfants, si l'espace ne permet pas aux plus jeunes de faire la sieste, ceux-ci ne sont scolarisés qu'à mi-temps et rentrent chez eux pour se reposer l'après-midi.

La plupart des parents créateurs d'école deviennent enseignants dans leur structure. Il est aussi possible, par exemple, de recruter des éducatrices Montessori par le biais d'une petite annonce sur le site de la fédération.

i INFORMATIONS ET DOCUMENTATIONS

– Les familles non scolarisantes se sont groupées dans trois associations dont les sites donnent des informations très riches. On y trouve les principaux textes de loi, des textes de réflexion, des liens vers les sites de familles non scolarisantes, des forums, des petites annonces (correspondance entre enfants, échange ou vente de matériel pédagogique...).

- Les parents de Led'a et Laia sont plutôt favorables à l'*unschooling*, alors que ceux de Cise respectent davantage les programmes.
- LEDA (Les Enfants d'abord) : www.lesenfantsdabord.org
- LAIA (Libre d'apprendre et d'instruire autrement) : http://laia.asso.free.fr/
- CISE (Choisir d'instruire son enfant) : http://www.cise.fr/

– Renau Claudia « Ces familles qui choisissent de vivre sans école » et « Notre non-sco expliquée aux journalistes », *op. cit.* Articles consultables sur Internet.

– Martin-Rodriguez Sylvie, *Les Dix Plus Gros Mensonges sur l'école à la maison*, Dangles, 2008.

CHAPITRE 9

Choisir une école : conseils pratiques

Toutes les classes se disant Freinet, Montessori, Steiner... n'ont pas toujours des pratiques identiques. Quelle que soit l'école qui vous intéresse, **il est important de vous renseigner sur les pratiques effectivement mises en œuvre au quotidien, sans hésiter à poser des questions précises.**

Par ailleurs, la pédagogie ne fait pas tout : en maternelle et en primaire (surtout), **la personnalité des enseignants** compte beaucoup. Comme partout, certains sont chaleureux, respectueux des enfants, débordant d'idées, et d'autres plus froids, appliquant la lettre plutôt que l'esprit de telle ou telle pédagogie...

1. Comment s'informer ?

La plupart des écoles ont un site Internet[180] très riche, et la plupart organisent des journées portes ouvertes au printemps : c'est la meilleure façon d'obtenir des renseignements.

Les indications bibliographiques et filmographiques présentées dans les différents chapitres de ce livre peuvent aussi être utiles.

De nombreuses listes de discussions sur Internet permettent d'échanger avec d'autres parents : on peut y obtenir des avis de parents ayant scolarisé leur enfant dans telle ou telle école, mais beaucoup d'informations erronées y circulent. Les forums de parents alternatifs (cf. p. 271) sont probablement les plus intéressants pour ce type d'informations.

En maternelle et en primaire, il est possible de se poster à la sortie de l'école à 16 heures pour interroger les parents qui attendent leurs enfants.

Il est préférable de s'y prendre très longtemps à l'avance. En juin, il est généralement trop tard pour espérer inscrire son enfant.

De plus, dans les « bonnes » écoles, un groupe d'enfants est inscrit en début de cycle (maternelle PS, CP, sixième...) et y reste : des places se libèrent

180. Il n'est indiqué dans ce livre que lorsqu'il n'est pas évident à trouver.

aux autres niveaux de scolarité uniquement lorsqu'il y a un départ, dû, par exemple, au déménagement d'une famille.

PROJET, PLURIDISCIPLINARITÉ, CONSEIL... : DES TERMES QUI RECOUVRENT DES RÉALITÉS TRÈS DIFFÉRENTES SELON LES ÉCOLES

Les écoles nouvelles du début du XXe siècle ont promu une pédagogie active et centrée sur l'enfant. Mais, aujourd'hui, beaucoup d'écoles, qu'elles soient ou non différentes, affirment travailler en pédagogie de projet, avoir des pratiques pluridisciplinaires, favoriser la créativité et l'épanouissement de l'enfant, l'autoévaluation et l'éducation à la citoyenneté, mettre en place des ateliers et un conseil, utiliser des fichiers... **Ces mots ne veulent plus dire grand-chose tant ils sont utilisés et tant ils recouvrent de réalités différentes.**

Ainsi, le travail sur fichiers signifie, dans une classe Freinet, que chaque élève travaille sur une fiche différente correspondant à ses besoins précis et utilise l'autocorrection. Mais on parle aussi de travail sur fichier dans des classes standards où l'enseignant photocopie l'une de ses fiches, la distribue à tous les élèves et la corrige lui-même : ce qui revient au même qu'un exercice dans un manuel.

Bien des écoles affirment que les difficultés ou les problèmes de comportement font l'objet de discussions collectives en conseil, mais cette réunion peut aussi bien être le prétexte à une leçon de morale de l'enseignant, laissant peu de place à la véritable parole des élèves, que le lieu d'un véritable débat démocratique.

Autre exemple : à l'école A, le travail en projet pluridisciplinaire consiste à créer une comédie musicale. Ce sont les élèves qui ont décidé de ce projet, ont écrit les dialogues, créé les décors, la musique et la mise en scène, dans un travail qui les aura occupés près de six mois. À l'école B, les enseignants parlent aussi de travail en projet pluridisciplinaire sur le thème de l'arbre : il ne s'agit pas de préparer une production mais d'un thème de travail permettant des acquisitions en géographie, biologie, etc. (localisation des différentes espèces sur un planisphère, définition du vivant, apprentissage d'une poésie sur le thème d'un vieux chêne...).

Quelle est la formation et la qualification des enseignants ?

Les enseignants des écoles différentes, surtout dans l'enseignement primaire, disposent normalement d'**une qualification propre à la pédagogie dont ils se revendiquent.** Les éducateurs/trices Montessori bénéficient d'une formation de deux ans pendant laquelle ils sont notamment initiés à la psychologie de l'enfant et à l'usage du matériel spécifique. Les enseignants des écoles Steiner suivent également un cursus spécifique de formation de deux à trois ans, axé sur la connaissance de l'anthroposophie et sur les pratiques artistiques. Les instituteurs Freinet et PI participent à de très nombreux stages et congrès organisés pendant les vacances scolaires. L'ANEN possède également un centre de formation pour les enseignants des écoles nouvelles.

De plus, **dans le public et les établissements sous contrat, les enseignants sont tous diplômés de l'Éducation nationale** : ils sont professeurs des écoles en primaire, et ont le CAPES ou l'agrégation dans le secondaire. En revanche, dans les écoles hors contrat, aucune formation de ce type n'est exigée : il peut arriver qu'une personne n'ayant aucune qualification dans ce domaine soit embauchée.

2. Des questions à se poser en allant voir une école…

On trouvera ci-dessous une liste de questions à avoir en tête lorsque l'on s'informe sur une école, que l'on assiste à une journée portes ouvertes ou que l'on discute avec des parents y ayant scolarisé leur enfant.

Cette liste ne concerne que les écoles maternelles et élémentaires. Elle est volontairement détaillée : on apprend plus sur une école en posant deux ou trois questions précises que dix questions générales.

Questions communes à l'enseignement en maternelle et élémentaire

Certaines questions ne sont pas spécifiques aux écoles différentes, mais méritent d'être posées :

- Combien y a-t-il d'élèves par classe ?
- Comment se passe une journée type ? Une semaine ?
- Le déjeuner (temps calme ou très bruyant) ?
- Pendant l'heure ou les heures de pause déjeuner, quelles sont les activités possibles ? S'il fait froid ou s'il pleut, les enfants peuvent-ils jouer à l'intérieur ?
- Y a-t-il une cohérence entre l'esprit de l'école et celui de la garderie ou de l'étude après 16 heures ?
- Quel est le coût de la scolarité ?
- Quelle forme prend la participation des parents ?
- Y a-t-il des classes d'âges mélangés ? Beaucoup de partisans des pédagogies nouvelles considèrent que cela permet à chaque enfant de travailler à son rythme et favorise l'entraide.
- Comment gère-t-on les problèmes de comportement ? Certes, toutes les équipes affirment que les problèmes de comportement sont gérés par le dialogue et qu'il n'y a pas de punitions, mais il est peut-être intéressant de poser des questions plus précises à ce sujet. Par exemple :
- Que se passe-t-il si un enfant dérange délibérément une activité ?
- Comment gère-t-on les conflits entre enfants (existence d'enfants médiateurs à la récréation ? Possibilité pour les enfants de traiter de leurs problèmes en conseil...) ? Toutes les écoles différentes affirment que les enfants participent à l'élaboration des règles de vie, mais cela peut prendre des formes différentes.
- Les enfants ont-ils des responsabilités dans la classe, dans l'école ?
- Quels types d'enfants fréquentent l'école ?

Dans une école Freinet ou PI, publique et/ou implantée dans un quartier populaire, votre enfant fréquentera des enfants de milieux plus diversifiés. Certaines familles considèrent que c'est un enrichissement, une ouverture, et que les valeurs d'entraide prônées par ces enseignants correspondent aux leurs.

En revanche, dans une école différente privée, votre enfant côtoiera plutôt des élèves issus de familles aisées, exerçant le plus souvent des professions artistiques ou intellectuelles. Pour certains parents, c'est un avantage, car cela permettra à leur enfant de se constituer un réseau relationnel qui pourra lui servir toute sa vie.

Questions concernant la maternelle

La vie quotidienne

• Comment se passe l'arrivée des enfants le matin ?

Dans certaines écoles, comme dans les classes Freinet, à l'école Decroly ou à l'École d'aujourd'hui, les parents sont invités à entrer dans l'école et à passer, s'ils le peuvent, un petit moment avec leur enfant dans la classe pour l'aider à se déshabiller, lire un album, jouer à un jeu. Cela permet aux enfants, surtout aux plus jeunes, une meilleure transition entre l'école et la maison.

D'autres écoles, comme Montessori Kids, considèrent que l'école est le domaine des enfants et qu'enlever son manteau, l'accrocher sur un cintre... sont des activités d'apprentissage comme les autres, que l'enfant doit réaliser seul. Les parents sont donc invités à ne pas franchir la porte de l'école : ils déposent l'enfant à l'entrée et repartent très vite.

• Les enfants peuvent-ils se reposer dans la journée s'ils sont fatigués ?

• Dans quelles conditions ?

• Peut-on fréquenter l'école à la demi-journée, par exemple juste le matin ?

• Les enfants peuvent-ils aller boire ou aller aux toilettes quand ils le souhaitent ?

La pédagogie

- Quelles sont la place et la forme des apprentissages préscolaires (initiation à la lecture, à l'écriture, aux mathématiques) ?

Les partisans des pédagogies nouvelles dénoncent la « primarisation » des maternelles où les enfants font de plus en plus de fiches photocopiées (fiches de graphisme, de mathématiques...) qui ne donnent pas de sens aux apprentissages et les obligent à rester assis à leur table, au détriment des activités créatives ou du travail en projets.

- Toutes les écoles disent valoriser fortement les activités créatives et d'expression, mais qu'en est-il concrètement ?
- Combien de temps est consacré à ces activités ?
- Quel est le matériel à la disposition des enfants ? Les sujets sont-ils libres ou imposés ?
- Y a-t-il des moments pendant lesquels les enfants peuvent choisir librement leurs activités ? Le temps consacré aux activités libres peut considérablement varier d'une école à l'autre, de quinze minutes à quatre heures...
- La classe fait-elle des projets ? Quelle proportion du temps occupent-ils : 5 % ou 50 % ?
- Y a-t-il des sorties (bibliothèque du quartier, musées...) ? À quelle fréquence ?
- Comment se passe l'évaluation ?

Questions concernant l'école élémentaire

- Y a-t-il des pratiques qui permettent à chaque enfant de travailler selon ses besoins spécifiques, à son rythme : par exemple, les enfants ont-ils des temps de travail individualisé (fichiers Freinet, matériel Montessori, etc.) ?
- Quel temps est accordé, chaque jour, au travail individuel et au travail collectif ?
- Travaille-t-on plutôt à partir des intérêts et des questionnements des enfants, ou plutôt en suivant un programme préétabli ?
- Toutes les écoles disent travailler en « projets » et faire de la pluridisciplinarité, mais ces termes recouvrent des réalités différentes.

- Les projets sont-ils décidés par l'enseignant seul ou sont-ils issus des questionnements, des intérêts, des souhaits exprimés par les élèves ?
- Ces projets ont-ils pour aboutissement une production socialisée (pièce de théâtre, exposition...) ?
- Quel est le temps consacré au travail en projets (plutôt 10 % ou 50 %...) ?
- Quelle méthode est utilisée pour l'apprentissage de la lecture ?
- En expression écrite : les enfants produisent-ils plutôt des écrits à destination de leur instituteur ou plutôt des écrits dans des situations de communication « vraies » (correspondance, écriture d'un journal, préparation de panneaux d'exposition...) ?
- Comment apprend-on les sciences ?
- Y a-t-il des méthodes spécifiques pour l'apprentissage des mathématiques (matériel Montessori, réglettes Cuisenaire...) ?
- Les manuels scolaires sont très peu utilisés dans les classes Freinet, Montessori et Steiner. En revanche, on peut poser la question des livres : les enfants lisent-ils beaucoup de livres ? Lesquels ? Y a-t-il beaucoup d'ouvrages documentaires ou de fiction à leur disposition ?
- L'école est-elle ouverte sur son environnement (correspondants, journal, site Web, sorties, enquêtes dans le quartier, classes vertes...) ?
- L'évaluation : y a-t-il des notes ? Des contrôles ? Une évaluation par objectif ou par niveau atteint ?
- Quelle forme prend l'entraide entre élèves (aides ponctuelles, tutorat entre élèves, réseaux d'échanges de savoirs...) ?
- Les enfants peuvent-ils circuler dans la classe ? Dans l'école ?
- Y a-t-il des devoirs à la maison ? (pour mémoire, ils sont interdits depuis 1956).

Adresses

- **À Paris**
- **En région parisienne**
- **En province**

Les écoles maternelles

Écoles Montessori

À Paris

Le Trempoline
31, rue Claude-Bernard – 75005 Paris
Tél. : 01 43 36 98 18 – Fax : 01 43 36 97 98
E-mail : le-trempoline-paris@wanadoo.fr
Crèche et école maternelle
Enfants de 3 mois à 6 ans

Montessori Kids
28, rue du Fer-à-Moulin – 75005 Paris
Tél. : 01 45 65 49 61 – Fax : 01 45 80 08 42
E-mail : info@montessori-kids.net
Site : http://www.montessori-kids.net
École maternelle et école élémentaire
Enfants de 3 à 9 ans

École Montessori internationale
Jardin du Luxembourg
247, rue Saint-Jacques
75005 Paris
www.ecole-montessori-internationale.fr

The Bilingual Montessori School of Paris
65, quai d'Orsay – 75007 Paris
Tél. : 01 45 55 13 27 – Fax : 01 45 51 25 12
E-mail : info@montessori-paris.com
Site : http://www.montessori-paris.com
École maternelle
Enfants de 3 à 6 ans

Jardin d'enfants Gan Zikhrone Yaacov
27, rue de Ségur – 75007 Paris
Tél. : 01 45 66 45 92
École maternelle
Enfants de 3 ans à 6 ans

École Montessori rive gauche
24, rue de Babylone – 75007 Paris
Tél. : 01 45 48 43 97 – Fax : 01 42 84 34 62
E-mail : montessori-rivegauche@wanadoo.fr
Site : http://www.ecolemontessori-rivegauche.fr
École maternelle
Enfants de 3 à 6 ans

The Bilingual Montessori School of Paris
23, avenue George–V – 75008 Paris
Tél. : 01 45 55 13 27 – Fax : 01 45 51 25 12
E-mail : info@montessori-paris.com
Site : http://www.montessori-paris.com
École maternelle
Enfants de 3 à 6 ans

Les Oursons
28, rue Vignon – 75009 Paris
Tél. : 01 49 24 05 69 – Fax : 01 43 58 84 74
E-mail : ismm@montessori-france.asso.fr
Site : http://www.montessori-france.asso.fr
École maternelle bilingue d'application
de l'ISMM
Enfants de 3 à 6 ans

École Montessori de Paris
13, rue de la Grange Batelière
75009 Paris
www.ecolemontessoriparis.fr

Montessori Aujourd'hui
41, rue de Lancry
75010 Paris
www.montessori-France.asso.fr

Externat médico-pédagogique
Aide aux paralysés de France
1, rue de la Croix-Faubin
75011 Paris
Tél. :01 53 27 36 50

Le Petit d'homme
6/8, rue des Bluets – 75011 Paris
Tél. : 01 43 55 40 19
E-mail : le.petit.dhomme.@9business.fr
Site : http://www.lepetitdhomme.org
École maternelle et école élémentaire
Enfants de 3 à 10 ans

École privée Horizon Montessori
8, rue Pierre-Gourdault – 75013 Paris
Tél. : 01 53 82 01 02
E-mail : horizonmontessori@noos.fr
Site : http://mapage.noos.fr/horizonmontessori/
index.htm
École maternelle et école élémentaire
Enfants de 3 à 9 ans

Montessori La Baleine
5, rue Buot
75013 Paris
www.montessori-la-baleine.com

The Little English Montessori School
10, rue Clouet
75015 Paris
www.thelittleenglishmontessorischool.fr

Jardin d'enfants Montessori bilingue d'Auteuil
53, rue Erlanger – 75016 Paris
Tél. : 01 45 55 13 27 – Fax : 01 45 51 25 12
E-mail : info@montessori-paris.com
Site : http://www.montessori-paris.com
École maternelle
Enfants de 3 à 6 ans

Les Nouveaux Anges
29-31, rue Michel-Ange – 75016 Paris
Tél. : 01 46 51 57 29
E-mail : office@nouveauxanges.com
Site : http://www.nouveauxanges.com
École maternelle
Enfants de 3 à 6 ans

Montessori Cool
2, boulevard Pereire
75017 Paris
06 67 32 36 24

Plaisir d'enfance Le Nid des tout-petits
56-60, rue du Pré-Saint-Gervais – 75019 Paris
Tél. : 01 40 35 01 53 – Fax : 01 40 35 41 01
E-mail : plaisirdenfance@club-internet.fr
Structure multi-accueil de la petite enfance
École maternelle et école élémentaire
Enfants de 3 mois à 11 ans

En région parisienne

Maison des Enfants de Marne-la-Vallée
16, route des Carrières
77600 Bussy-Saint-Georges
www.ecole-bilingue-montessori.fr

École bilingue Maria-Montessori
5A/5B, rue Antoine-Richard – 78000 Versailles
Tél. : 01 39 02 70 00
E-mail : ebmmversailles@club-internet.fr
École maternelle et école élémentaire
Enfants de 2 à 10 ans

École Montessori internationale Grandir en confiance
6-8, rue Jouy-Boudonville
78100 Saint-Germain-en-Laye
www.montessori-stgermainenlaye.com

Centre de rencontres enfantines Montessori
10, chemin du Vivier – 78310 Villeneuve-Maurepas
Tél. : 01 30 66 39 61 – Fax : 01 30 51 96 41
E-mail : cremontessori@free.fr
Site : http://cremontessori.free.fr
Crèche, école maternelle et école élémentaire
Enfants de 20 mois à 11 ans

Montessori International School
1, rue des Entrepreneurs
78340 Clayes-sous-Bois
www.montessori-school.fr
De la maternelle au lycée

Secrets d'enfance
28, boulevard de l'Europe – 78540 Vernouillet
Tél. : 01 39 65 98 13 – Fax : 01 39 65 98 13
E-mail : cendrine.bathany@secretsdenfance.com
Site : http://www.secretsdenfance.com
École maternelle
Enfants de 2 à 6 ans

École Montessori internationale Les Rayons de soleil
31, rue de Paris
78600 Maisons-Laffitte
www.ecole-montessori.fr

Centre Montessori bilingue Être et découvrir
13 bis, rue Le coq – Parc du Château
B.P. 42 – 78860 Saint-Nom-La-Bretèche
Tél. : 01 30 56 62 06 – Fax : 01 30 80 48 00
E-mail : etreetdecouvrir@yahoo.fr
Site : http://www.montessorilearningcenter.org
École maternelle et école élémentaire
Enfants de 3 à 12 ans

Centre Montessori bilingue Être et Découvrir
13 bis, rue Le-Coq, parc du Château
BP 42
78860 Saint-Nom-la-Bretèche
Enfants de 3 à 12 ans
www.etreetdecouvrir.org

École internationale Montessori Vive l'enfance
29, rue de Noisy – 78870 Bailly
Tél. : 01 30 80 40 05
E-mail : mail@lyceeinternationalmontessori.fr
Site : http://www.lyceeinternationalmontessori.fr/
École maternelle, école élémentaire,
collège et lycée

École Montessori internationale El Nido
360, avenue de la Gaule

78955 Carrières-sous-Poissy
www.elnido-montessori.fr

École Maria-Montessori internationale 91
1, rue Emmanuel-Pastré
91000 Évry-Village
Enfants de 3 à 12 ans
www.emmi91.fr

L'École différemment
43, rue du Coteau
91170 Viry-Chatillon
www.lecoledifferemment.fr

Jardin des capucines
1, place de Chevry – 91190 Gif-sur-Yvette
Tél. : 01 60 12 06 65
E-mail : jardin.des.capucines@wanadoo.fr
École maternelle
Enfants de 2 à 6 ans

École des Fourmis
27, avenue Marcelin-Berthelot
91210 Draveil
www.ecoledesfourmis.blogspot.com

Les Ribambelles
18, rue de la Paix – 91230 Montgeron
Tél. : 01 69 40 74 01
E-mail : ribambelles@wanadoo.fr
Site : http://perso.wanadoo.fr/ribambelles.montessori
École maternelle et école élémentaire
Enfants de 5 à 11 ans

La Montessorine
23, rue du Verger – 91800 Brunoy
Tél. : 01 60 46 24 84 ; 09 62 10 24 64
E-mail : ecole.la.montessorine@wanadoo.fr
Site : http://www.lamontessorine.com
École maternelle et école élémentaire
Enfants de 3 à 11 ans

Jardin d'enfants Montessori
87, rue de Sèvres
92100 Boulogne
Tél. : 01 46 04 25 48

La Petite École Montessori
6, rue des Menus
92100 Boulogne
www.lapetiteecolemontessori.com

École Montessori bilingue de Saint-Cloud
5, rue de Garches
92210 Saint-Cloud
Tél. : 01 46 02 64 33

École nouvelle Émilie-Brandt
12, rue du Parc
92300 Levallois-Perret
www.emiliebrandt.fr
Enfants de 3 à 12 ans

International Montessori School
3, avenue du Bois-de-la-Marche
92420 Vaucresson
Tél. : 01 47 41 46 64

Maison des enfants
105, rue Émile-Beaufils – 93100 Montreuil-sous-Bois
Tél. : 01 48 44 55 66
E-mail : maisondesenfantsmontessori@wanadoo.fr
Site : http://www.maisondesenfantsmontessori.net
École maternelle
Enfants de 2 à 6 ans

Turbul
39, rue Arago – 93100 Montreuil-sous-Bois
Tél. : 01 48 59 67 67 – Fax : 01 48 59 60 22
E-mail : apeem@wanadoo.fr
École maternelle
Enfants de 2 à 6 ans

Les Merveilles
17, rue Anatole-France
93110 Rosny-sous-Bois

Maison des enfants
Cité Youri-Gagarine – Bât. L3 Appt. 301
93230 Romainville
Tél. : 01 48 44 55 66
E-mail : maisondesenfantsmontessori@wanadoo.fr
Site : http://www.maisondesenfantsmontessori.net
École maternelle
Enfants de 2 à 6 ans

Maison des enfants
8, place Séverine
93310 Le Pré-Saint-Gervais
École bilingue
www.maisondesenfantsmontessori.com

L'École en douceur
37, rue des Grilles
93500 Pantin
www.moderato-montessori.com

Arborescences
Espace Marie-Curie
6, avenue Madeleine-Smith-Champion
94130 Nogent-sur-Marne
www.arborescences.org

Les Coccinelles Montessori
68, allée Guy-Hocquet
94170 Le Perreux-sur-Marne
www.lescoccinellesmontessori.fr

Nouvelle École Montessori du Val-de-Marne
80, avenue Raspail
94210 La Varenne
www.montessoriduvaldemarne.fr

École bilingue Montessori du Val-de-Marne
2, place des Canadiens – 94340 Joinville-le-Pont
Tél. : 01 48 89 52 12 – Fax : 01 48 86 36 43
E-mail : montessori94340@aol.com
École maternelle et école élémentaire
Enfants de 2 à 9 ans

École Montessori internationale Le Kaléidoscope
16, rue Jules-Vallès
94600 Choisy-le-Roy
www.choisy.montessori.free.fr

Maison des Enfants de L'Isle-Adam
2, Grand-Place Hubert-Jolivet
Allée des Sablières
95290 L'Isle-Adam
www.montessori95.fr

École Montessori bilingue
106, rue Alexandre–Prachay – 95590 Presles
Tél. : 01 39 37 72 10
E-mail : ecolemontessori95@wanadoo.fr
Site : www.ecolemontessori95.com
École maternelle et école élémentaire
Enfants de 2 ans et demi à 11 ans

En province

Les Tournesols
55, route de Sauverny
01220 Grilly
www.ecolelestournesols.free.fr

École Montessori
Route de Charron
01260 Champagne-en-Valromey
Tél. : 04 79 87 69 78 – Fax : 04 79 87 69 78
E-mail : montessori.01champagne@wanadoo.fr
École maternelle et école élémentaire
Enfants de 3 à 11 ans

Jardins des soleils
VVF, Chemin le Clavary – 06130 Grasse
Tél. : 04 92 60 00 58
E-mail : jardindessoleils@wanadoo.fr
Site : http://www.jardin-des-soleils.fr
École maternelle
Enfants de 2 à 6 ans

Terre enfantine
Chemin des Eucalyptus
06160 Antibes-Juan-les-Pins
www.terre-enfantine.com
Enfants de 3 à 6 ans et de 6 à 9 ans

École Montessori bilingue de Nice
2, rue d'Orestis
06300 Nice
Tél. : 06 14 74 53 05
www.montessori-nice.fr
École maternelle et école élémentaire

Centre Montessori Les Pouces verts
Allée de Domaine Pinchinade
06370 Mouans-Sartoux
Tél. : 04 93 12 15 52 – Fax : 04 93 42 16 84
E-mail : secretariat@montessori-les-pouces-verts.fr
Site : http://montessori-les-pouces-verts.fr
École maternelle, école élémentaire et collège
Enfants de 2 ans et demi à 15 ans

École Montessori bilingue Les Colibris
E-Golf Park
950, avenue de Roumanille
06410 Biot
www.colibrischool.fr

École La Fontaine
11, avenue des Alpes – 06800 Cagnes–sur–Mer
Tél. : 04 93 20 69 76 – Fax : 04 92 13 23 02
E-mail : lafontaine.montessori@wanadoo.fr
Site : http://www.ecolelafontaine.com
École maternelle
Enfants de 2 ans et demi à 6 ans

La Ferme des enfants Montchamp
07230 Lablachère
Tél. : 04 75 39 07 22 – Fax : 04 75 39 37 93
E-mail : ecole@la-ferme-des-enfants.com

Site : http://www.la-ferme-des-enfants.com
École maternelle et école élémentaire
Enfants de 2 à 12 ans

École de l'Olivier
Villa Nari – 9, chemin des Vieux-Cabassols
13770 Venelles
Tél. : 04 42 54 66 63
E-mail : contact@ecoledelolivier.fr
Site : http://www.ecoledelolivier.fr
École maternelle et école élémentaire
Enfants de 2 ans et demi à 12 ans

École Amadeus
1555, chemin de la Carreirade-d'Allauch
13400 Aubagne
www.ecole-amadeus.fr

Notre École Montessori
18, avenue Marius-Joly
13530 Trets
www.ecole-es-en-ciel.fr
École maternelle et école élémentaire

Le Village
Rue du Village-Boubes
17110 Saint-Georges-de-Didonne
École maternelle, atelier du mercredi et école de danse
www.levillagemontessori.com

A Casa zitellina
Quartier Vignola – 20137 Porto-Vecchio
Tél. : 04 95 70 25 61 – Fax : 04 95 70 25 61
École maternelle et école élémentaire
Enfants de 2 à 9 ans

École Montessori Morvan
Hameau de la Tuilerie
21430 Bard-le-Régulier
Enfants de 3 à 11 ans
www.montessorimorvan.wix.com

Montessori Besançon
19A, chemin de la Baume
25000 Besançon

À Petits Pas
22, rue du Pontet
26000 Valence
Tél. : 09 54 84 45 90

Le Dragon
Maison des enfants – Route des Combes
26400 Piégros-la-Clastre
Tél. : 04 75 40 01 36
E-mail : grandir-au-dragon@yahoo.fr
Site : http://www.grandir.eu.com
École maternelle
Enfants de 3 à 6 ans

École Montessori de Bourg-lès-Valence
547, rue Aristide-Bergès
26500 Bourg-lès-Valence
www.montessori-valence2010.com

L'École de la vie
Les Arcades
Route de Saint-Paul
26700 Pierrelatte
École privée protestante
www.opene.fr

École associative Les Colibris
Mas de l'Ancienne-Église
30580 Belvezet
Tél. : 04 66 01 22 41
wwwecolecolibris.fr
Enfants de 3 à 12 ans

École Montessori internationale
1966, chemin de Montagne
31330 Grenade
Tél./Fax : 05 61 82 25 50
E-mail : montidegrenade@yahoo.com
École maternelle
Enfants de 2 à 6 ans
www.montessori-toulouse.com

École Montessori bilingue La Tour rose
Chemin des Carmes – 31670 Labège
Tél. : 05 61 54 66 56 – Fax : 05 61 54 66 56
E-mail : latourrose.toulouse@free.fr
École maternelle et école élémentaire
Enfants de 18 mois à 12 ans
www.latourrose-toulouse.com

École Montessori de Bordeaux-Wilson
55-57, rue Jules-Ferry
33200 Bordeaux
www.montessoribordeauxwilson.fr
Enfants de 3 à 9 ans

Le Jardin des enfants
7, chemin de l'Île – 33360 Latresne
Tél. : 05 56 20 61 19 – Fax : 05 56 20 61 19
E-mail : alexia.lefebvre@caramail.com
Site : montessori.bordeaux.free.fr
École maternelle et école élémentaire
Enfants de 2 ans et demi à 9 ans

L'écol'o Bambins
2, impasse Marcel-Lieuzère
33380 Mios
www.ecolobambins.fr

La Maison des Enfants
7, rue des Pierrottes
34170 Castelnau-le-Lèz

École Montessori
14, rue des Arts – 35000 Rennes
Tél. : 02 99 59 25 56 – Fax : 02 99 33 29 22
E-mail : ecole.montessori.rennes@wanadoo.fr
Site : http://www.montessori-rennes.org
École maternelle et école élémentaire
Enfants de 2 à 11 ans

École Montessori de Dinard
3, rue Richepin – 35800 Dinard
Tél. : 06 30 84 50 84
Site : http://montessori.dinard.free.fr/
École maternelle et école élémentaire
Enfants de 3 à 9 ans

Aide-moi à faire seul
68, rue des Eaux-Claires – 38100 Grenoble
Tél. : 04 76 21 27 54 – Fax : 04 76 96 15 14
E-mail : aidemoiafaireseul@hotmail.fr
Site : http://www.aidemoiafaireseul.fr
École maternelle
Enfants de 2 à 6 ans

Des Racines et des Ailes
11, rue Émile-Zola
38100 Grenoble
www.ecole-montessori-grenoble.fr

École Montessori internationale Grenoble
19, chemin de la Duy
38240 Meylan
www.montessori-grenoble.com

École parentale Montessori Grandir ensemble
Serre de Milmaze
38710 Mens
Tél. : 04 76 34 37 23
www.grandirensemble.unblog.fr

Menthe-Abricot-Cerise
Place Richard-Béranger
38710 Mens
Enfants de 3 à 9 ans
www.mentheabricotcerise.fr

L'École d'Alice
52, chemin Loustaou
BP 95
40150 Soorts-Hossegor
www.lecoledalice.net

École Saint-Charles (classe Montessori)
32, rue Quinière
41000 Blois
www.grandir-ensemble-blois.fr

École aux mille sourires
La Hamonnais
44810 Héric
www.ecoleauxmillesourires.fr

L'Arbre enchanté
95 bis, route de Donnery
45450 Fay-aux-Loges
www.ecole-arbre-enchante.com

École Montessori d'Angers
18, chemin du Bois-Brillouse
49100 Angers
Tél. : 02 41 80 56 06
Enfants de 3 à 9 ans
www.ecole-montessori-angers.blogspot.fr

Sur les chemins de l'école
5 bis, rue Diderot
51100 Reims
Jardin d'enfants et école maternelle
Tél. : 03 26 97 78 09

Montetibou
Espace Montessori pour les familles
39, rue de Laxou
54000 Nancy
Enfants de 3 à 9 ans
www.montetibou.org

Les Mimosas
56870 Larmor-Baden
www.ecolelesmimosas.blogspot.com
Enfants de 3 à 9 ans

École Jeanne-d'Arc Montessori
68, rue Barbieux – 59100 Roubaix
Tél. : 03 20 70 45 14 – Fax : 03 20 70 45 71
E-mail : j.darc.rx@wanadoo.fr
Site : http://www.jdarc-rx.com
École maternelle et école élémentaire
Enfants de 2 ans et demi à 12 ans

École Saint-Michel-Archange (école chrétienne)
3, rue du Four-Saint-Jacques
60200 Compiègne
Tél. : 03 44 36 62 39
www.ecole-montessori-compiegne-blogspot.fr

The English Language Montessori School
18, rue Victor-Hugo – 60500 Chantilly
Tél : 03 44 57 83 72 – Fax : 03 44 28 94 15
E-mail : montessori-school@wanadoo.fr
Site : http://www.elm-school.com
École maternelle
Enfants de 2 ans et demi à 6 ans

Maison des enfants en Roussillon
Deviens ce que tu es
7, rue Horace-Chauvet – 66000 Perpignan
Tél. : 04 68 50 16 31 – Fax : 05 68 50 16 31
E-mail : contact@montessori-perp.com
Site : http://www.montessori-perp.com
École maternelle et école élémentaire
sympathisante
Enfants de 2 à 10 ans

Maison de la Petite Enfance
Atelier de la Vie
30F, rue de Hirsingule
68200 Mulhouse
Tél. : 03 89 43 37 35
www.atelierdelavie.wordpresse.com

École Montessori Tom Pouce
8, rue Barrier – 69006 Lyon
Tél. : 04 78 24 51 32 – Fax : 04 78 24 85 26
E-mail : montessorilyon@online.fr
Site : http://www.montessori-lyon.com
École maternelle et école élémentaire
Enfants de 2 à 11 ans

École Chevreul-Lestonnac
2, boulevard de Tchécoslovaquie
69007 Lyon
www.lestonnac.com
École maternelle et élémentaire

Au Mont d'Or
6, chemin Notre-Dame
69250 Albigny-sur-Saône
Tél. : 06 76 76 55 99
École maternelle et élémentaire

La Maison des enfants du Mans
10, rue Charles-Morancé
72000 Le Mans
www.montessori-lemans.fr

École Montessori Graine d'étoile
117, rue des écoles – 73420 Méry
Tél. : 04 79 63 61 77 – Fax : 04 79 63 61 77
E-mail : ecolegrainedetoile@wanadoo.fr
Site : http://www.ecolegrainedetoile.org
École maternelle et école élémentaire
Enfants de 3 à 11 ans

École bilingue Montessori Mésanges
312, route du Chablais
74140 Veigy
www.ecolemesanges.com

Croque la Vie
35, chemin de la Charrière
74160 Archamps
Tél. : 04 50 43 70 85
Enfants de 3 à 11 ans
www.ecolecroquelavie.free.fr

Les P'tites Pousses
42, chemin du Morillon
Les Harpes, bâtiment 15
74200 Thonon-les-Bains
www.lesptitespousses.fr

L'école de la vie
499, route de Rutys – 74370 Pringy
Tél. : 04 50 02 89 01
E-mail : montessori74@free.fr
Site : http://www.ecoledelavie.fr.st/
École maternelle et école élémentaire
Enfants de 3 ans à 12 ans

École Montessori Croque la vie
35, chemin de la Charrière – 74160 Archamps
Tél : 04 50 43 70 85
E-mail : ecolecroquelavie@free.fr
Site : http://ecolecroquelavie.free.fr
École maternelle et école élémentaire
Enfants de 2 ans et demi à 11 ans

Montessori Rouen
Locaux des Cours Saint-Joseph-Notre-Dame
Rue Verdière
76000 Rouen
www.montessorirouen.com

École Montessori d'Albi
81000 Albi
Tél. : 06 75 05 37 72
www.montessoritarn.canalblog.com
Enfants de 3 à 12 ans

École Montessori bilingue La Loupiote
3, avenue de la Liberté
Camp-Ferrat 1
83120 Sainte-Maxime
www.ecole-la-loupiote.blogspot.fr
Projet de collège

Maison des enfants
16, avenue Étienne-Martelange – 84000 Avignon
Tél. : 04 90 82 24 22 – Fax : 04.90.82.24.22
E-mail : maisondesenfants@laposte.net
Site : http://www.myspace.com/maisondesenfants
École maternelle et école élémentaire
Enfants de 3 à 9 ans

École Montessori d'Avignon
210 B, route de Montfavet
84000 Avignon
www.ecolemontessori-avignon.org
Enfants de 3 à 12 ans

École Montessori du Pays d'Apt
Association Jardin d'Élios
Hameau des Grands-Cléments
84400 Villars
www.ecole-montessori-apt.fr
Une classe unique 3-11 ans

Les Coccinelles
Association Montessori Vendée
Orouët
85160 Saint-Jean-de-Monts
Tél. : 06 15 89 03 83

École Pousses d'éveil
Site de Salvert
86440 Migné-Auxances
www.salvert.org
Enfants de 2 à 11 ans

Les Papillons
2 bis, avenue du Lac
87520 Cieux
www.montessori87.e-monsite.com
Enfants de 3 à 11 ans

École Montessori internationale du Gosier
1, route de la Chaîne
97190 Gosier
Guadeloupe
Tél. : 05 90 68 29 62

Grains de Génie Grandir en Confiance
47, lot. Lacroix-Belcourt
97112 Baie Mahault
Guadeloupe

Jardin d'enfants Montessori Saint-Nicolas
41, quartier Plaisance
97232 Lamentin
Martinique
Tél. : 05 96 64 35 94
Enfants de 2 à 6 ans

Montesourire
19, chemin Parny
Piton Caillox
97438 Sainte-Marie
La Réunion
www.montesourire.com
Enfants de 3 à 9 ans

Écoles Steiner

À Paris

Le Jardin d'églantine
165, boulevard Brune – 75014 Paris
Tél. : 01 45 43 58 89
École maternelle

En région parisienne

École Perceval
5, avenue d'Eprémesnil – 78400 Chatou
Tél. : 01 39 52 16 64 – Fax : 01 39 52 59 40
E-mail : contact@ecoleperceval.com
Site : http://www.ecoleperceval.com
École maternelle, école élémentaire, collège et lycée
Enfants à partir de 2 ans et demi

Libre École Rudolf-Steiner / École de Verrières
62, rue de Paris – Amblainvilliers
91370 Verrières-le-Buisson
Tél. : 01 60 11 38 12 – Fax : 01 60 11 03 53
E-mail : contact@steiner-waldorf-vlb.fr
Site : http://www.steiner-waldorf-vlb.fr/
École maternelle, école élémentaire, collège et lycée

En province

École de La Mhotte
Château de la Mhotte – 03210 Saint-Menoux
Tél. : 04 70 43 93 98 – Fax : 04 70 43 93 70
E-mail : ecole.lamhotte@akeonet.com
Site : http://konnexia.net/
École maternelle, école élémentaire et collège
Enfants de 3 ans et demi à 14 ans

Jardin d'enfants Waldorf de Nice/Monaco
Waldorf Kindergarten –
Maternelle Internationale
Lieu-dit « Le Téano » – 403 Moyenne-Corniche
06240 Beausoleil
Tél./Fax : 04 92 10 89 48
E-mail : ecole.nice-monaco@steiner-waldorf.org
Site : http://pagesperso-orange.fr/waldorfcote dazur/Pages/home.htm
École maternelle
Enfants de 2 à 6 ans

Jardin d'enfants de Valbonne
Pédagogie Waldorf
701, chemin de la Colle du Devinson
06560 Valbonne
Tél. : 04 92 98 19 08 – Fax : 04 92 92 29 88
E-mail : ecole.cannes-mougins@steiner-waldorf.org
École maternelle

École Chant'Arize
En cours d'habilitation – Domaine de Portecluse
Route de Montfa
09450 Campagne-sur-Arize
Tél. : 05 61 69 85 60 – Fax : 05 61 67 40 54
E-mail : ecole-chantarize@orange.fr
Site : http://chantarize.free.fr/
Crèche, école maternelle et école élémentaire

Jardin d'enfants Blanchefleur
251, faubourg de Croncels – 10000 Troyes
Tél. : 03 25 82 40 44
E-mail : jardin.blanchefleur@steiner-waldorf.org
Site : http://jardin-enfants-blanchefleur.blogspot.com
École maternelle

Les Boutons d'or d'Aix-en-Provence
385, rue Serpentine
13510 Éguilles
Tél. : 04 42 24 14 18
École maternelle et primaire
www.steiner-aix.org

École Caminarem d'Alès Jouquet
30360 Monteils
Tél. : 04 66 83 20 43 – Fax : 04 66 83 57 96
E-mail : ecole.caminarem@free.fr
Site : http://www.ecolecaminarem.org/index.php
École maternelle et école élémentaire
Enfants de 3 à 11 ans

École maternelle Les Tournesols
10, impasse Médicis – 31200 Toulouse
Tél./Fax : 05 34 25 16 50
E-mail : tournesols@steiner-waldorf.org
Site : http://membres.lycos.fr/lestournesols/
École maternelle
Enfants de 2 à 6 ans

Puck et Ribambelle
École privée d'inspiration Steiner
50 B, boulevard Ernest-Renan
34000 Montpelleir
Tél.: 04 67 54 58 20
École maternelle et primaire
www.pucketribambelle.fr

Jardin d'enfants de Montpellier
1, rue de la Goélette – Mas de Neuville
34080 Montpellier
Tél. : 04 67 54 31 58
Site : http://www.surlesailesdeslutins.fr/
École maternelle
Enfants de 2 à 6 ans

Les Capucines
Domaine du Plessis
36770 Vern-sur-Seiche
02 99 62 11 71
École maternelle et primaire

École maternelle du Petit Porteau à Tours
Le Porteau – 37300 Joué-lès-Tours.
Tél. : 02 47 67 20 23 – Fax : 02 47 67 14 46
Site : http://www.petit-porteau.org/
École maternelle
Enfants de 2 ans et demi à 6 ans

Jardin d'enfants Arc-en-Ciel de Pau
7, avenue Bernadotte – 64110 Jurançon
Tél./Fax : 05 59 06 51 64
E-mail : j-e.arcenciel@steiner-waldorf.org
École maternelle

École Michaël de Strasbourg
3, rue du Schnockeloch
67200 Strasbourg-Koenigshoffen
Tél. : 03 88 29 03 21 (à partir de 13 h 30)
E-mail : ecole.michael.strasbourg@steiner-waldorf.org
École maternelle
Enfants de 2 à 6 ans

Jardin d'enfants Rudolf-Steiner et École Mathias-Grünewald
4, rue Herzog – 68124 Logelbach-Wintzenheim.
Tél. : 03 89 27 13 24 – Fax : 03 89 27 04 31
E-mail : emg.colmar@libertysurf.fr
Site : http://www.pedagogie-steiner-colmar.infos.st/
École maternelle, école élémentaire,
collège et lycée

École Steiner
61, rue Aristide-Briand
68460 Lutterbach
Tél. : 03 89 57 24 07
École maternelle et primaire

École Rudolf-Steiner de Lyon
6, avenue Georges-Clemenceau
69230 Saint-Genis-Laval
Tél. : 04 78 50 77 45
Fax : 09 57 61 80 01
E-mail : secretariat@ecole-steiner-lyon.org
Site : http://ecole.steiner.lyon.free.fr/
École maternelle, école élémentaire et collège
Enfants de 2 à 16 ans

L'École des quatre-saisons
441, chemin des Baraques
79190 Challes-les-Eaux
Tél. : 06 31 90 65 56
École maternelle et primaire

Jardin d'enfants Le Petit Prince
76, chemin du Banay – 84380 Mazan
Tél. : 04 90 69 50 13
E-mail : lepetitprince@steiner-waldorf.org
École maternelle
Enfants de 18 mois à 6 ans

École d'Avignon
300, chemin de la Traille – 84700 Sorgues
Tél./Fax : 04 90 83 37 07
E-mail : ecole.avignon@steiner-waldorf.org
École maternelle, école élémentaire,
collège et lycée
Enfants à partir de 2 ans et demi

Écoles Freinet

En région parisienne

École Marie-Curie
Avenue Karl-Marx – 93000 Bobigny
Tél. : 01 48 30 83 60
E-mail : vdecker@wanadoo.fr
École maternelle et école élémentaire

École ouverte des Bourseaux
34/36, rue Alexandre-Prachay
95310 Saint-Ouen-l'Aumône
Tél./Fax : 01 30 37 24 42
E-mail : ecole_bourseaux_stouen@wanadoo.fr
École maternelle et école élémentaire

En province

École Célestin-Freinet
1133, chemin Célestin-Freinet – 06140 Vence
Tél. : 04 93 58 11 89 – Fax : 04 93 58 66 96
E-mail : ecolefreinet@wanadoo.fr
École maternelle et école élémentaire

École La Treille
169, route de la Treille – 13011 Marseille
Tél. : 04 91 27 09 66
E-mail : ecole.latreille@cime.org

École Freinet Bonneveine
109, avenue André-Zénatti – 13008 Marseille
Tél. : 04 91 73 22 84
École maternelle et école élémentaire

École Freinet Les Fabrettes
Traverse Arlésienne – 13015 Marseille
Tél. : 04 91 51 30 75
École maternelle et école élémentaire

École maternelle La Mareschale
4, rue de Tübingen – 13090 Aix-en-Provence
Tél : 04 42 59 06 71
École maternelle et école élémentaire

École Freinet
1807, quartier du Bois
14200 Hérouville-Saint-Clair
Tél. : 02 31 95 64 04
École maternelle et école élémentaire

École publique Célestin-Freinet
6, rue d'Avranches – 29200 Brest
Tél. : 02 98 03 16 05
E-mail : ee.celestin-freinet@ecoles-brest.fr
Site : http://freinet.brestecoles.net/freinetbrest/
École maternelle et école élémentaire

École de Kergroës
4, rue Grandes-Landes – 29350 Moëlan-sur-Mer
Tél. : 02 98 71 13 98
École maternelle et école élémentaire

École communale Célestin Freinet
Place de Linkebeek
49750 Saint-Lambert-du-Lattay
Tél. : 02 41 78 34 17
E-mail : ce.0490616d@ac-nantes.fr
Site : http://www.ecfreinet-stlambert.fr/
École maternelle et école élémentaire

École maternelle et élémentaire
5, place de l'Église – 54840 Villey-le-Sec
Tél. : 03 83 63 66 91
E-mail : ecolevilleylesec@wanadoo.fr
Site : http://www.villey-le-sec.com/ecole/ecole/defaut.htm
École maternelle et école élémentaire

Groupe scolaire Concorde École Anne-Frank
41, rue Saint-Vincent-de-Paul
59370 Mons-en-Barœul
Tél./Fax : 03 20 04 04 02
E-mail : sylvie.hospitel@icem-freinet.org
École maternelle et école élémentaire

École primaire Anatole-France
34, rue Anatole-France – 69120 Vaulx-en-Velin
Tél. : 04 78 79 25 06
École maternelle et école élémentaire

École François-Mansart
Rue des Frères-Lumière – 69800 Saint-Priest
Tél. : 04 78 20 31 43
E-mail : ce.0690170k@ac-lyon.fr
Site : http://prim.mansart.69800.free.fr/
École maternelle et école élémentaire

École primaire Frédéric-Mireur
Rue Frédéric-Mireur – 83300 Draguignan
Tél. : 04 94 68 34 59
École maternelle et école élémentaire

Groupe scolaire Louis-Buton
Rue du Pont-de-Quatre-Mètres – 85190 Aizenay
Tél. : 02 51 94 63 01
E-mail : aizenay.louisbuton@wanadoo.fr
École maternelle et école élémentaire

Écoles affiliées à l'ANEN (Association pour le développement de l'école nouvelle)

À Paris

L'École aujourd'hui School for today
24, boulevard Edgard-Quinet

75014 Paris
Tél./Fax : 01 43 20 61 24
E-mail : contact@ecoleaujourd'hui.com
Site : http://www.ecoleaujourdhui.com/
École maternelle et école élémentaire

En région parisienne

École nouvelle d'Antony
4-6, avenue d'Alembert – 92160 Antony
Tél. : 01 43 50 13 83 – Fax : 01 46 60 49 97
E-mail : contact@ecolenouvelle.fr
Site : http://www.ecolenouvelle.fr/
École maternelle et école élémentaire
Enfants de 3 à 11 ans

École nouvelle Émilie-Brandt
12, rue du Parc – 92300 Levallois-Perret
Tél. : 01 47 58 53 40 – Fax : 01 47 58 63 05
E-mail : emilie.brandt@wanadoo.fr
Site : http://www.emiliebrandt.fr
École maternelle et école élémentaire
Enfants de 3 à 12 ans

En province

La Prairie
1, rue des Néfliers
31400 Toulouse
Tél. : 05 62 26 83 60
Fax : 05 62 26 83 61
E-mail : info@ecole-laprairie.fr
Site : http://www.ecole-laprairie.fr/
École maternelle, école élémentaire et collège

École nouvelle de La Rize
74, rue Étienne-Richerand – 69003 Lyon
Tél. : 04 72 33 53 70 – Fax : 04 78 54 94 11
E-mail : info@ecoledelarize.org
Site : http://www.ecoledelarize.org
École maternelle et école élémentaire

École nouvelle du Chapoly
18, chemin de la Chênaie
69160 Tassin-la-Demi-Lune
Tél. : 04 78 34 29 29
E-mail : chapoly.ecole@free.fr
Site : http://chapoly.ecole.free.fr/
École maternelle et école élémentaire
Enfants à partir de 3 ans

Les autres écoles

À Paris

École Saint-Merri
8, rue Cloître-Saint-Merri – 75004 Paris
Tél. : 01 42 78 11 55
École maternelle, école élémentaire et collège

École alsacienne
109, rue Notre-Dame-des-Champs – 75006 Paris
Tél : 01 44 32 04 70 – Fax : 01 43 29 02 84
E-mail : info@ecole-alsacienne.org
Site : http://www.ecole-alsacienne.org/
École maternelle, école élémentaire, collège et lycée

Association des parents d'élèves des jardins d'enfants franco-allemands Kinder école
134, rue du Faubourg-Saint-Martin – 75010 Paris
Tél. : 01 42 06 90 50 (Direction pédagogique)
Tél./Fax : 01 48 03 16 29 (administration)
Site : http://www.ajefa.eu/
École maternelle
Enfants de 2 à 6 ans

Sequana La Maison des enfants
La Cartoucherie
Route du Champ-de-Manœuvre
75012 Paris
Tél. : 01 48 08 61 03
École maternelle

38. La Ribambelle
19, rue Robert-Lindet – 75015 Paris
Tél. : 01 42 50 63 30
Crèche et école maternelle
Enfants de 18 mois à 4 ans

En région parisienne

Centre actif bilingue
38, boulevard du Maréchal-Foch
77300 Fontainebleau
Tél. : 01 64 22 13 40
E-mail : fbleau@ecole-cab.com
Site : http://www.ecole-cab.com/
École maternelle et école élémentaire

Association franco-allemande pour l'animation/la communication (AFAAC)
70, rue Falkirk – 94000 Créteil
Tél./Fax : 01 49 80 37 61
E-mail : afaac@afaac.org
Site : http://afaac.free.fr/
Enfants de 3 mois à 6 ans
Crèche et école maternelle

École publique Decroly
49, avenue Daumesnil – 94160 Saint-Mandé
Tél./Fax : 01 43 28 31 00
E-mail : ecole@ecoledecroly.com
Site : http://www.ecoledecroly.com/
École maternelle, école élémentaire et collège
Enfants de 3 à 15 ans

En province

La Ferme des enfants
Hameau des Buis
Chaulet-Casteljau
07230 Lablachère
Tél. :04 75 35 09 97

L'Autre École
Le Bel Ormeau
Avenue Jean-Paul-Coste
13100 Aix-en-Provence
www.lautreecole-montessori.com
Enfants de 2 à 10 ans

Écoléron Grandir ensemble
Espace Ranson
Allée du Clos-Sourbier
17480 Le Château-d'Oléron
www.ecoleron.fr

La Croisée des Chemins
116, rue du Faubourg-Saint-Martin
21121 Fontaine-lès-Dijon
www.ecoledelacroiseedeschemins.fr
Pédagogie nouvelle et pédagogie Freinet, matériel Montessori

Graine d'école
12, avenue de Bardanac – 33600 Pessac
Tél./Fax : 05 56 84 99 69
E-mail : grainedecole@wanadoo.fr
Site : http://grainedecole.free.fr/
École maternelle

Grandir à son rythme
10, rue Jules-Guesde
38600 Fontaine
Pédagogies Freinet et Montessori
www.grandirasonrythme.fr
Enfants de 2 à 6 ans

Rayons de Soleil
Gary
47110 Dolmayrac
www.ecolline.net
Pédagogies Montessori, Freinet et Steiner
Enfants de 3 à 11 ans

L'École des Roseaux
Chemin du Moulin-de-la-Paille
63960 Veyre-Monton
www.ecoledesroseaux.com

Association Enfant, art et pédagogie
20, rue de la Gare
67720 Hoerdt
Tél. : 06 05 11 44 75
Pédagogies Steiner et MontessoriEnfants de 2 à 12 ans

Living School
6, rue Georges-Auric
75019 Paris
www.livingschool.fr
École maternelle et élémentaire

École RECREES
Réseau d'enfants créatifs et écologiquement solidaires
Domaine de Saint-Léger
84240 Grambois
Tél. : 04 90 77 48 19
www.recrees.fr
École maternelle, élémentaire et collège

Les écoles élémentaires

Écoles Montessori

À Paris

Montessori kids
28, rue du Fer-à-Moulin – 75005 Paris
Tél. : 01 45 65 49 61 – Fax : 01 45 80 08 42
E-mail : info@montessori-kids.net
Site : http://www.montessori-kids.net
École maternelle et école élémentaire
Enfants de 3 à 9 ans

École Montessori de Paris
13, rue de la Grange Batelière
75009 Paris
www.ecolemontessoriparis.fr

Externat médico-pédagogique
Aide aux paralysés de France
1, rue de la Croix-Faubin
75011 Paris
Tél.:01 53 27 36 50

Le Petit d'homme
6/8, rue des Bluets – 75011 Paris
Tél. : 01 43 55 40 19
E-mail : le.petit.dhomme.@9business.fr
Site : http://www.lepetitdhomme.org
École maternelle et école élémentaire
Enfants de 3 à 10 ans

École privée Horizon Montessori
8, rue Pierre-Gourdault – 75013 Paris
Tél. : 01 53 82 01 02
E-mail : horizonmontessori@noos.fr
Site : http://mapage.noos.fr/horizonmontessori/index.htm
École maternelle et école élémentaire
Enfants de 3 à 9 ans

Plaisir d'enfance
Le Nid des tout-petits
56-60, rue du Pré-Saint-Gervais – 75019 Paris
Tél. : 01 40 35 01 53 – Fax : 01 40 35 41 01
E-mail : plaisirdenfance@club-internet.fr
École maternelle et école élémentaire
Enfants de 3 mois à 11 ans

En région parisienne

École bilingue Maria Montessori
5A/5B, rue Antoine-Richard – 78000 Versailles
Tél. : 01 39 02 70 00
E-mail : ebmmversailles@club-internet.fr
École maternelle et école élémentaire
Enfants de 2 à 10 ans

Centre de rencontres enfantines Montessori
10, chemin du Vivier – 78310 Villeneuve-Maurepas
Tél. : 01 30 66 39 61 – Fax : 01 30 51 96 41
E-mail : cremontessori@free.fr
Site : http://cremontessori.free.fr
Crèche, école maternelle et école élémentaire
Enfants de 20 mois à 11 ans

Centre Montessori bilingue Être et découvrir
13 bis, rue Lecoq – Parc du Château
B.P. 42 – 78860 Saint-Nom-La-Bretèche
Tél. : 01 30 56 62 06 – Fax : 01 30 80 48 00
E-mail : etreetdecouvrir@yahoo.fr
Site : http://www.montessorilearningcenter.org
École maternelle et école élémentaire
Enfants de 3 à 12 ans

École internationale Montessori Vive l'enfance
5, rue Chaponval – 78870 Bailly
Tél. : 01 34 62 63 16
E-mail : mail@lyceeinternationalmontessori.fr
Site : http://www.lyceeinternationalmontessori.fr/
École maternelle, école élémentaire,
collège et lycée

Les Ribambelles
18, rue de la Paix – 91230 Montgeron
Tél. : 01 69 40 74 01
E-mail : ribambelles@wanadoo.fr
Site : http://perso.wanadoo.fr/ribambelles.montessori
École maternelle et école élémentaire
Enfants de 5 à 11ans

La Montessorine
23, rue du Verger – 91800 Brunoy
Tél. : 01 60 46 24 84 ; 09 62 10 24 64
E-mail : ecole.la.montessorine@wanadoo.fr
Site : http://www.lamontessorine.com
École maternelle et école élémentaire
Enfants de 3 à 11 ans

École bilingue Montessori du Val-de-Marne
2, place des Canadiens – 94340 Joinville-le-Pont
Tél. : 01 48 89 52 12 – Fax : 01 48 86 36 43
E-mail : montessori94340@aol.com
École maternelle et école élémentaire
Enfants de 2 à 9 ans

École Montessori bilingue
106, rue Alexandre-Prachay – 95590 Presles
Tél. : 01 39 37 72 10
E-mail : ecolemontessori95@wanadoo.fr
Site : www.ecolemontessori95.com
École maternelle et école élémentaire
Enfants de 2 ans et demi à 11 ans

En province

École Montessori
Route de Charron
01260 Champagne-en-Valromey
Tél./Fax : 04 79 87 69 78
E-mail : montessori.01champagne@wanadoo.fr
École maternelle et école élémentaire
Enfants de 3 à 11 ans

Les Esprits libres
98, avenue Frédéric-Mistral
06130 Grasse
www.les-esprits-libres.fr
Enfants de 6 à 12 ans

Terre enfantine
Chemin des Eucalyptus
06160 Antibes – Juan-les-Pins
www.terre-enfantine.com
Enfants de 3 à 6 ans et de 6 à 9 ans

École Montessori bilingue de Nice
2, rue d'Orestis
06300 Nice
Tél.: 06 14 74 53 05
www.montessori-nice.fr
École maternelle et école élémentaire

Centre Montessori Les Pouces verts
Allée de Domaine Pinchinade
06370 Mouans-Sartoux
Tél. : 04 93 12 15 52 – Fax : 04.93.42.16.84
E-mail : secretariat@montessori-les-pouces-verts.fr
Site : http://montessori-les-pouces-verts.fr
École maternelle, école élémentaire et collège
Enfants de 2 ans et demi à 15 ans

École Montessori bilingue Les Colibris
E-Golf Park
950, avenue de Roumanille
06410 Biot
www.colibrischool.fr

La Ferme des enfants
Montchamp – 07230 Lablachère
Tél. : 04 75 39 07 22 – Fax : 04 75 39 37 93
E-mail : ecole@la-ferme-des-enfants.com
Site : http://www.la-ferme-des-enfants.com
École maternelle et école élémentaire
Enfants de 2 à 12 ans

École Amadeus
1555, chemin de la Carreirade-d'Allauch
13400 Aubagne
www.ecole-amadeus.fr

Notre École Montessori
18, avenue Marius-Joly
13530 Trets
www.ecole-es-en-ciel.fr
École maternelle et école élémentaire

École de l'Olivier
Villa Nari – 9, chemin des Vieux–Cabassols
13770 Venelles
Tél. : 04 42 54 66 63
E-mail : contact@ecoledelolivier.fr
Site : http://www.ecoledelolivier.fr
École maternelle et école élémentaire
Enfants de 2 ans et demi à 12 ans

A Casa zitellina
Quartier Vignola
20137 Porto-Vecchio
Tél. : 04 95 70 25 61 – Fax : 04 95 70 25 61
École maternelle et école élémentaire
Enfants de 2 à 9 ans

École Montessori Morvan
Hameau de la Tuilerie
21430 Bard-le-Régulier
Enfants de 3 à 11 ans
www.montessorimorvan.wix.com

À Petits Pas
22, rue du Pontet
26000 Valence
Tél.: 09 54 84 45 90

École Montessori de Bourg-lès-Valence
547, rue Aristide-Bergès
26500 Bourg-lès-Valence
www.montessori-valence2010.com

L'École de la vie
Les Arcades
Route de Saint-Paul
26700 Pierrelatte
École privée protestante
www.opene.fr

École associative Les Colibris
Mas de l'Ancienne Église
30580 Belvezet
Tél.: 04 66 01 22 41

wwwecolelescolibris.fr
Enfants de 3 à 12 ans

École Galilée
49, rue Jules-Bersac
31620 Fronton
www.ecolegalilee.monassoc.com
Spécialisée dans l'accueil des enfants précoces
Enfants de 5 à 10 ans
La Tour Rose
Chemin des Carmes
31670 Labège
www.latourrose-toulouse.com
Enfants de 18 mois à 12 ans

École Montessori de Bordeaux-Wilson
55-57, rue Jules-Ferry
33200 Bordeaux
www.montessoribordeauxwilson.fr
Enfants de 3 à 9 ans

Le Jardin des enfants
7, chemin de l'Île – 33360 Latresne
Tél./Fax : 05 56 20 61 19
E-mail : alexia.lefebvre@caramail.com
Site : montessori.bordeaux.free.fr
École maternelle et école élémentaire
Enfants de 2 ans et demi à 9 ans

École Montessori
14, rue des Arts – 35000 Rennes
Tél. : 02 99 59 25 56 – Fax : 02 99 33 29 22
E-mail : ecole.montessori.rennes@wanadoo.fr
Site : http://www.montessori-rennes.org
École maternelle et école élémentaire
Enfants de 2 à 11 ans

École Montessori de Dinard
3, rue Richepin – 35800 Dinard
Tél. : 06 30 84 50 84
Site : http://montessori.dinard.free.fr/
École maternelle et école élémentaire
Enfants de 3 à 9 ans

Un monde de découvertes
75, avenue Jean-Perrot
38100 Grenoble
www.montessori-grenoble.fr
école élémentaire et collège

École Montessori internationale Grenoble
19, chemin de la Duy
38240 Meylan
www.montessori-grenoble.com

Menthe-Abricot-Cerise
Place Richard-Béranger
38710 Mens
Enfants de 3 à 9 ans
www.mentheabricotcerise.fr

L'école d'Alice
52, chemin Loustaou
BP 95
40150 Soorts Hossegor
www.lecoledalice.net

École Montessori d'Angers
18, chemin du Bois-Brillouse
49100 Angers
Tél.: 02 41 80 56 06
Enfants de 3 à 9 ans
www.ecole-montessori-angers.blogspot.fr

Montetibou
Espace Montessori pour les familles
39, rue de Laxou
54000 Nancy
Enfants de 3 à 9 ans
www.montetibou.org

Les Mimosas
56870 Larmor-Baden
www.ecolelesmimosas.blogspot.com
Enfants de 3 à 9 ans

École Jeanne-d'Arc Montessori
68, rue Barbieux – 59100 Roubaix
Tél. : 03 20 70 45 14
Fax : 03 20 70 45 71
E-mail : j.darc.rx@wanadoo.fr
Site : http://www.jdarc-rx.com
École maternelle et école élémentaire
Enfants de 2 ans et demi à 12 ans

École Saint-Michel-Archange (école chrétienne)
3, rue du Four-Saint-Jacques
60200 Compiègne
Tél.: 03 44 36 62 39
www.ecole-montessori-compiegne-blogspot.fr

Maison des enfants en Roussillon
Deviens ce que tu es
7, rue Horace-Chauvet – 66000 Perpignan
Tél./Fax : 04 68 50 16 31
E-mail : contact@montessori-perp.com
Site : www.montessori-perp.com
École maternelle et école élémentaire
sympathisante
Enfants de 2 à 10 ans

École Montessori Tom Pouce
8, rue Barrier – 69006 Lyon
Tél. : 04 78 24 51 32 – Fax : 04 78 24 85 26
E-mail : montessorilyon@online.fr
Site : http://www.montessori-lyon.com

École maternelle et école élémentaire
Enfants de 2 à 11 ans

École Chevreul Lestonnac
2, boulevard de Tchécoslovaquie
69007 Lyon
www.lestonnac.com
École maternelle et élémentaire

Au Mont d'Or
6, chemin Notre-Dame
69250 Albigny-sur-Saône
Tél.: 06 76 76 55 99
École maternelle et élémentaire

École Montessori Graine d'étoile
117, rue des Écoles – 73420 Méry
Tél./Fax : 04 79 63 61 77
E-mail : ecolegrainedetoile@wanadoo.fr
Site : http://www.ecolegrainedetoile.org
École maternelle et école élémentaire
Enfants de 3 à 11 ans

Croque la Vie
35, chemin de la Charrière
74160 Archamps
Tél.: 04 50 43 70 85
Enfants de 3 à 11 ans
www.ecolecroquelavie.free.fr

L'École de la vie
499, route de Rutys – 74370 Pringy
Tél. : 04 50 02 89 01
E-mail : montessori74@free.fr
Site : http://www.ecoledelavie.fr.st/
École maternelle et école élémentaire
Enfants de 3 ans à 12 ans

École Montessori Croque la vie
35, chemin de la Charrière – 74160 Archamps
Tél. : 04 50 43 70 85
E-mail : ecolecroquelavie@free.fr
Site : http://ecolecroquelavie.free.fr
École maternelle et école élémentaire
Enfants de 2 ans et demi à 11 ans

École Montessori d'Albi
81000 Albi
Enfants de 3 à 12 ans
Tél.: 06 75 05 37 72
www.montessoritarn.canalblog.com

École Montessori bilingue La Loupiote
3, avenue de la Liberté
Camp Ferrat 1
83120 Sainte-Maxime
www.ecole-la-loupiote.blogspot.fr
Projet de collège

École Montessori d'Avignon
210 B, route de Montfavet
84000 Avignon
www.ecolemontessori-avignon.org
Enfants de 3 à 12 ans

Maison des enfants
16, avenue Étienne-Martelange – 84000 Avignon
Tél./Fax : 04 90 82 24 22
E-mail : maisondesenfants@laposte.net
Site : http://www.myspace.com/maisondesenfants
École maternelle et école élémentaire
Enfants de 3 à 9 ans

École Montessori du Pays d'Apt
Association Jardin d'Elios
Hameau des Grands-Cléments
84400 Villars
www.ecole-montessori-apt.fr
Une classe unique 3-11 ans

École Pousses d'éveil
Site de Salvert
86440 Migné-Auxances
www.salvert.org
Enfants de 2 à 11 ans

Les Papillons
2 bis, avenue du Lac
87520 Cieux
www.montessori87.e-monsite.com
Enfants de 3 à 11 ans

Montesourire
19, chemin Parny
Piton Caillox
97438 Sainte-Marie
La Réunion
www.montesourire.com
Enfants de 3 à 9 ans

Écoles Steiner

En région parisienne

École Perceval
5, avenue d'Eprémesnil – 78400 Chatou
Tél. : 01 39 52 16 64 – Fax : 01 39 52 59 40
E-mail : contact@ecoleperceval.com
Site : http://www.ecoleperceval.com
École maternelle, école élémentaire,
collège et lycée
Enfants à partir de 2 ans et demi

Libre École Rudolf-Steiner / École de Verrières
62, rue de Paris – Amblainvilliers
91370 Verrières-le-Buisson
Tél. : 01 60 11 38 12 – Fax : 01 60 11 03 53
E-mail : contact@steiner-waldorf-vlb.fr
Site : http://www.steiner-waldorf-vlb.fr/
École maternelle, école élémentaire,
collège et lycée
Enfants à partir de 3 ans

En province

École de La Mhotte
Château de la Mhotte – 03210 Saint-Menoux
Tél. : 04 70 43 93 98 – Fax : 04 70 43 93 70
E-mail : ecole.lamhotte@akeonet.com
Site : http://konnexia.net/
École maternelle, école élémentaire et collège
Enfants de 3 ans et demi à 14 ans

École Chant'Arize
En cours d'habilitation – Domaine de Portecluse
Route de Montfa – 09450 Campagne-sur-Arize
Tél. : 05 61 69 85 60 – Fax : 05 61 67 40 54
E-mail : ecole-chantarize@orange.fr
Site : http://chantarize.free.fr/
Crèche, école maternelle et école élémentaire

Les Boutons d'or d'Aix-en-Provence
385 rue Serpentine
13510 Éguilles
Tél.: 04 42 24 14 18
École maternelle et primaire
www.steiner-aix.org

École Caminarem d'Alès
Jouquet – 30360 Monteils
Tél. : 04 66 83 20 43 – Fax : 04 66 83 57 96
E-mail : ecole.caminarem@free.fr
Site : http://www.ecolecaminarem.org/index.php
École maternelle et école élémentaire
Enfants de 3 à 11 ans

Puck et Ribambelle
École privée d'inspiration Steiner
50 B, boulevard Ernest-Renan
34000 Montpellier
Tél.: 04 67 54 58 20
École maternelle et primaire
www.pucketribambelle.fr

Les Capucines
Domaine du Plessis
36770 Vern-sur-Seiche
Tél.: 02 99 62 11 71
École maternelle et primaire

École primaire Primavera
Le Porteau – 37300 Joué-lès-Tours.
Tél. : 02 47 53 46 34
Site : http://ecoleprimavera.org/
École élémentaire
Enfants de 5 à 12 ans

École primaire du Soleil à Pau
Chemin de la Juscle
64110 Saint-Faust-de-Haut
Tél./Fax : 05 59 83 04 57
École élémentaire
Enfants de 7 à 12 ans

École Michaël de Strasbourg
2c, rue du Schnockeloch
67200 Strasbourg-Koenigshoffen
Tél. : 03 88 30 19 70
Fax : 03 88 30 01 39
E-mail : ecole.michael.strasbourg
@steiner-waldorf.org
École élémentaire, collège et lycée

Jardin d'enfants Rudolf-Steiner
et École Mathias-Grünewald à Colmar
4, rue Herzog – 68124 Logelbach-Wintzenheim.
Tél. : 03 89 27 13 24 – Fax : 03 89 27 04 31
E-mail : emg.colmar@libertysurf.fr
Site : http://www.pedagogie-steiner-colmar.infos.st/
École maternelle, école élémentaire,
collège et lycée

École Steiner
61, rue Aristide-Briand
68460 Lutterbach
Tél.: 03 89 57 24 07
École maternelle et primaire

École Rudolf-Steiner de Lyon
6, avenue Georges-Clemenceau
69230 Saint-Genis-Laval
Tél./Fax : 04 78 50 77 45 – Fax : 04 72 39 29 38
E-mail : secretariat@ecole-steiner-lyon.org
Site : http://ecole.steiner.lyon.free.fr/
École maternelle, école élémentaire et collège
Enfants de 2 à 16 ans

L'École des Quatre-Saisons
441, chemin des Baraques
79190 Challes-les-Eaux
Tél.: 06 31 90 65 56
École maternelle et primaire

École d'Avignon
300, chemin de la Traille – 84700 Sorgues
Tél./Fax : 04 90 83 37 07
E-mail : ecole.avignon@steiner-waldorf.org
École maternelle, école élémentaire,
collège et lycée
Enfants à partir de 2 ans et demi

Écoles Freinet

En région parisienne

École de l'Hautil
Rue de l'École – 78510 Triel-sur-Seine
Tél. : 01 39 74 60 70
Site : http://www.freinet.org/creactif/hautil/index.htm
École élémentaire

École Marie-Curie
Avenue Karl Marx – 93000 Bobigny
Tél. : 01 48 30 83 60
E-mail : elem.curie.bobigny@gmail.com
École maternelle et école élémentaire

École ouverte des Bourseaux
34/36, rue Alexandre-Prachay
95310 Saint-Ouen-l'Aumône
Tél./Fax : 01 30 37 24 42
E-mail : ecole_bourseaux_stouen@wanadoo.fr
École maternelle et école élémentaire

École Fernand Labori
19 rue Fernand Labori – 75018 Paris

En province

École Célestin-Freinet
1133, chemin Célestin-Freinet – 06140 Vence
Tél. : 04 93 58 11 89 – Fax : 04 93 58 66 96
E-mail : ecolefreinet@wanadoo.fr
École maternelle et école élémentaire

École Major-Cathédrale
41 A rue de l'Évêché
13002 Marseille
Tél. : 04 91 91 21 51
E-mail : ecole.lamajor@cime.org

École Freinet Bonneveine
52, boulevard du Sablier – 13008 Marseille
Tél. : 04 91 73 04 48
E-mail : ecole.bonneveine2@cime.org
ecole.bonneveine@wanadoo.fr
École maternelle et école élémentaire

École La Treille
169, route de la Treille – 13011 Marseille
Tél. : 04 91 27 09 66
E-mail : ecole.latreille@cime.org

École élémentaire Les Fabrettes
Chemin de Mimet – 13015 Marseille
Tél. : 04 91 51 03 82
E-mail : ce.0131636h@ac-aix-marseille.fr
geraldine.carlier@icem-freinet.org
École maternelle et école élémentaire

Ecole élémentaire La Mareschale
8, avenue Albert-Baudoin – 13090 Aix-en-Provence
Tél. : 04 42 59 24 77
École maternelle et école élémentaire

École Freinet
1807, quartier du Bois
14200 Hérouville-Saint-Clair
Tél. : 02 31 95 64 39
École maternelle et école élémentaire

École publique Célestin-Freinet
6, rue d'Avranches – 29200 Brest
Tél. : 02 98 03 16 05
E-mail : ee.celestin-freinet@ecoles-brest.fr
Site : http://freinet.brestecoles.net/freinetbrest/
École maternelle et école élémentaire

École de Kergroës
4, rue Grandes-Landes – 29350 Moëlan-sur-Mer
Tél. : 02 98 71 13 98
École maternelle et école élémentaire

École Martinon
Rue Célestin-Freinet – 33170 Gradignan
Tél. : 05 56 89 18 81 – Fax : 05 56 89 68 33
E-mail : ecole.martinon@wanadoo.fr
École élémentaire

École élémentaire Léon-Grimault
22, boulevard Léon-Grimault – 35200 Rennes
Tél. : 02 99 51 85 16 – Fax : 02 99 32 04 69
E-mail : 0351829y@ac-rennes.fr
leon.grimault@free.fr
Site : http://www.freinet.org/creactif/grimault
École élémentaire

École Ange-Guépin
4, chemin du Relais – 44000 Nantes
Tél. : 02 40 49 01 46 – Fax : 02 40 49 38 45
E-mail : ce.0441695d@ac-nantes.fr
École élémentaire

École communale Célestin-Freinet
Place de Linkebeek
49750 Saint-Lambert-du-Lattay
Tél. : 02 41 78 34 17
E-mail : ce.0490616d@ac-nantes.fr
Site : http://www.ecfreinet-stlambert.fr/
École maternelle et école élémentaire

École de plein-air du Coteau
Chemin d'Amance – 54130 Saint-Max
Tél. : 03 83 52 73 50/06 83 22 43 10
Fax : 03 83 40 37 06
E-mail : seb.fleck@wanadoo.fr
ecole.coteau@wanadoo.fr
École élémentaire

École maternelle et élémentaire
5, place de l'Église – 54840 Villey-le-Sec
Tél. : 03 83 63 66 91
E-mail : ecolevilleylesec@wanadoo.fr
Site : http://www.villey-le-sec.com/ecole/ecole/defaut.htm
École maternelle et école élémentaire

Groupe scolaire Concorde
École Hélène-Boucher
41, rue Saint-Vincent-de-Paul
59370 Mons-en-Barœul
Tél./Fax : 03 20 04 11 21
E-mail : s.hannebique@icem-freinet.org
École maternelle et école élémentaire

École primaire Anatole-France
34, rue Anatole-France – 69120 Vaulx-en-Velin
Tél. : 04 78 79 25 06
École maternelle et école élémentaire

École élémentaire François-Mansart
Rue des Frères-Lumière – 69800 Saint-Priest
Tél. : 04 78 20 40 51
E-mail : ce.0690170k@ac-lyon.fr
Site : http://prim.mansart.69800.free.fr/
École maternelle et école élémentaire

École primaire Frédéric-Mireur
Rue Frédéric-Mireur – 83300 Draguignan
Tél : 04 94 68 34 59
École maternelle et école élémentaire

Groupe scolaire Louis-Buton
Rue du Pont-de-Quatre-mètres – 85190 Aizenay
Tél. : 02 51 94 62 29
E-mail : aizenay.louisbuton@wanadoo.fr
École maternelle et école élémentaire

Écoles affiliées à l'ANEN (Association pour le développement de l'école nouvelle)

À Paris

L'École aujourd'hui School for today
24, boulevard Edgard-Quinet – 75014 Paris
Tél. : 01 43 20 61 24
Site : http://www.ecoleaujourdhui.com/
École maternelle et école élémentaire

En région parisienne

École nouvelle d'Antony
4-6, avenue d'Alembert
92160 Antony
Tél. : 01 43 50 13 83 – Fax : 01 46 60 49 97
E-mail : contact@ecolenouvelle.fr
Site : http://www.ecolenouvelle.fr/
École maternelle et école élémentaire
Enfants de 3 à 11 ans
École nouvelle Émilie-Brandt
12, rue du Parc – 92300 Levallois-Perret
Tél. : 01 47 58 53 40 – Fax : 01 47 58 63 05
E-mail : emilie.brandt@wanadoo.fr
Site : http://www.emiliebrandt.fr
École maternelle et école élémentaire
Enfants de 3 à 12 ans

En province

La Prairie
Établissement associatif sous contrat avec l'État
1, rue des Néfliers – 31400 Toulouse
Tél. : 05 62 26 83 60 – Fax : 05 62 26 83 61
E-mail : info@ecole-laprairie.fr
Site : http://www.ecole-laprairie.fr/
École maternelle, école élémentaire et collège

École nouvelle de La Rize
74, rue Étienne-Richerand – 69003 Lyon
Tél. : 04 72 33 53 70 – Fax : 04 78 54 94 11
E-mail : info@ecoledelarize.org
Site : http://www.ecoledelarize.org
École maternelle et école élémentaire

École nouvelle du Chapoly
18, chemin de la Chênaie
69160 Tassin-la-Demi-Lune
Tél. : 04 78 34 29 29
E-mail : chapoly.ecole@free.fr
Site : http://chapoly.ecole.free.fr/
École maternelle et école élémentaire
Enfants à partir de 3 ans

Les autres écoles

À Paris

École Saint-Merri
École maternelle et école élémentaire

École alsacienne
109, rue Notre-Dame-des-Champs
75006 Paris
Tél. : 01 44 32 04 70 – Fax : 01 43 29 02 84
E-mail : info@ecole-alsacienne.org
Site : http://www.ecole-alsacienne.org/
École maternelle, école élémentaire,
collège et lycée

École Wikids
60 bis, rue de Rochechouart – 75009 Paris
Tél. : 01 43 92 93 93
E-mail : vosquestions@wikids-lecole.com
Site : http://www.wikids-lecole.com
École élémentaire
Enfants de 6 à 11 ans

École élémentaire Vitruve
3-7, passage Josseaume – 75020 Paris
Tél. : 01 43 70 50 95
E-mail : vitruve@club-internet.fr
Site : http://www.intereduc.net/vitruve/default.html
École élémentaire

En région parisienne

Centre actif bilingue
38, boulevard du Maréchal–Foch
77300 Fontainebleau
Tél. : 01 64 22 13 40
E-mail : fbleau@ecole-cab.com
Site : http://www.ecole-cab.com/
École maternelle et école élémentaire

École internationale de Marne-la-Vallée
EIMLV Montry
BP 26 – 77450 Esbly
Tél. : 01 60 04 34 70
E-mail: secretariat@eimlv.org
Site : http://www.eimlv.org
École élémentaire

École de La Neuville
Groupe de recherches pédagogiques F. Dolto
1, rue du Château – Tachy
77650 Chalmaison
Tél. : 01 64 08 87 17
E-mail : info@ecole-de-la-neuville.asso.fr
Site : http://www.ecole-de-la-neuville.asso.fr/
École élémentaire et collège

École nouvelle La Source
11, rue Renan
92190 Meudon
Tél. : 01 46 26 99 88
E-mail : lasource.adm@wanadoo.fr
Site : http://www.ecolelasource.org/
École maternelle, école élémentaire,
collège et lycée

École publique Decroly
49, avenue Daumesnil – 94160 Saint-Mandé
Tél./Fax : 01 43 28 31 00
E-mail : ecole@ecoledecroly.com
Site : http://www.ecoledecroly.com/
École maternelle, école élémentaire et collège
Enfants de 3 à 15 ans

École élémentaire privée À travers chants
7, rue de Villetaneuse – 95360 Montmagny
Tél. : 01 39 83 67 34
École élémentaire

En province

La Ferme des enfants
Hameau des Buis
Chaulet-Casteljau
07230 Lablachère
Tél. : 04 75 35 09 97

L'Autre École
Le Bel Ormeau
Avenue Jean-Paul-Coste
13100 Aix-en-Provence
www.lautreecole-montessori.com
Enfants de 2 à 10 ans

Écoléron Grandir ensemble
Espace Ranson
Allée du Clos-Sourbier
17480 Le Château-d'Oléron
www.ecoleron.fr

L'Écoline
12, rue Sambin – 21000 Dijon
Tél. : 03 80 50 10 09
École élémentaire et collège

La Croisée des Chemins
116, rue du Faubourg-Saint-Martin
21121 Fontaine-lès-Dijon
www.ecoledelacroiseedeschemins.fr
Pédagogie nouvelle et pédagogie Freinet,
matériel Montessori

L'École du Colibri
Les Amanins
Centre de séjour en agro-écologie
26400 La Roche-sur-Grâne
www.lesamanins.com

Grandir à son rythme
10, rue Jules-Guesde
38600 Fontaine
Pédagogies Freinet et Montessori
www.grandirasonrythme.fr
Enfants de 2 à 6 ans

École alternative Corbilo
5, rue du Bois-Savary
44600 Saint-Nazaire
www.ecolecorbilo.eklablog.fr
École spécialisée dans la prise en charge des enfants « surdoués »
Pédagogie inspirée de Decroly, La Garanderie et Summerhill

Rayons de Soleil
Gary
47110 Dolmayrac
www.ecolline.net
Pédagogies Montessori, Freinet et Steiner
Enfants de 3 à 11 ans

École de l'API (Action pédagogique institutionnelle)
Le Bourg
61550 Saint-Évroult-Notre-Dame-du-Bois
Tél. : 02 33 34 97 97
E-mail : ecole-api@club-internet.fr
Site : http://www.ecoleapi.fr/
École élémentaire
Enfants de 6 à 10 ans

L'École des Roseaux
Chemin du Moulin-de-la-Paille
63960 Veyre-Monton
www.ecoledesroseaux.com

Association Enfant, art et pédagogie
20, rue de la Gare
67720 Hoerdt
Tél.: 06 05 11 44 75
Pédagogies Steiner et Montessori
Enfants de 2 à 12 ans

Wi School
60 bis, rue de Rochechouart
75009 Paris
www.wi-school.com
École élémentaire et collège

Living School
6, rue Georges-Auric
75019 Paris
www.livingschool.fr
École maternelle et élémentaire

École RECREES
Réseau d'enfants créatifs et écologiquement solidaires
Domaine de Saint-Léger
84240 Grambois
Tél. : 04 90 77 48 19
www.recrees.fr
École maternelle, élémentaire et collège

Les collèges

Collèges épanouissement

À Paris et en région parisienne

École alsacienne
109, rue Notre-Dame-des-Champs – 75006 Paris
Tél. : 01 44 32 04 70 – Fax : 01 43 29 02 84
E-mail : info@ecole-alsacienne.org
Site : http://www.ecole-alsacienne.org/
École maternelle, école élémentaire, collège et lycée

École nouvelle privée La Source
11, rue Renan – 92190 Meudon
Tél. : 01 46 26 99 88
E-mail : lasource.adm@wanadoo.fr
Site : http://www.ecolelasource.org/
École maternelle, école élémentaire, collège et lycée

Collège-Lycée Sophia
5, rue du Colonel-Pierre-Brossolette
94480 Ablon-sur-Seine
Tél. : 01 45 97 96 96
E-mail : ackerphil@yahoo.fr
Site : http://www.lyceesophia.fr

Collège public Decroly
49, avenue Daumesnil – 94160 Saint-Mandé
Tél./Fax : 01 43 28 31 00
E-mail : ecole@ecoledecroly.com
Site : http://www.ecoledecroly.com/
École maternelle, école élémentaire et collège
Enfants de 3 à 15 ans

Collège Wi
60 bis, rue de Rochechouart – 75009 Paris
Tél. : 01 56 92 14 36
www.wi-school.com

En province

Collège associatif de St Martin-Château (Creuse)
Association La Traverse,
le bourg, 23460 St Martin-Château
Tél. : 05 55 64 23 82
collegeasso@ouvaton.org

Collège Corbilo (enfants « surdoués »)
5, rue du Bois-Savary – 44600 Saint-Nazaire
Tél. : 06 34 35 22 10
Site : http://www.ecolecorbilo.eklablog.fr/

Institut Leschi
58, cours Julien – 13006 Marseille
Tél. : 04 91 48 10 04 – Fax : 04 91 94 54 44
Site : http://www.institutleschi.com/
Collège et lycée

Collège-Lycée Les Chemins
34, avenue Sainte-Victoire
13100 Aix-en-Provence
Tél. : 04 42 21 22 71
Collège lycée expérimental (CLE)
1000, boulevard du Grand-Parc
14200 Hérouville-Saint-Clair
Tél. : 02 31 95 14 79 – Fax : 02 31 43 57 31
E-mail : cleh@etab.ac-caen.fr
Site : http://www.etab.ac-caen.fr/cleh/

L'Écoline
12, rue Sambin – 21000 Dijon
Tél. : 03 80 50 10 09
École élémentaire et collège

La Prairie
1, rue des Néfliers – 31400 Toulouse
Tél. : 05 62 26 83 60 – Fax : 05 62 26 83 61
E-mail : info@ecole-laprairie.fr
Site : http://www.ecole-laprairie.fr/
École maternelle, école élémentaire et collège

École Jacques-Prévert
173, rue du Jardin–public – 33300 Bordeaux
Tél. : 05 56 79 08 07
Collège et lycée

Collège public Clisthène
Annexe expérimentale du Collège du Grand-Parc
41, rue Robert-Schuman – 33300 Bordeaux
Tél. : 05.56.39.21.75 – Fax : 05.56.11.19.65
E-mail : clisthene@ac-bordeaux.fr
Site : http://clisthene.ac-bordeaux.fr

Collège Calandreta Leon-Cordas
44, rue Antoine-Jérôme-Balard – 34790 Grabels
Tél./Fax : 04 67 04 32 32
E-mail : collegi.calandreta@free.fr
Site : http://collegi-calandreta-leon-cordas.ouvaton.org/

Collège Notre-Dame-de-Mont-Roland
55, boulevard Wilson
BP 119 – 39108 Dole cedex
Tél. : 03 84 79 48 10 – Fax : 03 84 82 65 82
E-mail : ndmr@collegemontroland.com
Site : http://www.college-mt-roland.com

Collège privé Saint-Louis-de-La-Guillotière
10, rue Béguin – 69007 Lyon
Tél. : 04 78 72 04 32 – Fax : 04 78 69 27 81
E-mail : college.stlouis@centresaintmarc.org
Site : http://www.centresaintmarc.org

Collèges épanouissement pédagogie Montessori

À Paris et en région parisienne

Lycée international Montessori Vive l'enfance
29, rue de Noisy – 78870 Bailly
Tél. : 01 30 80 40 05
E-mail : mail@lyceeinternationalmontessori.fr
Site : http://www.lyceeinternationalmontessori.fr/
École maternelle, école élémentaire,
collège et lycée

En province

Centre Montessori Les Pouces verts
Allée de Domaine Pinchinade
06370 Mouans-Sartoux
Tél. : 04 93 12 15 52
E-mail : secretariat@montessori-les-pouces-verts.fr
Site : http://montessori-les-pouces-verts.fr
École maternelle, école élémentaire et collège
Enfants de 2 ans et demi à 15 ans

École et collège Montessori Un monde de découvertes
75, avenue Jean-Perrot – 38100 Grenoble
Tél. : 04 76 15 21 90
E-mail : montessori.direction.grenoble@wanadoo.fr
École élémentaire et collège
Enfants de 6 à 15 ans
www.montessori-grenoble.fr

Collège International Écologique Montessori
15 chemin des Ormes – 35000 Rennes
Tél. : 06 68 03 04 04
Site : http://www.college-montessori.org/

Collèges épanouissement pédagogie Steiner

À Paris et en région parisienne

École Perceval
5, avenue d'Eprémesnil – 78400 Chatou
Tél. : 01 39 52 16 64
E-mail : contact@ecoleperceval.com
Site : http://www.ecoleperceval.com
École maternelle, école élémentaire,
collège et lycée
Enfants à partir de 2 ans et demi

Libre École Rudolf-Steiner / École de Verrières
62, rue de Paris – Amblainvilliers
91370 Verrières-le-Buisson
Tél. : 01 60 11 38 12
E-mail : contact@steiner-waldorf-vlb.fr
Site : http://www.steiner-waldorf-vlb.fr/
École maternelle, école élémentaire,
collège et lycée (jusqu'à la première)
Enfants à partir de 3 ans

En province

École de La Mhotte
Château de La Mhotte – 03210 Saint-Menoux
Tél. : 04 70 43 93 98
E-mail : ecole.lamhotte@akeonet.com
Site : http://konnexia.net/
École maternelle, école élémentaire et collège
Enfants de 3 ans et demi à 14 ans

École Michaël de Strasbourg
2c, rue du Schnockeloch
67200 Strasbourg-Koenigshoffen
Tél. : 03 88 30 19 70
E-mail : ecole.michael.strasbourg@steiner-waldorf.org
École élémentaire, collège et lycée

Jardin d'enfants Rudolf-Steiner et École Mathias Grünewald à Colmar
4, rue Herzog – 68124 Logelbach-Wintzenheim.
Tél. : 03 89 27 13 24
E-mail : emg.colmar@libertysurf.fr
Site : http://www.pedagogie-steiner-colmar.infos.st/
École maternelle, école élémentaire,
collège et lycée

École Rudolf-Steiner de Lyon
6, avenue Georges-Clemenceau
69230 Saint-Genis Laval
Tél./Fax : 04 78 50 77 45
E-mail : secretariat@ecole-steiner-lyon.org
Site : http://ecole.steiner.lyon.free.fr/
École maternelle, école élémentaire et collège
Enfants de 2 à 16 ans

École d'Avignon
300, chemin de la Traille – 84700 Sorgues
Tél./Fax : 04 90 83 37 07
E-mail : ecole.avignon@steiner-waldorf.org
École maternelle, école élémentaire,
collège et lycée
Enfants à partir de 2 ans et demi

École CAMINAREM
156 impasse de Jouquet – 30360 Monteils
Tél. : 04 66 83 20 43
www.ecole.caminarem@free.fr

Collèges Freinet Pédagogie institutionnelle

À Paris et en région parisienne

École de La Neuville
Groupe de recherches pédagogiques F. Dolto
1, rue du Château – Tachy – 77650 Chalmaison
Tél. : 01 64 08 87 17
E-mail : info@ecole-de-la-neuville.asso.fr
Site : http://www.ecole-de-la-neuville.asso.fr/
École élémentaire et collège

En province

Collège Récrées
Domaine de St Léger – 84240 Grambois
Tél. : 04 90 77 48 19
E-mail : recrees@hotmail.fr
Site : http://recreescollege.e-monsite.com/

Collège Calendreta Léon Cordas
44 rue Antoine-Jérome-Balard – 34790 Grabels
Tél. : 04 67 04 32 32
Site : http://collegi-calandreta-leon-cordas.
ouvaton.org/

Collège Calendreta de Gascogne
64000 Pau
Tél. : 05 59 32 05 39
calandreta64@wanadoo.fr
Site : http://anaram.pagesperso-orange.fr/
collegi_calandreta.htm

Collège expérimental Anne-Frank
72, rue Marc-Sangnier – 72000 Le Mans
Tél. : 02 43 86 86 35 – Fax : 02 43 86 86 39
E-mail : college-anne-frank@neuf.fr
Site : http://clg-frank-72.ac-nantes.fr/

CLEF – Collège-lycée expérimental Freinet
Avenue Jules–Ferry
13600 La Ciotat
Tél. : 04 42 08 41 64
https://sites.google.com/site/cleflaciotat/
Contact : marion.agostini@bbox.fr

Projets de collège

Plusieurs équipes sont porteuses de projets de collège. On en trouvera ci-dessous une liste (non exhaustive), classée par département :

Projet de collège Montessori à Belmont-Luthézieu (Région Rhône-Alpes)
http://www.montessori-lyon.com/12-15ans.
html

Collège des Buis
Intégré à la Ferme des enfants et au pôle écologique Le Hameau des Buis
Hameau des Buis
Chaulet-Casteljau
07230 Lablachère
Tél.: 04 75 35 09 97
http://www.la-ferme-des-enfants.com/

Projet de collège/lycée alternatif à Aurillac
Contact : Cyrille Raynard, 6, rue du Monastère,
15000 Aurillac, cyrilleraynard@hotmail.fr,
Tél.: 04 71 45 68 94
http://essa-aurillac.fr/

Projet Célestin (projet de collège-lycée à pédagogie Freinet)
Association Pour un Collège lycée public innovant
1 bis, chemin des Vignes-du-Bourg
44100 Nantes
02 51 80 56 02
projetcelestin@gmail.com
Site Internet : www.projetcelestin.fr

Projet de collège expérimental à Angers, pédagogie Montessori
Ouverture envisagée : rentrée 2013.
http://college-montessori-angers.eklablog.com/

Association Léonie
L'association Léonie développe et promeut les écoles expérimentales dans le Maine-et-Loire Elle souhaite créer un collège lycée expérimental (une école élémentaire est également à l'étude), fondé sur une pédagogie différenciée et ouverte, qui a fait ses preuves au collège Anne-Frank du Mans. Ce pôle serait l'aboutissement de plusieurs courants (Freinet, Montessori, Steiner...) et non d'une seule pédagogie.
http://asso.leonie.free.fr/Pages/leonie_infos.html

Association Coll'innov pour un collège public innovant dans le Rhône
15, montée Saint-Laurent 69005 Lyon
Tél.: 09 54 52 59 38
http://www.ecoledelarize.org/
Objectif: ouverture et développement sur le secteur de Lyon et son agglomération d'un collège d'enseignement public qui s'appuie sur les principes de l'éducation nouvelle telle qu'elle est mise en pratique au sein des établissements scolaires membres de l'Association nationale pour le développement de l'éducation nouvelle (ANEN).

Projet d'un collège alternatif dans la région de Chambéry (privé hors contrat)
Tél.: 06 61 40 33 20 ou ecoleeipsavoie@hotmail.fr
http://collegealterna.canalblog.com/

Projet de collège (classes de quatrième et troisième) à Elbœuf (76 500)
pour les élèves en difficulté (surdoués, dyssynchroniques, troubles cognitifs, etc.) : collège Homère : http://www.collegehomere.fr

Classe de collège intégrée à l'école Montessori du Var La Loupiote
3, avenue de la liberté
Camp–Ferrat 1
Sainte-Maxime
Tél.: 06 71 64 69 54
www.ecole-la-loupiote.blogspot.fr

Les lycées

Lycées épanouissement

À Paris et en région parisienne :

École alsacienne
109, rue Notre-Dame-des-Champs – 75006 Paris
Tél : 01 44 32 04 70 – Fax : 01 43 29 02 84
E-mail : info@ecole-alsacienne.org
Site : http://www.ecole-alsacienne.org/
École maternelle, école élémentaire,
collège et lycée

Lycée international Montessori Vive l'enfance
29, rue de Noisy – 78870 Bailly
Tél : 01 30 80 40 05
E-mail : mail@lyceeinternationalmontessori.fr
Site : http://www.lyceeinternationalmontessori.fr/
École maternelle, école élémentaire,
collège et lycée

École nouvelle privée La Source
11, rue Renan – 92190 Meudon
Tél : 01 46 26 99 88
E-mail : lasource.adm@wanadoo.fr
Site : http://www.ecolelasource.org/
École maternelle, école élémentaire,
collège et lycée

Collège-Lycée Sophia
5, rue du Colonel Pierre-Brossolette
94480 Ablon-sur-Seine
Tél : 01 45 97 96 96
E-mail : ackerphil@yahoo.fr
Site : http://www.lyceesophia.fr/
Collège et lycée

En province :

Institut Leschi
58, cours Julien – 13006 Marseille
Tél : 04 91 48 10 04 – Fax : 04 91 94 54 44
Site : http://www.institutleschi.com/
Collège et lycée

Arep Les Chemins
34, avenue Sainte-Victoire – 13100 Aix-en-Provence
Tél : 04 42 21 22 71
Collège et lycée

Collège-lycée expérimental (CLE)
1000, boulevard du Grand-Parc
14200 Hérouville-Saint-Clair
Tél : 02 31 95 14 79 – Fax : 02 31 43 57 31
E-mail : cleh@etab.ac-caen.fr
Site : http://www.etab.ac-caen.fr/cleh/
Collège et lycée

École Jacques-Prévert
173, rue du Jardin public – 33300 Bordeaux
Tél : 05 56 79 08 07
Collège et lycée

Lycée pilote innovant
Téléport 5
BP 47 – 86130 Jaunay-Clan
Tél : 05 49 62 05 75 – Fax : 05 49 62 57 97
E-mail : ce.0861223M@ac-Poitiers.fr
Site : http://www.lpi.ac-poitiers.fr/www/

Lycées épanouissement pédagogie Steiner

À Paris et en région parisienne :

École Perceval
5, avenue d'Eprémesnil – 78400 Chatou
Tél : 01 39 52 16 64 – Fax : 01 39 52 59 40
E-mail : contact@ecoleperceval.com
Site : http://www.ecoleperceval.com
École maternelle, école élémentaire,
collège et lycée
Enfants à partir de 2 ans et demi

Libre École Rudolf-Steiner / École de Verrières
(sous contrat)
62, rue de Paris – Amblainvilliers
91370 Verrières-le-Buisson
Tél : 01 60 11 38 12 – Fax : 01 60 11 03 53
E-mail : contact@steiner-waldorf-vlb.fr
Site : http://www.steiner-waldorf-vlb.fr/
École maternelle, école élémentaire,
collège et lycée (jusqu'à la première)
Enfants à partir de 3 ans

En province :

École d'Avignon
300, chemin de la Traille – 84700 Sorgues
Tél/Fax : 04 90 83 37 07
E-mail : ecole.avignon@steiner-waldorf.org
École maternelle, école élémentaire,
collège et lycée
Enfants à partir de 2 ans et demi

École Michaël de Strasbourg
2c, rue du Schnockeloch
67200 Strasbourg-Koenigshoffen
Tél : 03 88 30 19 70 – Fax : 03 88 30 01 39
E-mail : ecole.michael.strasbourg@steiner-waldorf.org
École élémentaire, collège et lycée

École Mathias Grünewald à Colmar
4, rue Herzog – 68124 Logelbach-Wintzenheim.
Tél : 03 89 27 13 24 – Fax : 03 89 27 04 31
E-mail : emg.colmar@libertysurf.fr
Site : http://www.pedagogie-steiner-colmar.infos.st/
École maternelle, école élémentaire,
collège et lycée

Lycées « bac responsabilisation »

À Paris et en région parisienne

Lycée du temps Choisi
Au sein du lycée Jean-Lurçat
48, avenue des Gobelins – 75013 Paris
Tél : 01 44 08 70 20

Lycée de la Nouvelle Chance
Au sein du lycée Alfred-Kastler de Cergy-Pontoise
26, avenue de la Palette – 95011 Cergy-Pontoise
Site : http://www.lyc-kastler-cergy.ac-versailles.fr/lyc-nouvelle-chance/
Tél : 01 30 32 47 47

Micro-lycée de Vitry-sur-Seine
Lycée Jean-Macé
Espace Pierre-Sémard
30, rue Pierre-Sémard – 94400 Vitry-sur-Seine
Tél : 01 45 73 62 65 / 06 37 53 53 93
Site : http://www.microlycee94.org/

Micro-lycée de La Courneuve
Lycée Jacques-Brel
33, rue Beaufils – 93120 La Courneuve
Tél : 01 48 37 31 56 / 06 78 58 44 68
Site : http://www.microlycee93.fr

Micro-Lycée de Sénart
Collège de la Pyramide
2, avenue des platanes – 77567 Lieusaint
Tél : 01 64 88 59 49
E-mail : micro-lycee@wanadoo.fr
Site : http://www.micro-lycee.ac-creteil.fr/

En province

Micro-lycée de Menton
Lycée Pierre et Marie Curie
353, avenue du Doyen-Lépine – 06500 menton
Tél : 04 92 10 54 40
Site : http://www.ac-nice.fr/lycee-curie
Possibilité d'être hébergé à l'internat

CEPMO, Centre Expérimental Pédagogique Maritime en Oléron
Foyer Départemental Lannelongue
30 avenue du Débarquement
17370 Saint Trojan les Bains
Tél : 05 46 47 23 57 – Fax : 05 46 47 24 80
Site : http://cepmo.pagesperso-orange.fr/

CLEPT, Collège-Lycée élitaire pour tous
84, galerie de l'Arlequin – 38100 Grenoble
Tél : 04 76 22 69 09 – Fax : 04 76 22 94 40
E-mail : clept@clept.org
Site : http://www.clept.org/
Classe de remise à niveau fin de collège, et lycée. Accueille des élèves « décrocheurs » de 15 à 22 ans

Lycées du soir : voir p. 206

Lycées autogérés

À Paris

Lycée autogéré de Paris (LAP)
393, rue de Vaugirard – 75015 Paris
Tél : 01 42 50 39 46/47
Site : http://www.l-a-p.org/

En province

Lycée expérimental (LE)
Établissement public d'enseignement général
17, boulevard René-Coty
BP 272 – 44600 Saint-Nazaire
Tél : 02 40 66 78 52 – Fax : 02 40 22 16 11
E-mail : ce.0442286w@ac-nantes.fr

Établissements pour élèves en difficulté

À Paris

Pôle innovant lycéen
Le pôle innovant réunit quatres structures :
- Lycée de la solidarité internationale
- Lycée des futurs
- Lycée au long cours
- Lycée intégral

Dans les locaux du Lycée Lazare Ponticelli
92/96 rue Barrault – 75013 Paris
Tél : 01 45 88 68 86
Site : http://www.pilparis.org

La Ville Pour Ecole
Lycée Jean Lurçat
121, rue de Patay – 75013 Paris

En province

CLEPT, Collège-Lycée élitaire pour tous
84, galerie de l'Arlequin – 38100 Grenoble
Tél : 04 76 22 69 09 – Fax : 04 76 22 94 40
E-mail : clept@clept.org
Site : http://www.clept.org/
Niveau 3e et lycée – Jeunes de 15 à 22 ans

Les écoles de la 2e chance :
il existe une douzaine de ces écoles en France, localisées notamment en Ile de France et dans l'est . Site : www.fondatione2c.org

Les Maisons familiales et rurales :
près de 500 maisons réparties dans toute la France. Site : http://www.mfr.asso.fr

Lycée Freinet

CLEF – Collège-Lycée publis Freinet
https://sites.google.com/site/cleflaciotat/
Contact : marion.agostini@bbox.fr
Intégré au lycée A. et L. Lumière, avenue Jules Ferry – 13600 La Ciotat

25 avenue Pierre de Coubertin, 75013 Paris, France.
ISBN : 978-209-278630-7
N° d'éditeur : 10231381 - N° d'impression : 610548
Dépôt légal : mars 2013.
Imprimé en France en janvier 2017 par Laballery (58500, Clamecy).